Here Come the Beatles / Llegan los Beatles

SKOL
LAGER
BEER

Here Come the Beatles

Stories of a Generation

Edited by Umberto Buttafava and Enzo Gentile

Llegan los Beatles

Historias de una generación

Por Umberto Buttafava y Enzo Gentile

SKIRA

Fotografía en las páginas 2-3 /
Photograph of pages 2-3
Una niña pide un autógrafo
en el bar del Wimbledon Palais. Londres,
14 de diciembre de 1963, detalle. /
A little girl asks for an autograph in the bar
of the Wimbledon Palais, London,
14 December 1963, detail

Proyecto gráfico / Design
Marcello Francone

Redacción / Editing
Concha Fernández / Doriana Comerlati

Maquetación / Layout
Paola Ranzini

Traducción en español / Spanish Translation
Concha Fernández

Colaboradores
Belén Jaraíz, Marisa Fernández

Traducción en inglés / English Translation
Susan Ann White and Adam Victor
for *Scriptum*, Rome

Acabado de imprimir
en el mes de junio de 2008 /
Printed and bound in Italy. First edition

ISBN: 978-88-6130-905-0

Distribuido en España y en Portugal
por Logintegral 2000 Sau, c/ Saturnino
Calleja, 7, 1°, 28002 Madrid

ISBN: 978-88-7624-791-0

Distributed in the US and Canada
through Rizzoli International Publications
by Random House, 300 Park Avenue South,
New York, NY 10010.
Distributed elsewhere in the world by
Thames and Hudson Ltd., 181a High
Holborn, London WC1V 7QX, United
Kingdom.

Se ha publicado una versión precedente del libro *Llegan los Beatles – Historias de una generación* cuando se realizó la exposición en Aosta desde el 8 de diciembre de 2007 hasta el 4 de mayo 2008. /
An earlier version of the volume *Here Come The Beatles – Stories of a Generation* was published on occasion of the exhibition held in Aosta from 8 December 2007 to 4 May 2008.

Créditos fotográficos / Photograph Credits
Las fotografías del catálogo
han sido realizadas por Andrea Melzi,
con las siguientes excepciones: /
The photographs reproduced in the
catalogue are by Andrea Melzi, except for:
pp. 2-3 – Gino Begotti
p. 12 – Archivo Farabola
p. 28 – Curtis / Camera Press /Grazia Neri
p. 29 – Paul Saltzman All Rights Reserved / Grazia Neri
p. 87 – Harry Myers / Rex / Olycom
p. 101 arriba / *top* – Olympia / Olycom
p. 107 arriba a la izquierda / *top left* – Huffschmitt Sipa / Olycom
p. 132 arriba / *top* – Bill Zygmant / Rex / Olycom
p. 138 a la izquierda / *left* – Publifoto / Olycom
p. 138 a la derecha / *right* – Popperfoto / Grazia Neri
p. 149 – Publifoto / Olycom
p. 186 a la izquierda / *left* – Ulf Kruger Ohg / Redferns / Grazia Neri
p. 236 arriba a la izquierda / *top left* – Archivio Fotografico Fiera di Genova Spa
p. 237 a la izquierda / *left* – Marcello Geppetti

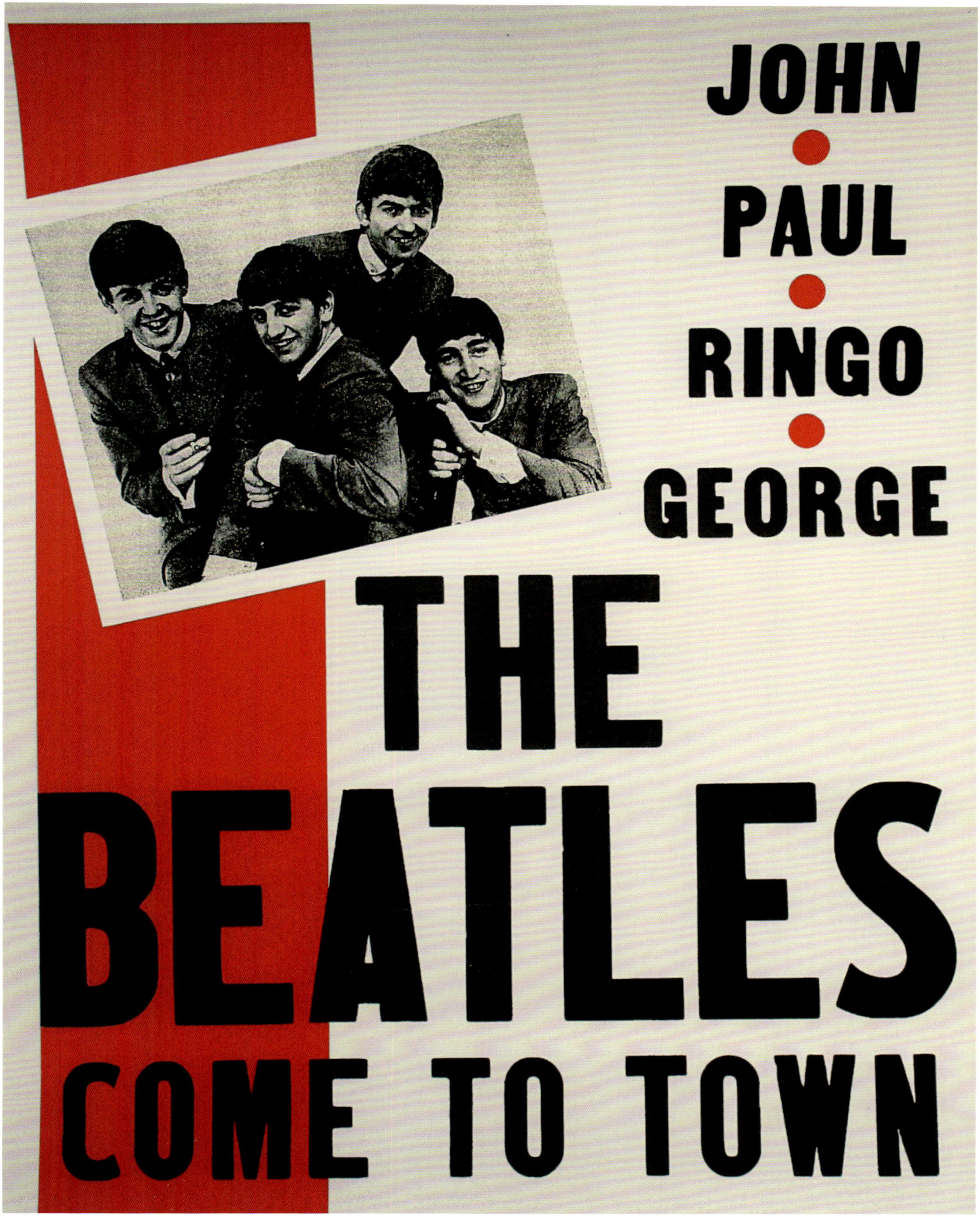
JOHN
PAUL
RINGO
GEORGE
THE
BEATLES
COME TO TOWN

Contents

Índice

Umberto Buttafava

Beatles: las historias y la historia de una generación

The Beatles: stories and History of a generation

Página/Page 10
Programa con autógrafo de la gira británica, 1964.
Signed programme of the British tour, 1964.

Every generation has their story, but when it comes to the Beatles, we can but look on in wonder at this unique occurrence in contemporary society. The legendary Beatles came to public prominence in the swinging 1960s, and ever since have symbolized the whole period.

The Beatles were and will always be the epitome of success in the entertainment world. They led the dance of the far-reaching changes that swept through society in the 1960s, when, for the first time, youth culture took on a hitherto unseen solidity and significance.

The USA emerged from the Second World War as the dominant power and expanded around the world not just by building military bases, but by giving economic aid, implementing the Marshall Plan and establishing NATO. In parallel, American cinema and music quickly become the cultural lodestar for a generation.

In the mid-1950s, the record industry began to leverage the huge market potential of radio with the launch of 45 rpm singles, a format that everybody could afford and a key precursor to the boom in popular music sales. Soon after, there was a general shift away from valve radios (found in every home in the 1950s) to transistor radios. Record players, meanwhile, mutated from being an adult lifestyle item to a youth leisure item, in the process moving from the living room to kids' bedrooms; jukeboxes crossed the Atlantic to become a major arbiter of collective listening tastes in Europe, as they had been in America. For younger music fans, rock 'n' roll (played by four- to six-member combos) gradually replaced melodious boogie-swing (played by orchestras). Up until the early 1960s, the two trends co-existed; the situation was mirrored in homes, where adults listened to melodic swing in the living room, while their kids bopped in their bedrooms to rock 'n' roll.

Though adult tastes continued to dominate the mainstream, by this time kids in Italy were listening to Adriano Celentano sing "Il tuo bacio è come un rock" (1959) and "24mila baci" (1961). Italy was in the midst of a huge literacy drive. Young people were studying – parents desperately wanted their kids to climb higher up the social ladder.

John Lennon con Mick Jagger en 1965.
John Lennon with Mick Jagger in 1965.

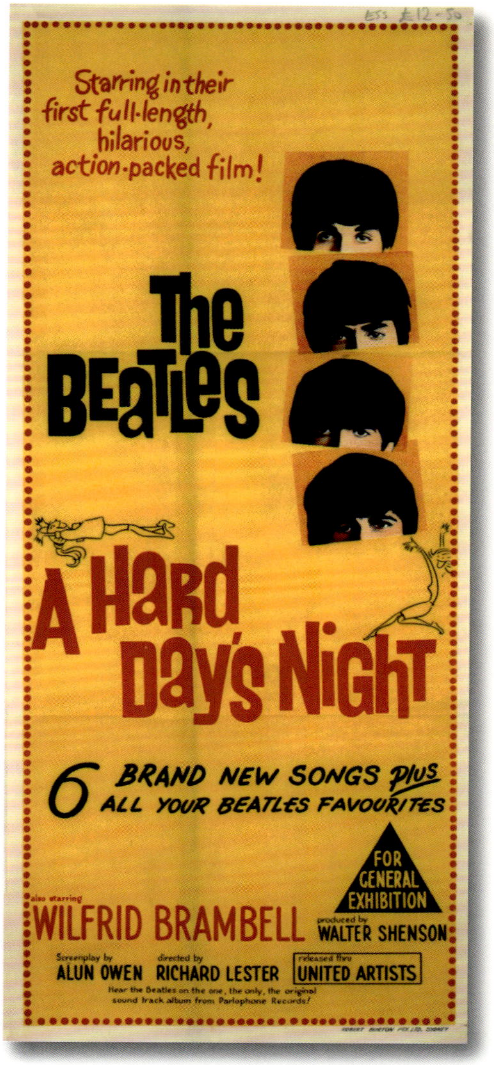

Cartel australiano de la película *A Hard Day's Night.*
Australian lobby poster of the film A Hard Day's Night.

Son historias que nos pertenecen a todos, a las "otras" generaciones también. Sin embargo, acercándonos a los Beatles nos convertimos en los espectadores de una aventura única de la sociedad contemporánea que ve nacer, junto a los maravillosos años sesenta, el mito del grupo musical considerado hasta ahora el símbolo de una época.

Los Beatles han sido y serán, símbolo y emblema del mundo del espectáculo, y no solo eso; observando paso a paso los clamorosos cambios que tuvieron lugar en los años sesenta y el modo en que el mundo juvenil tomó parte en ellos, nos damos cuenta que éste, por primera vez y precisamente en esos años, asume una identidad colectiva que no había conocido nunca hasta ese momento.

Al final de la Segunda Guerra Mundial Estados Unidos, como potencia dominante, había invadido el mundo con bases militares, ayudas económicas, Erp, Otan, etc. y además con el cine y la música, convirtiéndose en el modelo cultural de toda una generación. La industria discográfica, una vez conocido su gran potencial económico a través de la radio, creaba a mediados de los años cincuenta el disco vinilo a 45 revoluciones, es decir, un objeto al alcance de todos los bolsillos precursor del boom de las ventas de música a nivel popular. Una verdadera invención.

En esos mismos años se produce el paso de la radio con la válvula de vacío, que durante los años cincuenta había invadido y monopolizado las casas, al transistor. El tocadiscos como mueble decorativo en la casa de los adultos cambia de forma y se convierte en un objeto que los jóvenes utilizan para divertirse y distraerse. Así, pasa de la sala de estar de la casa a la habitación de los chicos. El *juke-box* cruza el Atlántico y conquista Europa convirtiéndose en el protagonista de las veladas juveniles.

Sobre una base *boogie-swing* melódica (con orquesta en cualquier caso) se introduce el *rock 'n' roll* (grupo de 4 a 6 elementos) que al principio se trata de un léxico musical dirigido únicamente al público juvenil y que los adultos apenas comprenden. Estos dos mundos, *swing-melódico* y *rock 'n' roll* conviven de un modo separado (en las casas también, según el esquema sala de estar/habitación de los chicos mencionado antes) hasta principios de los años sesenta, el primero oficial y reconocido y el segundo destinado a los jóvenes. Celentano es pionero en Italia con *Il tuo bacio è come un rock* (Tu beso es como un rock) de 1959 y *24mila baci* (24mil besos) de 1961.

Nos encontramos también en una época de alfabetización masiva. La nueva generación estudia (sus padres quieren garantizarles una posición social mejor), se hacen reuniones, se discute, se lee, se crean compromisos sociales y políticos, se escuchan las novedades musicales que llegan sobre todo del mundo anglosajón (los vencedores/liberadores), se empieza a disponer de algo de dinero (*argent de poche*), se compran discos. En otras palabras… la nueva generación está lista para el nuevo viento que sopla.

La exposición "LLegan los Beatles" quiere mostrar la situación social y política de esos años y también la del mundo occidental desde el final de la Segunda Guerra Mundial, teniendo en cuenta que se trata precisamente de la generación que nació durante la guerra la que creará el nuevo movimiento musical, y de la que saldrá el grupo de Liverpool a finales de los años cincuenta.

En Italia a principios de los años sesenta había un gran deseo de superar el pasado construyendo física y éticamente una nueva sociedad. El momento se podría definir como una nueva alegría de vivir, aunque en todo caso la vida fuera siempre incierta debido al problema del auge de las armas nucleares. Esta contradicción entre crecimiento económico y miedo es en realidad el terreno cultural al que se acercan los jóvenes que rechazan el pasado reciente y que desean vivir de un modo positivo en un

¡BEATLES IN AIUTO!
MANFREDO
UNITED ARTISTS
"HELP"
ALL RIGHTS RESERVED S.A.C. Roma
ARTWORK by MANFREDO

Cartel italiano
de la película *Help!*.
Italian poster of the film Help!.

mundo sin guerras ni desigualdades. La nueva generación occidental en la que se incluye Japón, comparte la ideología pacifista y al mismo tiempo se ve inmersa en un bienestar que poco a poco se está demostrando posible. Así, no es de extrañar que la música como fenómeno de masas se convierta en el medio a través del cual se unan ambos conceptos; este es uno de los aspectos más positivos del periodo de la reconstrucción.

El mundo cultural refleja este clima, sobre todo el cine, la música y el teatro como elementos de fruición más directa e inmediata. En Italia nace el neorrealismo que poco poco se transforma en "comedia a la italiana". En la música encontramos los tonos melódicos del Festival de San Remo que concede cada vez más espacio (pero no demasiado) tanto a los vociferantes como a los cantautores. En Estados Unidos el cine se encuentra en el momento de oro de la comedia brillante, pero también es el boom de las películas de ciencia ficción, que esconden el miedo a la invasión siempre latente en los años de la guerra fría.

Pero la música es el terreno que se revela más fértil y es en ella que puede crecer el deseo de una existencia diferente, de una vida feliz. El *rock 'n' roll* nace en Estados Unidos en los años 1945-55: *Rock around the clock* de Bill Haley, y la película *Blackboard Jungle (Semilla de maldad)* de Richard Brooks de 1955 conquistan el mundo juvenil, dejando campo libre a la verdadera revolución que llevaría a cabo Elvis justo después.

Estamos frente a un auténtico caldo de cultivo generacional que empezó con las nuevas corrientes musicales en los albores de los años sesenta en las dos orillas del Océano, y que culminará más tarde con el movimiento de protesta de finales de la década.

Por primera vez en la historia, durante los años de la posguerra y después del boom económico, los adolescentes influyen directamente en la economía. En este período nacen las primeras retransmisiones radiofónicas y las primeras revistas semanales dedicadas solo a ellos. Pero desde el principio es la música la que conduce la verdadera

Muñecos inspirados
en los personajes
de *Yellow Submarine*.
Figures inspired by the characters in Yellow Submarine.

Disco 45 revoluciones
EP, edición soviética.
Russian edition of 45 ep.

Young people were also getting together, debating, reading, becoming socially and politically active, and listening to the latest music coming out of the English-speaking world (people in Italy still remembered that it was English and American troops who liberated the country after the war). For the first time, young people had money in their pockets to spend on records. In other words... young people were ready for a whole new thing.

The "Here Come the Beatles" exhibition explores the social and political background of the time. It provides a snapshot of what life was like, and uses the Fab Four to illustrate developments in the West after the Second World War. The generation born during the war years and immediately afterwards – especially the lads from Liverpool, at the end of the 1950s – formed this new musical movement.

In early 1960s Italy, there was a palpable desire to put the years of hardship behind by physically and ethically constructing a new society. Despite the gathering clouds of the nuclear arms race, young people were looking for fun, for ways of expressing a new *joie de vivre*. Rapid economic and cultural growth, counterpoised by fear, prompted young people to reject the recent cultural past and look for a positive existence: a world without war and inequality.

In the West (Japan included), the new generation shared an ideological and cultural ideal – pacifism – at a time when affluence was extending through society. Music served as a kind of cultural glue as it blossomed into a mass phenomenon. Indeed, music became one of the most positive cross-cultural phenomena of the reconstruction period in Europe. Naturally enough, other cultural fields provided an outlet for the prevailing climate, especially the movies and the theatre. Italy spawned a home-grown genre, neo-Realism, which gradually evolved into Italian light comedy. In Italian music, the melodious tunes that regularly won the Sanremo Song Contest only slowly gave way to the so-called screamers and singer-songwriters. In the US, it was the golden age of comedy, and the advent of science fiction – a perfect allegory for the latent and pervasive fear of invasion that afflicted people during the Cold War years. But it was the music industry that provided the most fertile ground for people to pursue their desires of a different life – and a happy life at that.

Cartel italiano de la película *A Hard Day's Night* (título provisional).
Italian poster of the film A Hard Day's Night *(with working title).*

Rock 'n' roll was born in the USA. Bill Haley's 1954-55 hit "Rock Around the Clock" became a huge smash with young record-buyers after the song featured in the movie *Blackboard Jungle*. Swiftly enough, Elvis took Haley's place as the real leader of the revolution. As the 1960s dawned, this wave of music and cultural ferment crossed the Atlantic; without it, we would almost certainly not have seen the mass youth protests that occurred at the end of the decade.

For the first time in history, during the post-war years and the ensuing economic boom, teenagers were an economic force. Youth-focused radio shows and weekly magazines were launched to foster and take advantage of this new consumer sub-group. Right from the start, music was at the cutting edge of this revolution, as orchestra-led music gradually gave way to groups – a drummer and three guitars (sometimes a sax, but in any case the acoustic bass was soon pensioned off) was all it took to create a full sound. In no time, the whole idea of making music became unutterably simple; not long into the future, this progression would be taken to its ultimate conclusion by singer-songwriters who wrote, played and sang their own material. The invasion of the bands first gathered steam in England, starting with Lonnie Donegan and his skiffle combo. Donegan was a precursor to dozens of beat groups, many based in Northern England,

JOHN
RINGO
GEORGE
PAUL
ARRIVANO
i BEATLES
PER LA PRIMA VOLTA SULLO SCHERMO
CANTERANNO E SUONERANNO PER VOI
IMPAZZIRETE PER LORO
IN UNO SPETTACOLO EXTRA!
UNITED ARTISTS
TECHNICOLOR®
TECHNISCOPE
DEAR FILM
REALIZZATO PER LA UNITED ARTISTS
DISTRIBUITO DALLA DEAR FILM

around Liverpool and Cheshire. Before long, bands were the new big thing in the States and around the world.

Picture disc conmemorativo de la llegada a la Luna.
Commemorative picture disc of the moon landing.

The Beatles provided the soundtrack and more to the post-war years. The Fab Four were the leading edge of the new wave of youth music, the bridgehead and catalyst between the generation that fought in the Second World War and Generation X. In a break from the past, the generation born during and after the war saw themselves as a driver of the new, as well as the beneficiaries of the new world they were creating.

The Beatles and the generation of people that grew up with them, musically-speaking, were born during the war itself: John and Ringo in 1940, Paul in 1942, and George in 1943. Their audience consisted of people their own age, and the youth that came after.

For the first time, a single, recognizable generation wrought an enormous, world-spanning change. Rock 'n' roll only truly became a global force when Elvis Presley, Gene Vincent and Buddy Holly took over from the older Bill Haley (born in 1925, and soon cast aside). This was a generation that wanted to play an active part in building its own future; it wanted to choose its own role models, not inherit them from their fuddy-duddy parents. From this point on, the very concept of youth would no longer be regarded as a transitory phase, a period whose very mutability disqualified it from leaving a mark on society. On the contrary, young people became part of the social compact, they became a group of individuals who wanted to make themselves heard – and they have been making themselves heard ever since.

The Beatles came into a changing world. They came into a world that before the decade was out would send the first man to the Moon. Though they could not know it at the time, the Beatles were to become the very symbol of this change.

The devastating freshness and dynamic simplicity of the Beatles' "She Loves You" and its endearing "yeah yeah yeah" chorus burst onto the world music scene with the power of an anthem. It was sweet and naive, yet, shouted out at top volume, it generated a cheerful and playful joy that was a world away from war, hunger and horror.

The lyrics of "She Loves You" are unpretentiousness personified. What the song lacks in insight, it makes up for in its euphoric description of how it feels to fall in love.

Sencillo con grabación de una conferencia de prensa.
Single of a recorded press conference.

revolución, convirtiéndose inconscientemente en uno de los motores propulsores de las ganas de olvidar la guerra y sus consecuencias. La música con acompañamiento orquestral se ve sustituida por la del "grupo" formado por un batería y tres guitarras (algunas veces también hay un saxo, pero se abandona definitivamente el contrabajo), consideradas más que suficientes para obtener un buen sonido. Es el punto de partida de una trayectoria que llevará en breve a la extrema simplificación, con la figura del cantautor que compone, toca y canta. Pero al mismo tiempo estalla el fenómeno de los grupos, sobre todo en Inglaterra, donde encuentran sus raices en la música *skiffle* de Lonnie Donegan. La música *beat* nace en el Reino Unido, con montones y montones de grupos, muchos provenientes del norte de la zona de Liverpool y Cheshire, y que no tardará mucho tiempo en llegar a Estados Unidos y al resto del mundo.

Los Beatles fueron la banda sonora y mucho más que eso, durante los años de la posguerra. Los *Fab Four* y en un sentido más amplio, la "nueva música" juvenil, se convirtieron en el puente, el elemento catalizador entre la generación que luchó y vivió el segundo conflicto mundial y la que le siguió posteriormente. Rompiendo con el pasado, la generación que nació durante y justo después de la posguerra se ve a sí misma como la que propone lo "nuevo", así como la que recoge el fruto del nuevo mundo que estaba creando. Los Beatles, y todo lo que se desarrolla musicalmente junto a ellos, nacieron en los años de la guerra (John y Ringo en 1940, George en 1942 y Paul en 1943) y su público está formado por sus coetáneos y más tarde por muchachos aún más jovenes. Esto nos da una idea de cómo el cambio, la ventolera de aire fresco y la fuerza de choque provenían de una generación entera. En este sentido es significativo el hecho de que el *rock 'n' roll* se difundió a nivel mundial cuando ya eran realmente importantes Elvis Presley, Gene Vincent y Buddy Holly, que eran más jóvenes que Bill Haley (nacido en 1925 y que consecuentemente, desapareció de la escena muy pronto). Una generación que quiere participar de un modo activo, construirse a sí misma, determinar su propio futuro y elegir sus propios modelos sin cambiar los de los adultos. Se trata de un frente compacto, con una fisonomía propia que empieza a imponerse en el mundo. Ser joven dejará de ser una condición transitoria, y además por su natural mutabilidad incapaz de incidir en la sociedad, y se convertirá casi en una parte social, una clase de individuos que quiere hacerse escuchar. Y lo hará cada vez más.

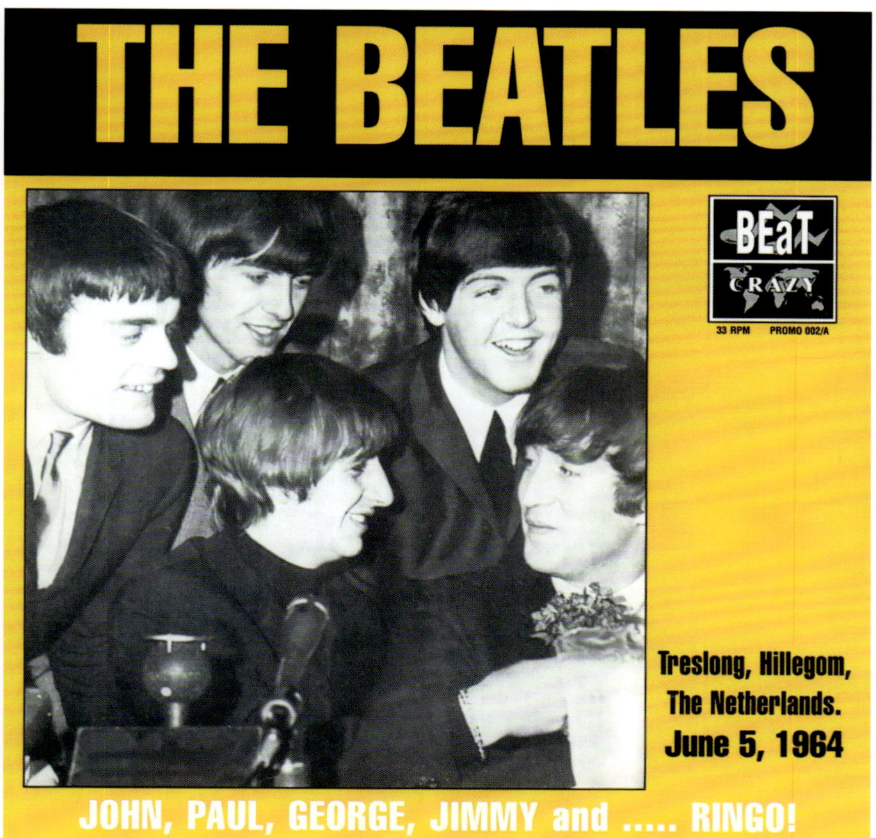

En un mundo que está cambiando, que conseguirá en esos años mandar el primer hombre a la Luna, llegan los Beatles que aún sin saberlo, se darán cuenta de ello más tarde, se convertirán en el símbolo del cambio.

La frescura espontánea, la dinámica sencillez de *She loves you* con sus coritos *yeah, yeah, yeah* estalla en el mundo (no sólo el musical) como un himno, ingenuo seguramente, pero gritado con una gran voz, una alegría y un júbilo que no quiere saber nada de guerras, de hambre y de horror. La canción *She loves you* (Ella te quiere) tiene una letra sin pretensiones, incluso pobre de ideas, pero describe la fase eufórica del enamoramiento como fuerza vital, cantada sobre un ritmo igualmente directo, auténtico y obsesivo (en otras palabras primitivo) y con una melodía muy pegadiza, comprensible en cualquier parte del mundo.

The song is an expression of life, sung over an authentic and obsessive rhythm (some called it primitive) in a tune that was so catchy it took the world by storm.
There was also a hint of rebelliousness in these mop-topped lads who were staking a claim to their own musical style, one that had nothing do with the older generation. From rock 'n' roll to beat and beyond, music was all about driving rhythms and onomatopoeic lyrics – sometimes even nonsense lyrics (tutti frutti, be bop a lula, yeah yeah yeah...) – that heralded a violent break with the sound and language that had come before. There is an interesting analogy to be drawn with the Cubist and Futurist movements that sprang up during and after the end of the Great War.
"Music for the kids, by the kids" is one way of encapsulating the rapid change in the world of popular music.
Just as the Beatles grew and changed with their music, society and the world grew and changed with them, perhaps even because of them. The new world retained the strength, teachings and resilience of the cultural and artistic movements that wrought them.
The Beatles remain as relevant today as they ever were: their career is just as glittering, and their songs continue to have an undiminished influence. You can hear the Beatles every day on the radio and on tv, and read about them in papers and magazines around the world. Their legend shows no sign of waning.
"Here Come the Beatles" is a mosaic of faces, voices, sounds and fragments to illustrate this very fact.

Caja de bolas de naftalina, Filipinas, 1966.
Packets of mothballs, Philippines, 1966.

Pero también tiene la nota transgresiva de los jóvenes que reivindican un vocabulario musical propio, diferente del de los adultos. En el *rock 'n' roll* antes y en el *beat* después, los ritmos alocados y los textos onomatopéyicos a veces sin sentido (*tuttifrutti*, *bebopalula*, *yeahyeahyeah*) constituyen una especie de violenta fragmentación del sonido y del lenguaje, con una interesante analogía entre lo que ocurre durante y al final de la guerra en el arte figurativo y en la literatura con el cubismo y el futurismo. Es una música compuesta por chicos para chicos, lo que supone otra característica diferente con respecto a la música precedente.
Así como los Beatles crecieron y cambiaron con su música, la sociedad y el mundo creció y cambió con ellos, quizás también gracias a ellos. El nuevo mundo conserva intacta la fuerza, la lección y la energía de los movimientos culturales y artísticos que trajeron consigo. Los Beatles, tanto ahora como entonces, con su carrera y la miríada de reflejos indirectos que escapan de sus canciones, están vivos y son mas actuales que nunca. Las radios, las televisiones, los periódicos y las revistas de todas las latitudes nos lo recuerdan cada día, nutriéndose todavía del mito.
El puzzle de rostros, voces, sonidos y piezas que hemos elegido para la exposición lo confirma: llegan los Beatles, *rien ne va plus*.

Postal de los años sesenta.
Postcard from the 1960s.

Picture disc.

YESTERDAY

Words and Music by JOHN LENNON
and PAUL McCARTNEY

Moderately, with expression

Enzo Gentile

Los Beatles y el 1967: un año increíble

The Beatles and 1967: a terrific year

Página/*Page* 22
Partitura con autógrafo.
Signed sheet music.

“M’illumino d’immenso” (Giuseppe Ungaretti, 1917).
There is no need to consult the stars or the triplets of Nostradamus to verify that 1967 was a golden year. It may not have had as much publicity as the one that followed, the more notorious and glorious 1968, which had a better marketing department and promotional strategies, but it was a year that fairly buzzed with vibrant, positive signs.
Good, great vibrations as far as the Beatles were concerned, because they were instrumental in making it a terrific year. They were everywhere, sharing the spotlight with events and realities that occupy a major place in history.
An official Beatles chronology is serious stuff, and it cannot be summed up arbitrarily. However, it must be pointed out that 1967 was the year of *Sgt. Pepper’s Lonely Hearts Club Band*, which embraced a whole series of episodes that, if examined religiously, reveal that the group was in a remarkable state of grace: it was mind-blowing.
You couldn’t get much higher, hearing is believing…

Life is a wonderful thing
Now we have left beatlemania and certain teenage crazes behind. Today, those who worship the Beatles do so with a lucid conviction that is both conscious and focused, and are no longer prey to acritical, and, at times, rather ridiculous, global inebriation. After *Rubber Soul* and *Revolver*, the field of comparison and study is filled with signs and acid dreams, but also highly significant and irrefutable artistic and social data. Even a brief panorama will show us how the Beatle phenomenon was already taking off in a hundred different ways. In January 1967, they received an exorbitant offer of one million dollars to perform at the Shea Stadium (“No thanks”). In February, Emi renewed their contract, announcing triumphantly that the group had sold over 180 million records in four and a half years. In March, they carried off most of the Grammy Awards (“Michelle” was also the song of the year), while Lennon and McCartney’s music publishers revealed that there were already 446 covers of “Yesterday” (today there are around 3,000). April saw the results of the photographic session for the most famous record sleeve in history: *Sgt. Pepper’s Lonely Hearts Club Band*. In May, John posed proudly, and rightly so, with his floral-patterned Rolls-Royce: a stunning psychedelic spoof. In June, the myth began. *Sgt. Pepper’s* hit the stores in Europe and America on the first and second
of the month, and on the twenty-fifth – a few days after the Beatles appeared on the cover of *Life* magazine – “All You Need Is Love” was featured on the first satellite tv programme “Our World”, broadcast from the Abbey Road studios in world vision to an audience of at least 400 million. It was the first experiment of its kind. In July, *Sgt. Pepper’s* dominated the charts worldwide. Brian Epstein died in August (*The New York Times* described him as “the man who revolutionized pop music in our time”). In September, shooting began in Teignmouth, Devon, on a wild movie/trip on board a colourful bus – reminiscent of Ken Kesey’s magic bus, fuelled by Lsd, which a few years previously had been the incubator of the American psychedelic intelligentsia. October saw the release of John’s first film as an actor, the antimilitarist, unpredictable, grotesque, crazy yet very serious *How I Won the War*, directed by the faithful Richard Lester. In November, a photo of Lennon wearing short hair and a helmet appeared on the cover of *Rolling Stone*, warning Americans and the rest of the world that Vietnam, like all other conflicts, was a dirty war. In December, the Beatles celebrated Christmas by opening their Apple boutique in Baker Street, London, and the BBC broadcast the

Entrada de un concierto
en Estados Unidos.
Ticket for a US concert.

"Me ilumino de inmenso" (Giuseppe Ungaretti, 1917).
No hace falta consultar los astros ni los tercetos de Nostradamus para darse cuenta de que 1967 fue un año de oro. Tal vez no le dieron tanta publicidad como al que le siguió, el más célebre y glorioso 1968, que tuvo una oficina de marketing y de estrategias promocionales más eficaces, y que al mismo tiempo rebosaba de signos pujantes y positivos.

Cuando lo citamos con relación a los Beatles sentimos unas buenísimas vibraciones, porque los Nuestros contribuyeron en gran manera a que el año 1967 fuera grande y grandioso, se mire por donde se mire, teniendo en cuenta los acontecimientos y hechos que lo acompañaron que sin lugar a dudas ocupan una posición de honor en la historia. La cronología oficial de los Beatles es materia seria y no se quiere resumir aquí arbitrariamente, pero es importante recordar que 1967 fue el año de *Sgt. Pepper's Lonely Hearts Club Band*, que comprende una larga serie de episodios, que, si se estudian religiosamente, confirman la tesis de que existía un estado de gracia realmente especial: algo con efectos especiales. Se volará muy alto, si no se prueba no se cree…

La vida es maravillosa

Dejando de lado la "beatlemania" y ciertos desplantes de adolescente, actualmente la fe en los Beatles tiene un valor especial, consciente y centrado, y ya no es la víctima de una borrachera planetaria ingenua e incluso algunas veces un poco atontada. Después de *Rubber Soul* y *Revolver* el plano en el que tenemos que confrontarnos y estudiar está lleno de indicios, signos y sueños psicodélicos, pero también de datos artísticos y de experiencias importantes e indiscutibles.

Estudiando el panorama incluso de un modo superficial vemos el abanico beatlesiano abrirse con todos sus colores. En enero les ofrecen la exorbitante cifra de un millón de dólares por tocar en el *Shea Stadium* ("No, gracias"), en febrero renuevan su contrato con la Emy y se anuncia que el grupo ha vendido en cuatro años y medio más de 180 millones de discos, en marzo lluvia de *Grammy Awards* (uno de ellos a *Michelle*, canción del año) mientras los editores de Lennon y McCartney revelan que existen 446 *cover* de

La Rolls-Royce psicodélica de John Lennon.
John Lennon's psychedelic Rolls-Royce.

SGT. PEPPER'S
LONELY HEARTS
CLUB BAND
Sgt PEPPERS
LONELY HEARTS
CLUB BAND
BEATLES

Cartel conmemorativo de *Sgt. Pepper's* con autógrafo de Paul McCartney y George Martin.
Commemorative booklet for Sgt. Pepper's *signed by Paul McCartney and George Martin.*

Yesterday (en la actualidad se cuentan más de dos mil), en abril el resultado de la sesión fotográfica para la portada más famosa de la historia, la de *Sgt. Pepper's*, mientras en mayo John posa, orgulloso, delante de su Rolls-Royce, apenas pintado con dibujos a flores, una fulminante gitanada psicodélica.
Junio es el mes del mito. *Sgt. Pepper's* se materializa en las tiendas europeas y americanas entre el 1 y el 2, y el 25, pocos días después de que los Beatles aparecieran en la portada de *Life*, desde los estudios de *Abbey Road* se transmite la canción *All you need is love* en televisión en el primer programa vía satélite, *Our World*, en mundovisión, para una audiencia de por lo menos 400 millones se espectadores: un experimento que no se había hecho nunca hasta entonces. En julio, las listas de éxitos de todas las latitudes hablan la lengua del Sargento Pimienta, en agosto muere Brian Epstein (El *New York Times* lo define como "el hombre que ha revolucionado la música pop de nuestra época"), y en septiembre empiezan en Teignmouth, en el condado de Devon, el viaje y el rodaje de una extraña película, filmada a bordo de un autobús, que recuerda mucho el *Magic Bus* de Ken Kesey, con sabor a gasolina y a tripi, incubadora de la inteligencia psicodélica en Estados Unidos apenas unos pocos años antes.
En Octubre se brinda con el estreno de la primera película como actor de John, el antimilitarista, lunático, grotesco, loco y a la vez muy serio en *How I won the War* (Como gané la guerra) del director Richard Lester y en noviembre una foto suya con casco y pelo corto en la portada de *Rolling Stone* advierte a los americanos y al mundo que la guerra de Vietnam, como todas las demás, es una guerra sucia. En diciembre, para santificar la Navidad, los Beatles abren en Londres, en *Baker Street*, su boutique *Apple*, y la BBC transmite la película *Magical Mistery Tour*, efervescente parodia sin sentido de la que emerge la canción *I am the Walrus* (Soy la morsa), oda disparatada fuera del tiempo y del espacio.
Lo que emana es una especie de pacifismo humanitario y humanista, no completamente apolítico, que se difunde también en otras latitudes: al igual que John, por ejemplo, en

Cartel belga de la película *How I won the war* (Como gané la guerra) con John Lennon, 1967.
Belgian lobby poster of the film How I Won the War *starring John Lennon, 1967.*

El encuentro con Cassius Clay en EE.UU., 18 de febrero de 1964.
Meeting with Cassius Clay in America, 18 February 1964.

tv film *Magical Mystery Tour*, an effervescent, nonsensical pastiche featuring the outstanding promo clip of "I Am the Walrus" with its pseudo-absurd lyrics outside time and space. It transmitted a kind of humanitarian and humanist pacifism, which was not completely impolitic, that was also spreading in other parts of the world. For example, while John staged his protest, Cassius Clay (later Mohammed Ali) refused to serve in the army after embracing Islam and the US authorities withdrew his licence, dealing a fatal blow to the career of the greatest boxer of all time.
The Beatles were the most perfumed flower in the enchanted garden that was the driving force, vital spark and showcase of an extraordinary scene, rarely ever repeated with equal intensity. The 1967 calendar of events was like a kaleidoscope with swirling colours and effects. The innovations were staggering, as was the permanency of the various trends and protagonists. It was an alchemy of *A Thousand and One Nights.*

All together now
To understand why that period was so influential and to exactly what extent – also due to its lasting lessons – let us take a look at some facts that cannot be mere coincidences.
During 1967 the following singers released their first album: Jimi Hendrix, Janis Joplin, the Doors, Grateful Dead, Pink Floyd, David Bowie, Cat Stevens, Traffic, Fairport Convention and Leonard Cohen. New bands on the scene included the Stooges, Soft Machine, Creedence Clearwater Revival and even Velvet Underground, under the aegis of Andy Warhol, who created the famous banana sleeve which, together with the one for *Sgt. Pepper's* by Peter Blake and Michael Cooper, would become the most iconic in pop-rock culture.

Estados Unidos Cassius Clay-Mohammed Alí rechaza el uniforme militar después de haberse convertido al Islam, lo que provoca que las autoridades le retiren la licencia, acabando de hecho con la carrera del boxeador más grande de todos los tiempos.
Los Beatles son la flor más perfumada de ese jardín encantado, remolque, tal vez chispa o escaparate de una escena sugestiva y singular, que no se habría presentado con la misma intensidad normalmente. La agenda de ese 1967 es una especie de caleidoscopio, con matices y efectos intrigantes, algo que te puede dejar sin respiración por la importancia de las novedades que conlleva y por la fuerza y resistencia de sus signos y protagonistas. Una alquimia de las mil y una noches.

All together now
Para entender la gran influencia que tuvo esta época, también por lo que se refiere a su duración educativa y formativa, podemos observar algunos hechos que no pueden ser coincidencias de calendario.
Ese año salen con su primer álbum Jimi Hendrix, Janis Joplin, Doors, Grateful Dead, Pink Floyd, David Bowie, Cat Stevens, Traffic, Fairport Convention y Leonard Cohen. Entre los nuevos llegados también se encuentran Stooges, Soft Machine y Creedence Clearwater Revival. Al mismo tiempo nacen los Velvet Underground, con la presencia de Andy Warhol que con el famoso plátano, bautiza una de las portadas más famosas de la cultura *pop-rock*. La otra célebre es la de *Sgt. Pepper's* que realizaron Peter Blake y Michael Cooper.
El hecho de que el mismo fenómeno se produjera al otro lado del Atlántico es una circunstancia que no hay que menospreciar, sobre todo porque hay otras más. Casi al mismo tiempo que *Sgt. Pepper's* sale *Absolutely Free*, una de las obras maestras de Frank Zappa, mientras se destruye uno de los discos fantasma, *cult* por definición, *Smile* de los Beach Boys, con Brian Wilson que se mete en su espiral de genio al revés, confundido entre el extravío y la perdición.
En esos años nos preparamos también para hacer la cuenta de los caidos y la llamada, en 1967, es ya de las más dolorosas, porque entre los que nos abandonan, encontramos a Woody Guthrie, John Coltrane, Luigi Tenco, Violeta Parra y Otis Redding, que acaba de

Los Beatles en India, febrero 1968.
The Beatles in India, February 1968.

Summer of love
(Verano de amor),
Genesis Publications,
Londres, 2007.
Summer of Love, Genesis
Publications, London,
2007.

A similar coincidence, which happened in the space of a few months on both sides of the Atlantic, should not be underrated – also because it was one of several. In America, one of Frank Zappa's masterpieces, *Absolutely Free*, was released at the same time as *Sgt. Pepper's*, while *Smile* by the Beach Boys was abandoned – becoming a "lost album" that has since become a cult album par excellence – and Brian Wilson's genius deserted him, as he entered a downward spiral.

In 1967 we started to lose some great musicians, including Woody Guthrie, John Coltrane, Luigi Tenco, Violeta Parra and Otis Redding, who had just cut his memorable "Sitting on the Dock of the Bay", and never even heard the final version. They joined the ranks of the icons of our time, among whom it is only fair to include Totò and Che Guevara, Italian soccer star Gigi Meroni and René Magritte. To paraphrase the Oriental proverb, death is louder than a falling tree, a growing forest. But there were also new arrivals, including Italian soccer player Roberto Baggio, and the ill-starred rocker Kurt Cobain, both of whom left an indelible imprint.

An entire generation – which also benefited from the Beatles' lesson – would flower, but in the meantime everyone was enamoured of the Orient, which John, George and others gravitated to that summer for close encounters with the Maharishi. Symbols and patchouli, sitars and spectacular mantras: the ways that led to India (where the group went again in 1968 for a very crowded trip-vacation) were infinite.

London and San Francisco had a natural affinity, a physical and spiritual connection that was evident. This produced a red-hot vibe that gave birth to the Monterey Pop Festival, the first pop-rock festival in history. Tens of thousands of young fans converged on this small town in northern California to listen to Jimi, Janis, Otis, the Who, Eric Burdon & the Animals, Canned Heat, the Steve Miller Band, the Byrds, Buffalo Springfield and Ravi Shankar, along with all the protagonists of the new San Francisco scene: Jefferson Airplane, Grateful Dead, Country Joe & the Fish, Quicksilver Messenger Service, Moby Grape, Electric Flag, Butterfield Blues Band, Scott McKenzie and the Mamas & Papas – who were basically the brains behind the whole project, which they also coordinated. Its success was ensured by the group of big stars who sat on the festival board, including Paul McCartney, Mick Jagger, Roger McGuinn, Donovan, Brian Wilson and Andrew Oldham, all of whom spared no effort in supporting the hippie cause.

The festival was described as follows in the press kit distributed to publicize the event: "The festival will attract tens of thousands of pop music fans, those who are young and those who have not forgotten that they once were, those who are free and those who would like to be, to see and listen to, appreciate and take in some of the best artists on the new young scene, in the most stupendous setting."

No sooner said than done. On the menu, or rather on stage, there was a fantastic line-up, including Simon & Garfunkel – *The Graduate* starring Dustin Hoffman and Anne Bancroft had been released in 1967, along with their memorable score, the pièce di résistance being "Mrs. Robinson". A documentary was shot at the festival by the director D. A. Pennebaker, whose movie *Don't Look Back*, a unique "on-the-road" portrait of Bob Dylan filmed during his 1965 English tour, was also released in 1967.

If we take a closer look at that year we will see that it had a special aura, created by a wealth of musical gems that still resonate with us common mortals, the swinging heirs of that rich legacy.

Tutti frutti...

Pop charts are a reliable indicator of the values and characteristics of the soundtrack of

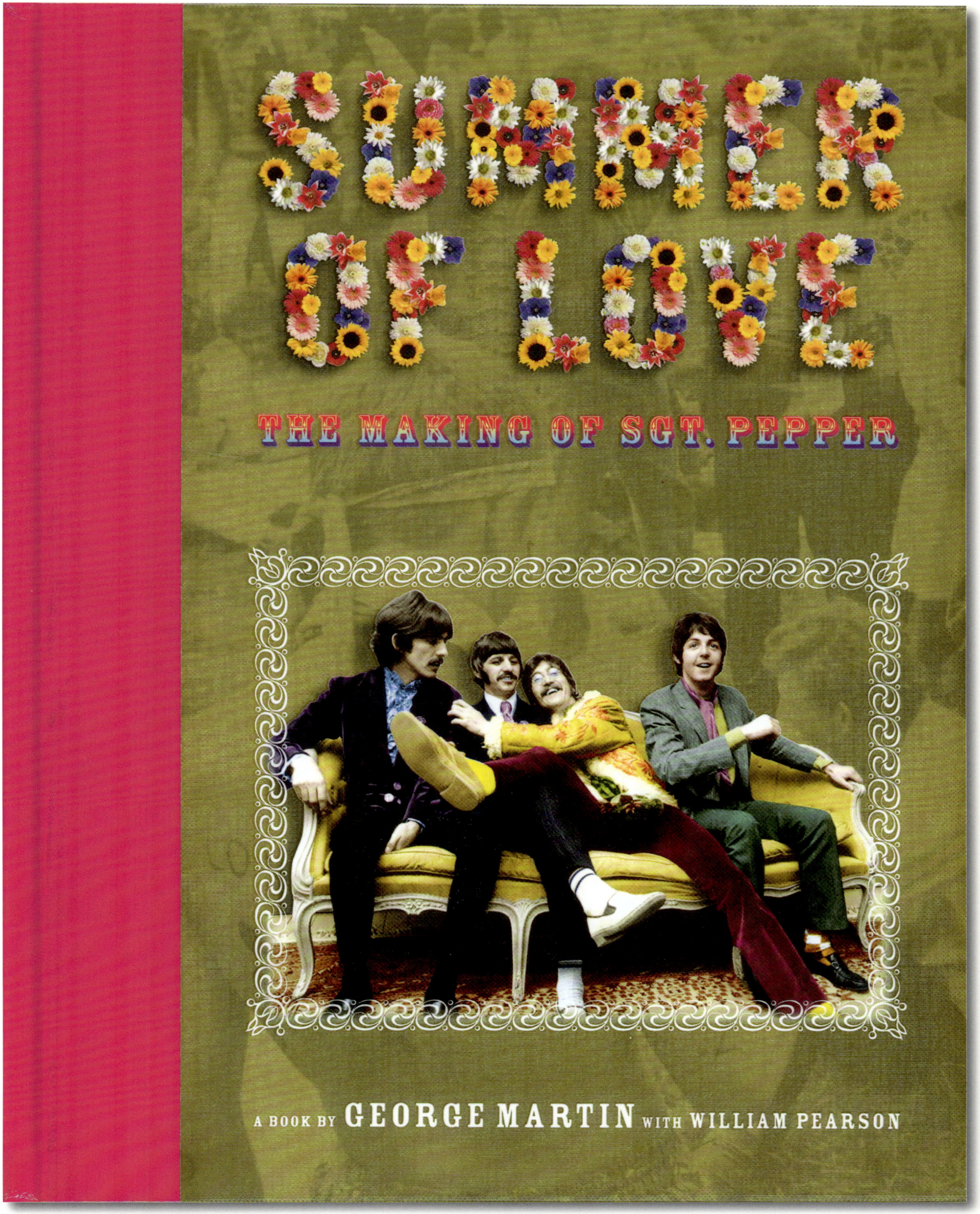
SUMMER OF LOVE
THE MAKING OF SGT. PEPPER
A BOOK BY GEORGE MARTIN WITH WILLIAM PEARSON

Magical Mystery Book (Libro mágico y misterioso), Apogeo, Milán, 1998.
Magical Mystery Book, Apogeo, Milan, 1998.

the year in question. Among the songs that topped the American hit parade from January on, were: "I'm a Believer" by the Monkees, "Ruby Tuesday" by the Rolling Stones, "Penny Lane" by the Beatles (flip side: "Strawberry Fields Forever"!!), "Happy Together" by the Turtles, "Something Stupid" by Frank and Nancy Sinatra, "Groovin'" by the Young Rascals, "Respect" by Aretha Franklin, "Light My Fire" by the Doors, "Ode to Billy Joe" by Bobby Gentry, "The Letter" by the Box Tops, "Incense & Peppermints" by Strawberry Alarm Clock, and "Hello Goodbye" by the Beatles, who topped the charts again at the end of the year, in America and the UK.

In Britain the number one hits of 1967 included: "Green Green Grass of Home" by Tom Jones, "A Whiter Shade of Pale" by Procol Harum, "All You Need Is Love" by the Beatles, "San Francisco (Be Sure to Wear Flowers in Your Hair)" by Scott McKenzie, "Massachusetts" by the Bee Gees, "Let the Heartaches Begin" by Long John Baldry, and the catchy but droning songs by The Monkees and the Sinatra family that crossed the Ocean.

To be fair, we must also consider Italy's offerings: Lelio Luttazzi's very successful radio programme "Hit parade" (launched on 6 January, with "Bang bang" by Equipe 84 at number one) set the seal on, among others, "A chi" by Fausto Leali, "Nel sole" by Al Bano, "Cuore matto" by Little Tony, "La coppia più bella del mondo" by Adriano Celentano, "Un mondo d'amore" by Gianni Morandi, "Parole" by Nico e i Gabbiani, "29 settembre" by Equipe 84 and "L'immensità" by Johnny Dorelli. Light – very light – music, granted, revealing the Italian pop scene to be something of a hodge-podge,

a weird mix of big names and macaronic beat groups who were just starting up. For example, we went from the Rokes and "Bisogna saper perdere" and "Cercate di abbracciare il mondo come noi" to the Ribelli and "Pugni chiusi", the Camaleonti and "L'ora dell'amore", Gian Pieretti and "Pietre", Lucio Dalla and "Il cielo", Mal and "Yeeeehh", Rocky Roberts and "Stasera mi butto", and lastly Patty Pravo and Caterina Caselli, the blondes who made waves. Groups at the starting gate included the Pooh, Orme and New Trolls – the most acid and transgressive, which was confirmed by the fact that they were chosen as the supporting act on the Rolling Stones tour. A nice, easy-listening assortment, but the more discerning could already listen to debut recordings by Francesco Guccini (the pleasantly refreshing *Folk beat n. 1*) and by the Nomadi (the epoch-making *Per quando noi non ci saremo*, with "Dio è morto"), along with Fabrizio De André who had recorded "Preghiera in gennaio" in memory of his friend Luigi Tenco, who had just died.

Cartel de la película
Rita la figlia americana
(Rita la hija americana),
1966.
Lobby poster of the film
Rita la figlia americana,
1966.

grabar *Sitting on the Dock of the Bay*, su himno, del cual ni siquiera conseguirá escuchar su versión definitiva. Todos estos artistas pasarán a formar parte de los iconos de nuestra época, y de ese modo, ¿cómo no recordar a Totó y Che Guevara, Gigi Meroni y René Magritte? Como dice un proverbio oriental, "hace más ruido un árbol que cae que una foresta que crece", y así también tenemos que nombrar a los recién llegados como Roberto Baggio y el desventurado Kurt Cobain, gente destinada a dejar una huella decisiva.
La generación que nace y florece, alimentada también por la semilla y la enseñanza de los Beatles, será una generación entera que sueña con el Oriente. John, George y los demás gravitarán en esa dirección ese verano, conociendo mejor al guru hindú Maharishi. Símbolos y pachuli, sitar y maravillosos mantras, los caminos que llevan a la India (a la que irán después en 1968 de vacaciones con mucha gente) son infinitos.
Una vez establecido que entre Londres y San Francisco existía una relación natural y evidente de fisiología y espiritualidad, lo que da vida en Monterrey es recorrer el primer festival *pop-rock* de la historia con decenas de millares de jóvenes que van a la ciudad del norte de California: allí se encontrarán con Jimi, Janis, Otis, Who, Eric Burdon & The Animals, Canned Heat, Steve Miller Band, Byrds, Buffalo Springfield, Ravi Shankar, además de los protagonistas de la nueva escena de San Francisco: Jefferson Airplane, Grateful Dead, Country Joe & the Fish, Quicksilver Messenger Service, Moby Grape, Electric Flag, Butterfield Blues Band, Scott McKenzie y Mamas & the Papas, un poco cabezas pensantes y coordinadores de todo el proyecto. La corona la forman un nutrido comité entre los que se encontraban Paul McCartney, Mick Jagger, Roger McGuinn, Donovan, Brian Wilson, Andrew Oldham, todos ellos cortés y generosamente al servicio de la causa hippy.
En la nota de prensa difundida para sostener la causa del Monterrey Pop Festival se leía: "El festival atraerá a decenas de millares de apasionados de la música pop, quien es joven y quien no se olvida de haberlo sido, quien es libre y quien quiere serlo, para ver, escuchar, apreciar y absorber algunos de los mejores artistas de la nueva escena juvenil en un lugar de belleza ejemplar".
Dicho y hecho. En el plato, perdón, en el palco, un reparto alucinante, entre los cuales se encuentran Simon & Garfunkel; la película *The graduate* (El graduado) es también de 1967, con Dustin Hoffman, Anne Brancroft y su famosa banda sonora con la célebre canción *Mrs. Robinson*. En Monterrey se filmará una película documental dirigida por D.A. Pennebaker, que ese mismo año había ya estrenado *Don't look back*, retrato ejemplar *on the road* de Bob Dylan, mientras realizaba una gira en Inglaterra en 1965.
Pero mirándolo con una cierta atención, casi con cariño, nos damos cuenta de es el año entero el que goza de una aura especial: un yacimiento de tesoros (musicales) que versan sobre los mortales comunes, gozosos herederos de tanto bien.

Tutti frutti

Un índice del valor y de las características de la música que resulta siempre fiable son las listas de éxitos. Entre las canciones que fueron numero uno del *hit parade* en EE.UU. desde enero hasta más adelante encontramos: *I'm a Believe*r de los Monkees, *Ruby Tuesday* de los Rolling Stones, *Penny Lane* de los Beatles (en la otra cara: *Strawberry Fields Forever*), *Happy Together* de los Turtles, *Something Stupid* de Frank y Nancy Sinatra, *Groovin'* de los Young Rascals, *Respect* de Aretha Franklin, *Light my fire* de The Doors, *Ode to Billy Joe* de Bobby Gentry, *The Letter* de los Box Tops, *Incense & Peppermints* de los Strawberry Alarm Clock, *Hello Goodbye* de los Beatles otra vez, que cierran, siempre ellos, simbólicamente, el año como número uno, en el Reino Unido también.

Etiqueta de *juke-box*.
Label for juke-box.

Classics not only become hits; their titles and evergreen melodies and refrains are firmly fixed in the collective memory. Let's compile an imaginary hit parade: "Pata Pata" by Miriam Makeba who introduced African music into international culture and imposed it on the markets; "I'm a Man", the last single by the Spencer Davis Group; "For What It's Worth", synonymous with the Buffalo Springfield; "I Heard It Through the Grapevine", Marvin Gaye's sublime voice at its best; "Arnold Layne", the calling card of a band still without a contract, Pink Floyd; "Sweet Soul Music", Arthur Conley's proud hymn to soul; "Brown-Eyed Girl" by Van Morrison, firmly decided to avoid any nostalgia for Them; "Aquarius/Let the Sunshine In", recorded by the Fifth Dimension to make the world aware of *Hair*, the first socially-committed rock musical; "Nights in White Satin" by the Moody Blues; and the "progressive" "Chain of Fools", confirming Aretha Franklin as the undisputed queen of driving, black rhythm and blues.
As if that were not enough, between the romance of Elvis and Priscilla's wedding (in Las Vegas of course) and the satire of an album that has, quite rightly, gone down in music history, namely *Alice's Restaurant* by Arlo Guthrie (Arthur Penn directed an interesting screen version shortly afterwards), the Rolling Stones cut an lp called *Their Satanic Majesties Request* (the one with the 3-D cover, a direct response to the Beatles' *Sgt. Pepper's* and the work of the same photographer, Cooper). Meanwhile, Bob Dylan and the Band were recording *The Basement Tapes* in the Big Pink hermitage in Saugerties, New York, not released as an album until 1975.

The power of destiny

The youth (counter)culture, and the alternative to the most cut-throat business system, was like an underground river: the confluences were not visible on the surface, but it represented the mental universes of millions of individuals who, breaking with the conventions of race, religious beliefs and established identity, were waiting to embrace each other according to the laws of the cosmos. If we flip through the calendar, we will find that Music and the sister arts produced all kinds of other interesting offshoots: in San Francisco alone, the magazine *Rolling Stone* was founded and happenings expressing the collective desiderata *en plein air* proliferated.
They were dominated by the great themes of free love, drugs, creativity and the rejection of ideologies and hierarchies, which became the passwords of the legendary Summer of Love, a season depicted with remarkable impact by seminal poster artists like Rick Griffin, Wes Wilson, Stanley "Mouse" Miller. Demonstrations and antimilitarist sit-ins were held in various states against President Lyndon Johnson's policies – 400,000 took part in a protest outside the UN building in New York. Joan Baez was among those persistent agitators, and was arrested in Oakland, California. In the black ghettoes of the major American cities there was an ill wind blowing to say the least; one uprising followed another and tension was rife. Baez recently commented about that summer of 1967, the so-called Summer of Love, that she thought of it as the perfect storm: there was the music, there were the artists and everything converged and imploded into the centre; there were civil rights, there was the war, there was a feeling of cohesion, and that's what we lack now. She reckons that then there was an awareness created by the events, and partly, perhaps, by chance. It also existed in the music, she said, judging from her own experience, which people would later describe by saying that they had had enough of chewing gum and plastic, mass-produced music (from the *San Francisco Chronicle*, August 2007).
Even in England, which was more than just Swingin' London now, the atmosphere was

En Gran Bretaña los números uno de la lista de éxitos en 1967 incluyen: *Green green grass of home* de Tom Jones, *A Whiter Shade of Pale* de Procol Harum, *All you need is love* de los Beatles, *San Francisco (Be sure to wear a flower in your hair)* de Scott McKenzie, *Massachussets* de los Bee Gees, *Let the Heartaches Begin* de Long John Baldry, además de las americanas de los Monkees y de la familia Sinatra, auténticas canciones pegadizas sin fronteras.
La honestidad de crónica exige que se pongan al mismo nivel de la balanza las virtudes italianas del popular *hit-parade* radiofónico de Lelio Lutazzi (creado el 6 de enero, el número uno era *Bang bang* del Equipe 84) que en esa época lanzó entre otros, *A chi* de Fausto Leali, *Nel sole* de Al Bano, *Cuore matto* de Little Tony, *La coppia più bella del mondo* de Adriano Celentano, *Un mondo d'amore* de Gianni Morandi, *L'immensità* de Johnny Dorelli. Música ligera, ligerísima, de acuerdo, donde se revela el típico estrabismo del parque sonoro italiano, ya que se trata de una poción extraña en la que los grandes coexisten con los intérpretes de un macarrónico *beat* italiano en sus inicios: estamos hablando de los Rokes con *Bisogna saper perdere* y *Cercate di abbracciare il mondo come noi*, de los Ribelli con *Pugni chiusi*, de los Camaleonti con *L'ora dell'amore* de Gian Pieretti con *Pietre,* de Lucio Dalla con *Il cielo,* de Mal con *Yeeeh* y de Rocky Roberts con *Stasera mi butto*. Y además Patty Bravo y Caterina Caselli, la nueva onda rubia, mientras entre los grupos que están empezando tenemos a los Pooh, Orme y New Trolls, los más ácidos y alocados, hasta el punto de que serán los teloneros de los Rolling Stones. Un buen cuadro de música ligera, aunque los paladares más finos tendrán ya a su disposición el debut de Francesco Guccini (el divertido y agrio *Folk beat n. 1*) y de los Nomadi (las famosas *Quando noi non ci saremo* y *Dio è morto*) y a su lado tenemos a Fabrizio de André que graba *Preghiera in gennaio* para recordar a Luigi Tenco, el amigo muerto recientemente.

Sencillo, edición italiana.
Single, Italian edition.

Los clásicos no son los únicos que tienen mucho éxito y sus títulos, sus estribillos y sus melodías eternas están grabados en la memoria colectiva. Veamos un decálogo teórico para no olvidar; *Pata pata* de Miriam Makeba que propone la música africana y la impone en el mercado. *I'm a man*, último *single* del Spencer Davis Group. *For what it's worth*, bandera de Buffalo Springfield. *I Heard it through the Grapevine* hito de una voz divina, la de Marvin Gaye. *Arnold Layne*, tarjeta de visita de un grupo, Pink Floyd, que todavía no tenía contrato. *Sweet Soul Music*, orgullosa declaracion de principios de Arthur Conley. *Brown-Eyed Girl*, de Van Morrison, decidido a evitar cualquier tipo de añoranza de los Them. *Aquarius / Let the Sunshine in* que a través de la *Fifth Dimension* comunica al mundo la existencia de *Hair*, la primera revista musical rock, que contiene un fuerte mensaje de tipo social. *Night in White Satin* de Moody Blues, vibrante apertura a la sucesiva *Chain of Fools* que confirma a Aretha Franklin como la reina absoluta de los latidos negros *rhythm and blues*.
Y por si no fuera bastante, entre el romanticismo del matrimonio de Elvis con Priscilla (en Las Vegas, por supuesto) y la energía de un álbum que ha pasado a los anales, *Alice's Restaurant* de Arlo Guthrie (atención a la película que Arthur Penn hará inspirándose en este álbum poco después), hay que destacar también que los Rolling Stones sacaban el LP *Their Satanic Majesties Request*, el de la portada tridimensional, respondiendo a la de los Beatles de *Sgt. Pepper's* que tienen como mismo fotógrafo a Cooper. Al mismo tiempo Bob Dylan y la Band están grabando *The Basement Tapes* en el buen retiro de Saugerties, Nueva York, que haciendo honor a la crónica, no salió en disco hasta 1975.

Primera edición inglesa
del libro de Brian Epstein
A Cellarful of Noise
(Un desván de ruido)
con autógrafo del autor.
First edition of A Cellarful
of Noise *by Brian
Epstein, signed
by the author.*

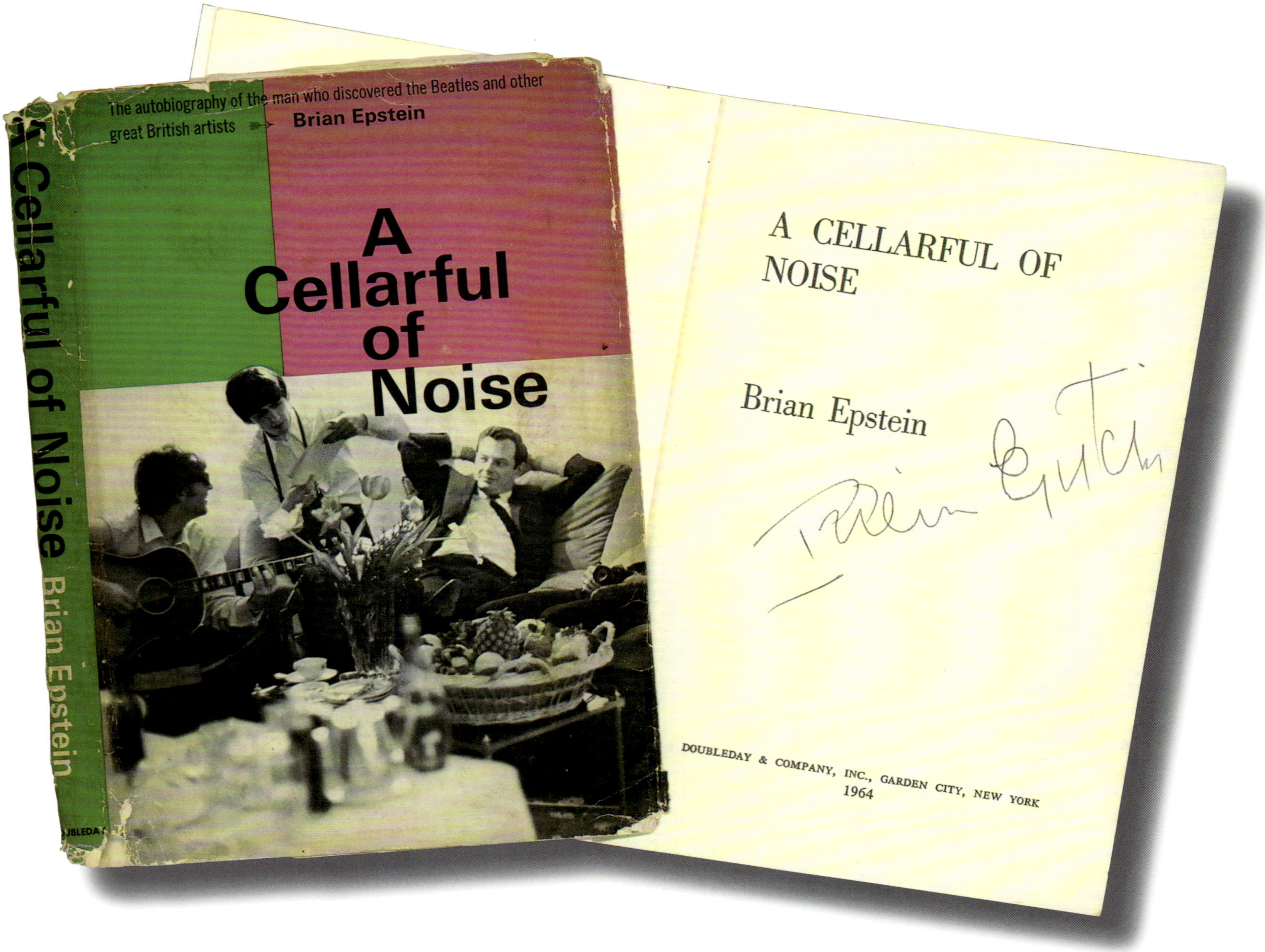

Sencillo, edición francesa.
Single, French edition.

La fuerza del destino

La (contra)cultura de los jóvenes o la alternativa al sistema del *business* más escuálido era como un rio subterráneo. No se ven en la superficie los afluentes ni las desembocaduras, pero son los universos mentales de millones de individuos que, dejando de lado las convenciones de raza, fe o nacionalidad, esperan mezclarse según las leyes del cosmos.

De este modo, examinando atentamente el calendario, encontramos otras razones para poder disfrutar de los favores que la historia ha querido regalar a la música y a las artes relacionadas con ella: en San Francisco nace la revista *Rolling Stones* y se multiplican los *happenning* que ponen al descubierto los deseos colectivos.

Los temas más importantes que se trataban eran el amor libre, las drogas, la creatividad, el rechazo de ideologías y jerarquías, es decir, los lemas del mítico *Summer of love*, una época que gráficos y artistas ilustres como Rick Riffin, Wes Wilson, Stanley "Mouse" Miller ayudarán a contar. Mientras tanto las manifestaciones de protesta antimilitarista contra el presidente Lyndon Johnson se repiten en diferentes estados (400.000 personas se manifestarán a las puertas de las Naciones Unidas en Nueva York) y muchas veces entre los agitadores testarudos encontramos a Joan Baez, que fue arrestada más tarde en Oakland. También en los guetos negros de las principales ciudades americanas, donde se producen revueltas por doquier, el viento que sopla no es de los mejores: es alta tensión. Y a propósito de la tía Joan, esto es lo que dice ahora de esa época: "¿Sabéis cómo defino el *Summer of Love*? La tempestad perfecta. Existía la música y también los autores y todo confluía en un centro común. Existían los derechos civiles, había una guerra, había un sentido de unión y eso es lo que falta ahora. Diría que entonces había una conciencia debida a los acontecimientos y en parte quizás a la casualidad. Yo la encontraba en la música por lo que se refiere a mi experiencia personal, lo que la gente describió a continuación diciendo que estaban cansados del chicle americano y de la música de chicle hecha en serie" (del *San Francisco Chronicle*, agosto 2007)

También en Inglaterra, que ya no es la única *Swingin' London*, el ambiente está que arde: agitación, lucha y desenfreno continuos, con fuertes críticas contra el sistema. Pink Floyd calienta los motores en un concierto que acabó en todos los libros de iniciación a la psicodelia, *14-Hour Technicolor Dream*, mientras Paul crea un gran escándalo, provocando a los más ilustres, cuando declara abiertamente que hace uso de drogas alucinógenas como el LSD, pero lo que ocasiona más problemas es un anuncio publicitario que se publica en el *Times* el 24 de julio. El título del artículo dice así: "La ley contra la marihuana es inmoral como principio y no funciona en la práctica". Las firmas que lo siguen hacen temblar a la mayoría silenciosa, desde la clase media burguesa en Dowing Street hasta la Casa Real. Además de los Beatles están los buenos nombres de Inglaterra. Entre ellos se encuentran escritores, artistas e intelectuales importantes como Peter Brook, Graham Greene, David Hockney y el mismo Brian Epstein, en uno de sus últimos actos públicos. Parece como si se estuviera atacando a la clase conservadora de la sociedad inglesa, que por su parte reacciona de un modo contradictorio. Las ventas de discos de los Beatles y de sus buenos colegas arrasan en todo el mundo, contribuyendo a regenerar las débil economía del país.

El sistema reacciona legalizando las relaciones homosexuales entre adultos mayores de edad y el aborto, introduciendo la prueba del globo para verificar los abusos alcohólicos de los conductores, y sobre todo creando una ley que causa el cierre inmediato de las emisoras de radio libres, *Radio Caroline* y *Radio London*, que transmitían desde barcos que estaban fuera las aguas territoriales y que eran muy populares y contaban una

Sencillo, edición holandesa.
Single, Dutch edition.

red hot, everything was in ferment: there were constant struggles, freak-outs, and hefty assaults on the establishment.

The Pink Floyd raised the temperature at a meeting-concert, the *14 Hour Technicolor Dream* that wound up in all the introductory books on psychedelic experience. Paul raised a big hue and cry, shocking the cultivated and famous alike, when he calmly stated that he used Lsd. An even bigger sensation was caused by a paid advertisement that appeared in *The Times* on 24 July. The headline of the full-page ad read as follows: “The law against marijuana is immoral in principle and unworkable in practice.” The signatures at the bottom were enough to give the silent majority the jitters, from the middle class to Downing Street and even Buckingham Palace. It had not only been signed by the Beatles but also by some of England’s finest ambassadors: writers, artists and intellectuals of the calibre of Peter Brook, Graham Greene and David Hockney, and also Brian Epstein, in one of his last public gestures.

It was like a battering ram aimed at the conservative system on which English society was then founded, which reacted in conflicting ways. The sales of the Beatles’ records, which boosted those of many talented colleagues throughout the world, had done a lot to put England back on its feet financially. The system reacted by legalizing homosexual relationships between consenting adults and abortion; introducing the breathalyzer test to discourage people from drinking and driving; and passing a law that permitted the immediate closure of the “pirate” stations, Radio Caroline and Radio London, which broadcast their programmes from boats outside territorial waters, and were wildly popular with ever-larger audiences.

The BBC realized that it was time to jazz up its radio language (and the music), and brought in John Peel – an absolute pioneer in his field – to host programmes. The metamorphosis in other sectors was more difficult and slower, but the publishing industry was already distributing superb satirical magazines such as *IT* (*International Times*) and *Oz*, now much sought after by collectors.

Stardust and fireworks

Inestimable gems of a year that should be put on a pedestal. In Italy, it was a dark, contradictory year, which should at least be examined from a media and musical standpoint. 1967 saw the Rolling Stones winging into Italy for their first Italian tour, but it was a black year for the Sanremo song festival: not for the winners (Iva Zanicchi

gran audiencia. La BBC se da cuenta de que hay que modernizar el lenguaje radiofónico (y la música), y así, empieza a dirigir los nuevos programas John Peel, un pionero absoluto. El cambio es más lento y complicado en otros sectores aunque la industria editorial publica revistas de superlativa, subversiva calidad, *IT (International Times)* y *Oz*, que actualmente los coleccionistan buscan por todas partes.

Polvo de estrellas y fuegos artificiales

Tesoros infinitos de un año que se puede poner en un pedestal. En Italia fue un año oscuro y contradictorio que hay que estudiar por lo menos desde el punto de vista de la prensa y por supuesto del musical. El año 1967 ve llegar a los Rolling Stones, con su primera gira en Italia, pero es también un año adverso para San Remo, no para quienes lo ganan (Iva Zanicchi y Claudio Villa, con *Non pensare a me*, que ganan por poco a Annarita Spinaci y Les Surfes, *Quando dico che ti amo* y a *Proposta*, canción pacifista de los Giganti y los Bachelors), sino por el fallecimiento trágico y aún discutido de Luigi Tenco en un hotel de la ciudad. El festival todavía conserva la cicatriz de su muerte.

También es cierto que es el año en el que se abren las puertas a la generación *beat* y hasta San Remo admite a los cantantes extranjeros, acogidos casi como extraterrestes. Sony & Cher, Dionne Warwick, Marianne Faithfull, Hollies se presentan al certamen con canciones aburridas y un poco limitadas. La cancioncilla, por otra parte, es la dieta

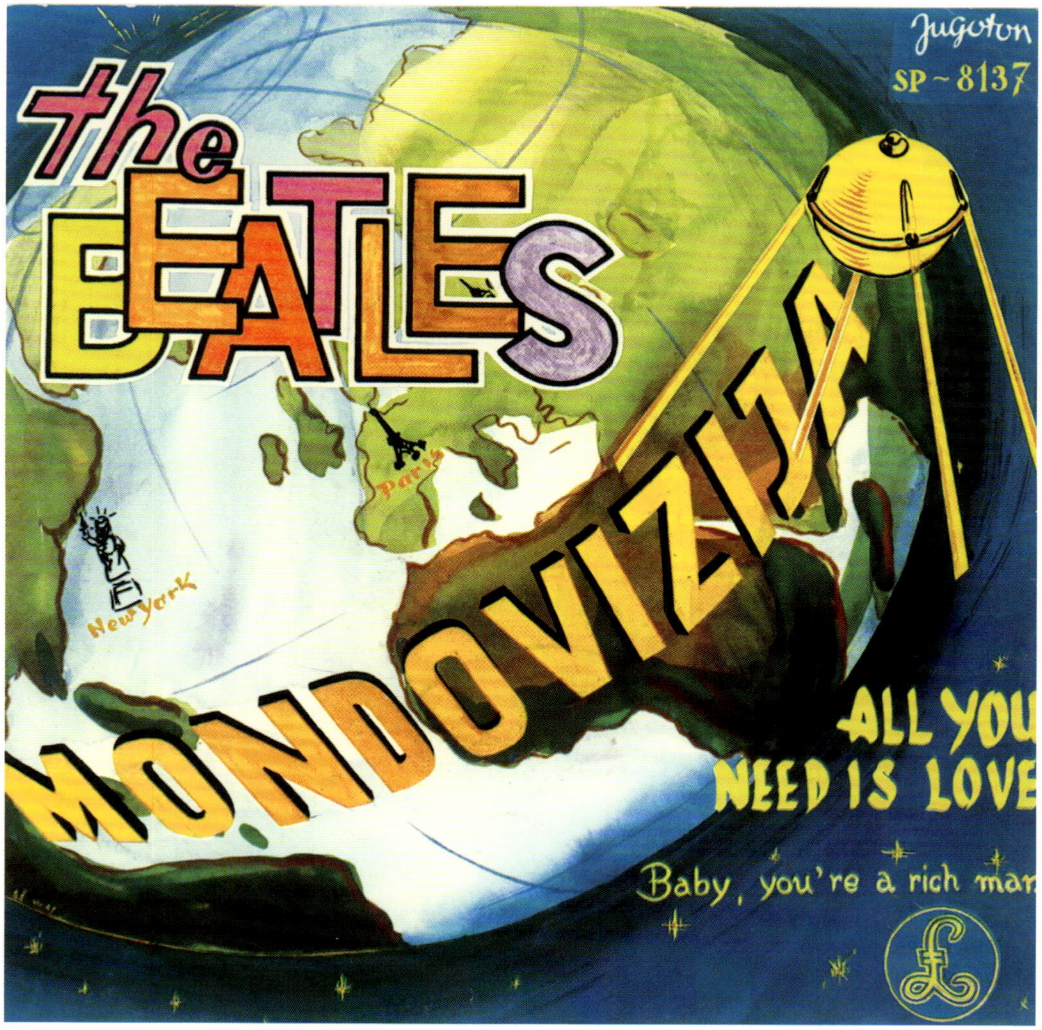

Sencillo, edición yugoslava.
Single, Yugoslav edition.

and Claudio Villa, with "Non pensare a me", who just beat Annarita Spinaci and Les Surfs with "Quando dico che ti amo", and I Giganti/The Bachelors with "Proposta", an Italian pacifist song); but because of Luigi Tenco's tragic demise – the cause of which has never been fully determined – in a local hotel. The festival still bears the scars of his death.
It was the year in which the beat generation were welcomed with open arms, and even Sanremo featured foreign artists – who were virtually seen as aliens. Sonny & Cher, Dionne Warwick, Marianne Faithfull and the Hollies were all happy to compete, but had to contend with songs that were boring and lacking in ideas.
The catchy tune was the mainstay of the Italians. They were buying more and more records and, at the same time, fuelling a curious market, an offshoot of cinema that was short-lived but extremely lucrative. It consisted in the so-called *musicarelli*, films driven by music starring the most popular singers of the day, who were quick and smart enough to make these "instant movies" to cash in on their big hits. In 1967 this genre peaked and the market was virtually invaded by all the most popular artists. Little Tony set the record by making at least fifteen of these movies. They were destined to disappear virtually without trace, but they came in very useful to the producers who used the profits (combined with those from the Spaghetti Westerns) to finance Italy's auteur cinema for which we are still envied the world over. Films like *Blow-up* by Michelangelo Antonioni, which won the Golden Palm at Cannes, and *La Cina è vicina* from a very promising new talent named Marco Bellocchio.
The publishing industry, like other sectors, appeared to be ruled by contradictions. The magazine *Men* came into the firing line for having published a photo of a topless woman: 167 parliamentarians of "unquestionable" moral standing went into action and the judiciary ordered it to be closed down. One of the seminal, and most widely read, books was *Lettera a una professoressa* by Father Lorenzo Milani. Hugo Pratt published his most successful comic strip, *Corto Maltese*. The underground magazines *Pianeta Fresco*, *Re Nudo* and *Mondo Beat* were founded in Italy, following in the footsteps of the many others that had sprung up all over the world.
In 1967 we had not yet studied or assimilated Marshal McLuhan's theories, but "it's getting better all the time" (to quote a phrase from the Sgt. Pepper's album sleeve). So let's all try and feel that we really are citizens of the global village. It's easy to appreciate music – whether it is coming from a tape recorder on the beach or a new car stereo – that puts us all in tune, lifts our spirits and unites us with our fellow human beings, strengthening brotherhood, love and a feeling of belonging. A constant underlying melody.
All you need is love? ALL WE NEED IS LOVE!!!

"Would'st thou know if a people be well governed [...]? Examine the music it produces!"
(Confucius, 551-479 BC)

Pop-up inspirado en la época psicodélica. De *The Beatles Story* (La historia de los Beatles), Orbis, Londres, 1985.
Pop-up inspired by the psychedelic period. From The Beatles Story, *Orbis, London, 1985.*

principal de los italianos que compran cada vez más discos y alimentan un curioso mercado paralelo al cine, breve, pero con con increible éxito económico.
Son los así llamados *musicarelli*, películas cuyos protagonistas son los cantantes de moda, rápidos y perspicaces cuando se trata de realizar películas que reflejan los resultados de la lista de éxitos. 1967 es el año que da el título universitario al género, con una especie de invasión en la que se incluyen los artistas más famosos. Hay que recordar especialmente a Little Tony, que hizo unas quince películas. No dejarán prácticamente ninguna huella, pero serán muy útiles para los productores que con los beneficios (y con los *spaguetti-western*) podrán financiar el cine de autor que el mundo nos reconoce y envidia todavía. Como la película *Blow up* de Michelangelo Antonioni, que ganó la Palma de oro en Cannes o *La Cina è vicina* de Marco Bellocchio, director muy prometedor.
El sector editorial, al igual que los otros, parece gobernado por la brújula de las contradicciones. Una revista, *Men*, se convierte en el centro de atención por haber publicado la foto de una mujer con el pecho desnudo: ciento sesenta y siete diputados de sólida moralidad se movilizan y la magistratura ordena el secuestro. *Lettera a una professoressa* de don Lorenzo Milani es uno de los libros más importantes y más leidos y al mismo tiempo Hugo Pratt publica su creación más afortunada, *Corto Maltese*. En Italia, siguiendo el ejemplo de lo que está ocurriendo en el resto del mundo, nacen revistas que reflejan la ideología *underground* como *Pianeta Fresco*, *Re nudo* y *Mondo Beat*.
En 1967 no se han estudiado ni asimilado aún las teorías de Marshall McLuhan, pero "las cosas van cada vez mejor" (citando una frase que aparece en la portada de *Sgt. Pepper's*) y así intentamos sentirnos nosotros también ciudadanos de la aldea global; de los tocadiscos en la playa a la autorradio apenas montada, es fácil captar notas que nos dejan vibrar y liberarnos al unísono, sintiéndonos en armonía con nuestros semejantes y que confirman la fraternidad y el amor. Un sonido de fondo insistente: *All you need is love? ALL WE NEED IS LOVE!*

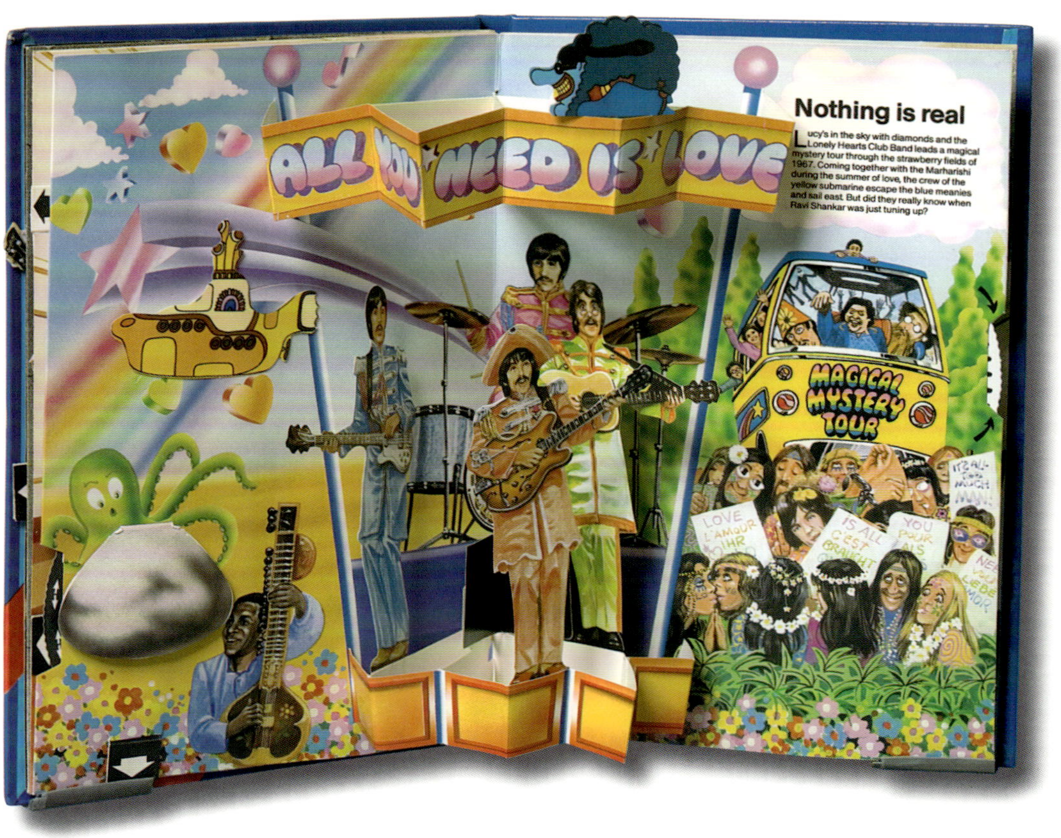

"Si quieres saber si un pueblo está bien gobernado y si sus leyes son buenas o malas, estudia la música que hace"
(Confucio, 551-479 a.C.).

Versión de la portada
de *Abbey Road*.
Reinterpretations of the
Abbey Road *sleeve.*

Cepillos para el pelo,
EE.UU., 1964.
Hairbrushes, US, 1964.

Póster, EE.UU., 1964.
Affiche, US, 1964.

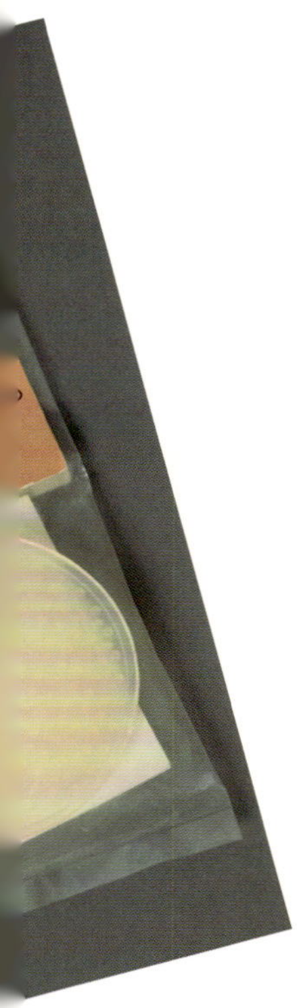

Caja de pastillas
de jabón, EE.UU., 1964.
Pack of individual soaps,
US, 1964.

1957

John forms a skiffle group with schoolmates and friends, calling it the Blackjacks which is soon changed to the Quarrymen. 06-09 Group's first performance at the Empire Theatre in preliminary round of the talent show tv "Star Search". 06-22 Quarrymen's first public performance on the back of a coal lorry. 07-06 John meets Paul for the first time at a St. Peter's parish celebration, who shows what he can do by performing "Be Bop a Lula" by Gene Vincent. 10-18 Quarrymen's first performance with John and Paul at the New Clubmoor Hall of the Liverpool Conservative Club.

John forma un grupo "skiffle" con sus compañeros del colegio y amigos llamándolo primero "Backjacks" y poco después Quarrymen 06-09 Primera actuación del grupo en el Empire Theatre para la selección del espectáculo de televisión "Search for the Star" 06-22 Primera actuación de los Quarrymen en el remolque de un camión para el transporte de carbón. 07-06 John conoce en una fiesta parroquial de la iglesia St. Peter a Paul por primera vez, el cual le muestra su talento interpretando "Be bop a Lula" de Gene Vincent 10-18 Primera actuación de los Quarrymen con John y Paul en el New Clubmoor Hall del Conservative Club de Liverpool.

Decca Tapes

On 1 January 1962, the Beatles' enterprising manager Brian Epstein got them an audition with Decca Records, one of the leading UK labels. They recorded two demo tapes containing 15 songs:

Like Dreamers Do*
Money
Till There Was You
The Sheik of Araby
To Know Her Is to Love Her
Take Good Care of My Baby
Memphis Tennessee
Sure to Fall (In Love with You)
Hello Little Girl*
Three Cool Cats
Crying Waiting Hoping
Love of the Loved*
September in the Rain
Besame Mucho
Searchin'
(*Lennon-McCartney compositions later assigned to other artists for recording)

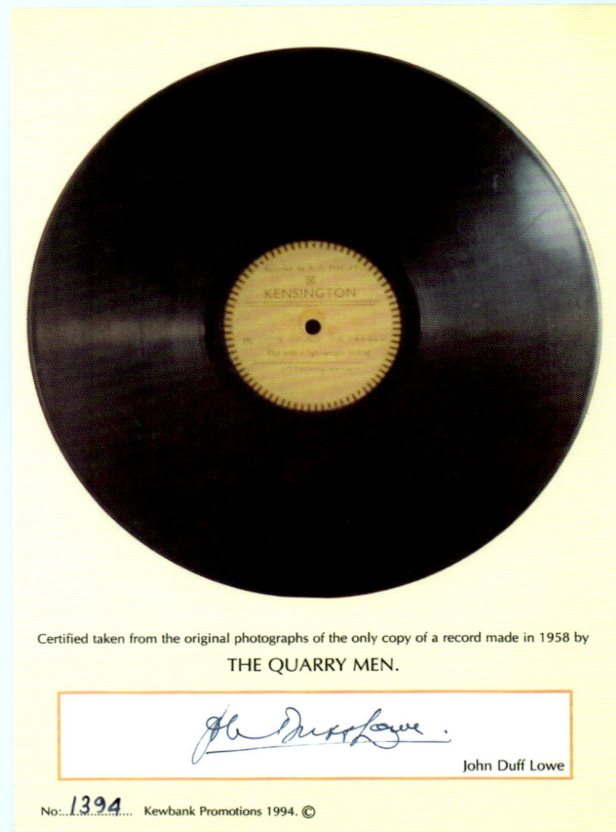

Primera grabación privada, a 78 revoluciones, de Lennon y McCartney, 8 de junio de 1958.

First private recording of a 78 by Lennon and McCartney, 8 June 1958.

The tapes were evaluated by experts and those in charge at Decca, who pronounced their verdict at the beginning of February: "Guitar groups are on the way out!" A now legendary phrase that is crazy when you think of the Fab Four's extraordinary success.

Picture disc póstumo, con el nombre *Silver Beatles.*
Silver Beatles picture disc released after the group broke up.

El 1 de enero de 1962, gracias a la iniciativa de su manager Brian Epstein, La Decca Records, una de las casas discográficas más importantes del Reino Unido, invita a los Beatles para hacer una audición. Graban dos casetes que contienen quince canciones:

*Libe Dreamers Do**
Money
Till There Was You
The Sheik of Araby
To Know Her Is to Love Her
Take Good Care of My Baby
Memphis Tennessee
Sure to Fall (In Love with You)
*Hello Little Girl**

Decca Tapes

Three Cool Cats
Crying Waiting Hoping
*Love of the Loved**
September in the Rain
Bésame mucho
Searchin'
(* composiciones de Lennon y McCartney que grabarán otros cantantes)

La respuesta de la casa discográfica, después de las opiniones de varios expertos y de los responsables, llega a principios de febrero: "Guitar groups are on the way out!" (Los grupos de quitarras están pasados de moda), frase que se hizo famosa y que asume matices surrealistas si se piensa en el éxito que tuvo el cuarteto de Liverpool.

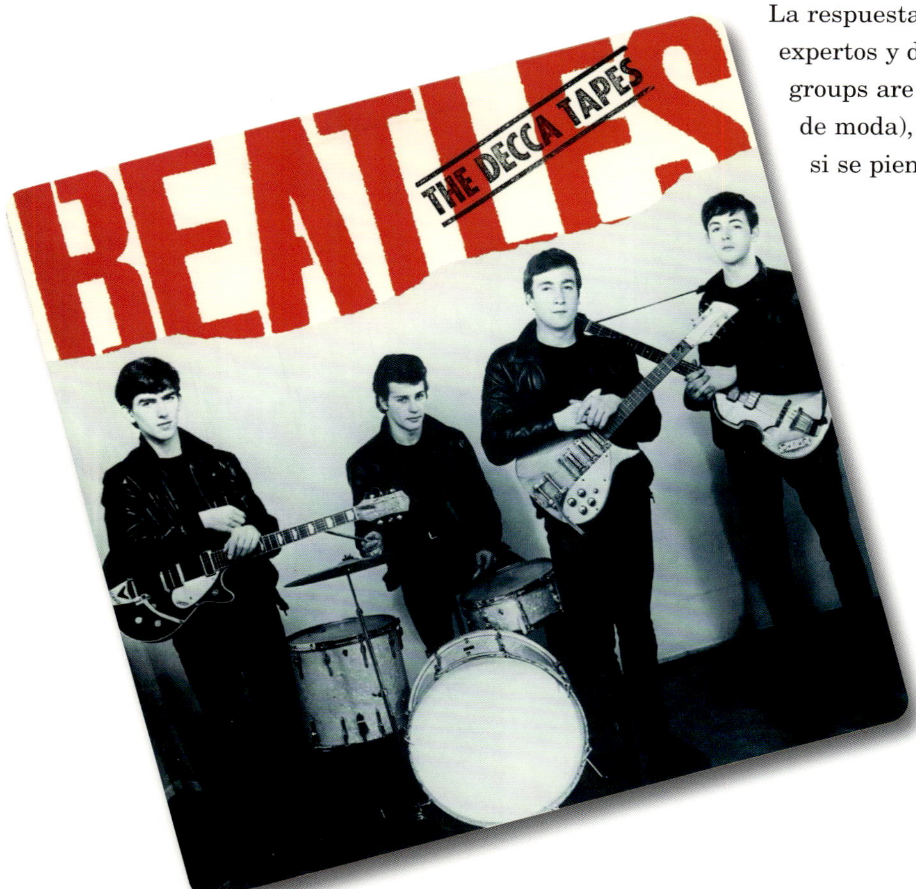

Colección de las diferentes pruebas grabadas en los estudios Decca, 1 de enero de 1962.
Collection of the demos recorded at the Decca studios on 1 January 1962.

Lp con colección de canciones de las primeras grabaciones.
Lp with a collection of the first recorded compositions.

- 1957

John forms a skiffle group – a genre launched in the UK by Lonnie Donegan – composed of friends, calling it the "Blackjacks", which was soon changed to the "Quarrymen"

- 10 October 1959

They take part in the talent competition "Searchin' for a Star" as "Johnny & The Moondogs"

- January 1960

Stuart Sutcliffe joins the group and it is renamed "The Beatals"

- May 1960

The name is changed to "Long John & The Silver Beetles"

- June 1960

They become "The Silver Beetles" and then "The Silver Beatles"

- 12 August

Pete Best joins the group as drummer, and they finally decide on: "The Beatles"

Origin of the name

The choice of a name – apart from "Johnny & The Moondogs" which Lennon himself dreamt up – was influenced by the admiration that John and Paul in particular felt
for Buddy Holly (many of whose compositions they played), whose group was called "The Crickets".
The name "The Silver Beetles" is obviously a reference to the latter, since both are insects.
Beatles was a nice simple pun that created an opportunity for ironical comment, especially at the beginning of the Fab Four's career.
An example that says everything was the 1964 *Newsweek* cover with a pun on the word bug.
In Italy they were often referred to as "the four bugs" or "the bugs from Liverpool".

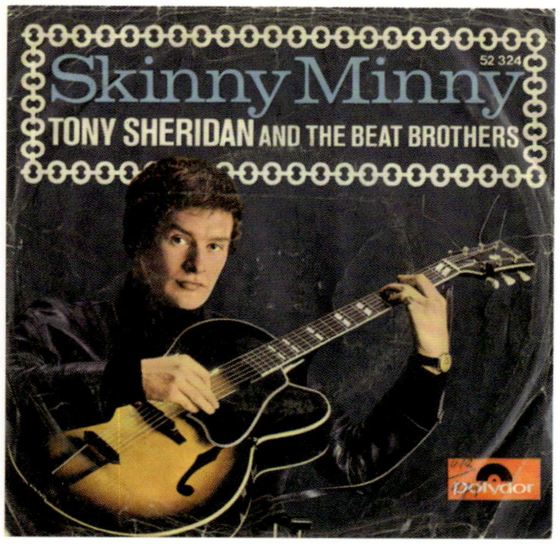

Sencillo con grabaciones de Hamburgo, 1961.
Single with songs from the Hamburg period, 1961.

- 1957

John forma un grupo *skiffle*, género musical creado en el Reino Unido por Lonnie Donegan, con algunos compañeros del colegio y amigos llamándolo primero *Blackjacks* y poco después "Quarrymen".

- 10 de octubre de 1959

Participan en el concurso *Searchin' for a Star* como "Johnny & the Moondogs"

- enero 1960

Se une al grupo Stuart Sutcliffe, con el cual toman el nombre de "The Beatals"

- mayo 1960

Cambio de nombre a "Long John & The Silver Beetles"

- junio 1960

Se convierten en "The Silver Beetles" y después "The Silver Beatles"

- 12 de agosto de 1960

Se une al grupo como batería Pete Best y se llega a la solución definitiva: "The Beatles"

Origen del nombre

La elección del nombre del grupo, aparte de "Johnny & The Moondogs" iniciativa del solista Lennon, estuvo influida por la común admiración que John y Paul sentían por Buddy Holly (de quien cantarán más tarde varias composiciones). Su grupo de acompañamiento se llamaba efectivamente "The Crickets" (Los grillos). El uso inicial del nombre "The Silver Beetles" es un punto de referencia evidente, ya que la palabra "*Beetles*" en inglés significa escarabajos. De todas maneras es un hecho que la asonancia entre la palabra "Beetles" y "Beatles" favoreció, sobre todo al principio, un juego de palabras fácil para ironizar sobre ellos mismos. Un ejemplo es la portada de *Newsweek* de 1964 que era una foto del insecto. En Italia también fueron frecuentes las definiciones como "Los cuatro escarabajos" o "Los escarabajos de Liverpool".

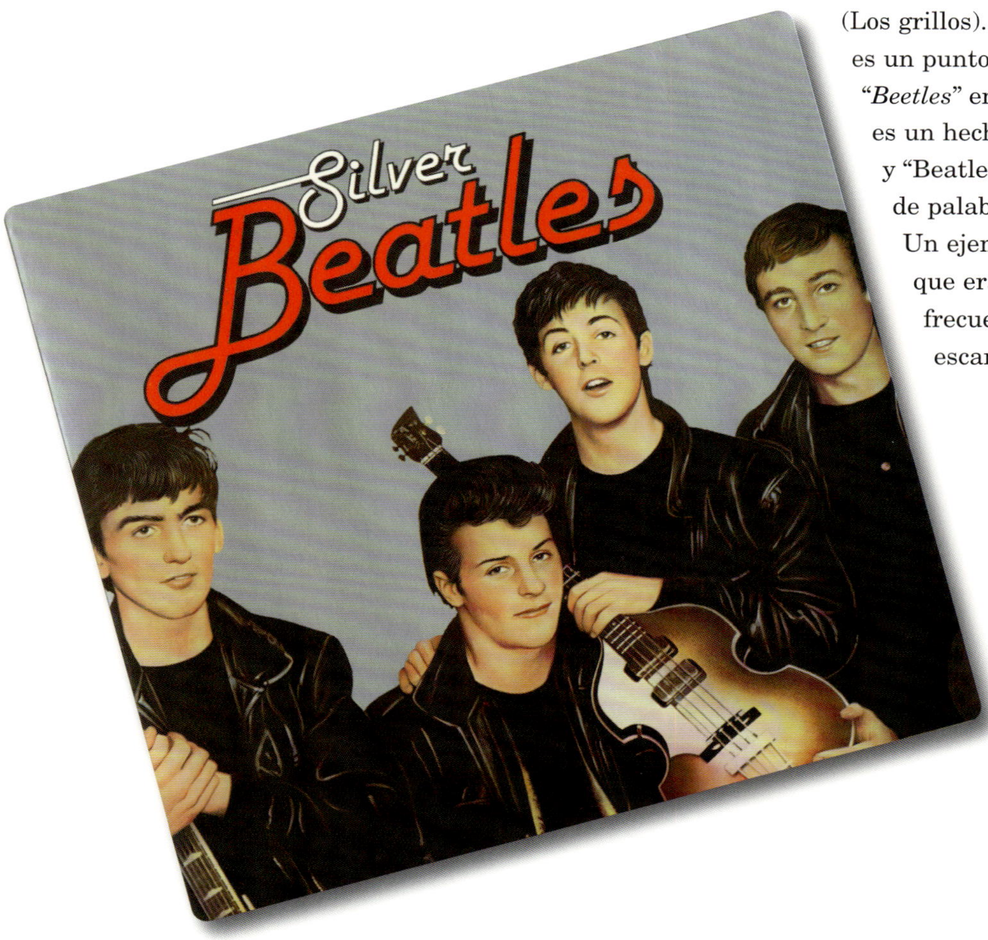

Picture disc póstumo, con el nombre *Silver Beatles*.
Silver Beatles picture disc released after the group broke up.

1958

02-06 First meeting with George who joins the group. **06-08** For the sum of 17/6d (now less than 2 euros) the group cuts a 78 at a small studio belonging to a man called Phillips. The songs recorded are "That'll Be The Day" by Buddy Holly and "In Spite of All the Danger" composed by Paul and George. The disc would be bought by Paul in 1981, who remastered it and had 50 copies made to give to his friends for Christmas. Both songs would be presented to the public for the first time in 1995 on the "Anthology" album. **10-10** The three take part in tv "Star Search" as Johnny & the Moondogs. **12-20** They play at the wedding of George's brother Harry.

02-06 Primer encuentro con George que se une al grupo. **06-08** Por el precio de 17 chelines y 6 peniques (menos de 3 euros) el grupo graba un disco a 78 revoluciones con un cierto Philips. Las canciones grabadas son "That'll be the day" de Buddy Holly y "In Spite of all the Danger" compuesta por Paul y George. Paul compra el disco en 1981 y hace 50 copias (después de haberlo remasterizado) para regalar a sus amigos en Navidad. Estas dos piezas fueron propuestas al público por primera vez en 1995 en "Anthology". **10-10** Participan en el concurso "Star Search" como Johnny & Moondogs. **12-20** El grupo toca en el matrimonio del hermano de George, Harry.

1959

09 They perform at the Casbah Coffee Club, owned by Pete Best's mother, Mona. **11-15** Johnny and the Moondogs' first appearance outside Merseyside, in the final of tv "Star Search" in Manchester.

09 Tocan en el Casbah Cofee Club, cuya propietaria es Mona Best (la madre de Pete) **11-15** Primera aparición de los Quarrymen fuera de Merseyside en la función final de "Star Search" en Manchester.

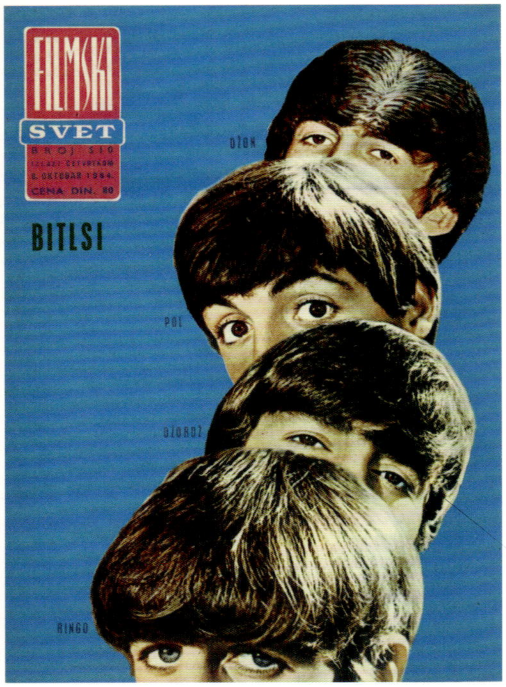

Revista semanal yugoslava que copia la portada original de *Life*, 1964.

Yugoslav weekly features an original Life *magazine cover, 1964.*

The Beatles mop-top haircut, which in the early years helped to spread their image worldwide, was actually of German origin.
The style was suggested to them by Astrid Kirchherr, a German artist who was engaged to Stuart Sutcliffe – the group's first base guitarist – and active in Hamburg cultural circles; in fact, she belonged to an existentialist group called Exi, who had chosen a hairstyle known as *pilzenkopf* (literally, mushroom head).
It was 1961, the Beatles were looking for any gimmick that would get them noticed, and they adopted the cut enthusiastically. The drummer Pete Best was the only one who did not want to know about it, preferring to stay with his classic rocker haircut with a big quiff, which all the girls went for. This was the first sign of his being out of tune with the rest of the group, who got rid of him in 1962, before they hit the big time.

The Beatles cut

When beatlemania exploded in 1963, the Beatle cut also helped to spread the myth. It was a symbol not only of the Fab Four but also of beat music in general, and there was even a roaring trade in Beatles wigs.
The new haircut naturally drew ironic comment from adults. But to no effect: young people the world over, and not just those involved in music, were growing their hair and getting a mop-top.

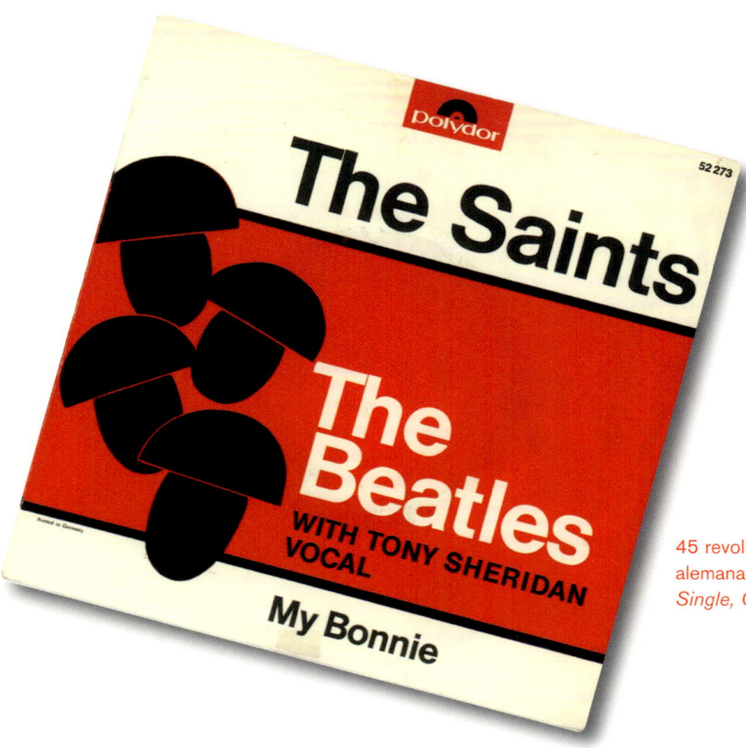

45 revoluciones, edición alemana.

Single, German edition.

Caja original de la peluca "a lo Beatles", EE.UU., 1964.

Original "Beatles" wig, US, 1964.

Ilustración de Walter Molino publicada en *La Domenica del Corriere*, 1964.
Illustration by Walter Molino published in La Domenica del Corriere, *1964.*

Cartel japonés de la película *A Hard Day's Night*.
Japanese poster of the film A Hard Day's Night.

El famoso peinado con flequillo, que en los primeros años contribuyó a difundir en el mundo la imagen del cuarteto de Liverpool, nació en realidad en Alemania.
Quien se lo surigió fue Astrid Kirchherr, una artista alemana que estaba unida sentimentalmente con Stuart Sutcliffe, el primer bajo del grupo, y que se movía en esos años por el ambiente cultural de Hamburgo. De hecho, pertenecía al grupo de artistas de inspiración existencialista *Exi*, que habían elegido el peinado *pilzenkopf* (literalmente cabeza de seta).
Era el año 1961 y los Beatles, buscando algún truco para llamar la atención, lo adoptaron con entusiasmo. El único que se desentendió del asunto fue el batería, que prefirió conservar la clásica imagen de aquellos años de *rocker*, con un gran tupé, que tanto gustaba a las chicas. Esta fue la primera señal de lo poco que se entendía con el resto del grupo, del que será despedido en el año 1962, junto antes del éxito.
Con la explosión de la beatlemanía, en 1963, el peinado contribuyó a la difusión del mito, una especie de símbolo no sólo de los Fabulosos Cuatro, sino en general de todo el movimiento musical *beat*; surgió hasta un rico comercio de pelucas "a lo Beatles".
Es evidente que el nuevo corte de pelo hizo que los adultos les criticaran con ironía, aunque fuera inútil, ya que los jóvenes estaban listos para dejarse crecer el pelo y no solo en los ambientes musicales.

El peinado de los Beatles

Anche se non son calvi... li vogliamo! A Londra, durante l'annuale riunione delle più autorevoli « zucche pelate », i « Beatles » si sono esibiti con successo in un gaio spettacolo musicale, raccogliendo gli applausi dei presenti. I quattro zazzeruti cantanti erano stati invitati, quali ospiti d'onore, unicamente in considerazione della loro notorietà. Prima di essi, infatti, nessun individuo provvisto di capelli era mai stato ammesso ai tradizionali simposi dei calvi londinesi. Anche in Italia, la settimana scorsa, c'è stato un analogo convegno, organizzato dalla « associazione calvi » di Castiglione d'Ossola. E' seguita una gara vinta da un « congressista » francese.

(Realizzazione del pittore Walter Molino)

Pintura de Giuseppe
Rava, 1989.

*Painting by Giuseppe
Rava, 1989.*

Nando Dalla Chiesa

Los Beatles y su entorno

Youth protest between the Beatles and beyond

"We do group exams." In the Notari Hall at Bocconi University in Milan, the professor of economic history adjusted his glasses and studied each of the four students who had sat down opposite him halfway through the morning examination session, and asked them pleasantly: "Did you really study together?" They all nodded complacently. They were proud that they had not wanted to take this test individually, and had prepared for it by consulting with each other, discussing their texts and suggesting which documents to read. It was late spring in 1970. The group. The collective. That was the myth of the young who were becoming adults at the end of the 1960s. The concept that made *tabula rasa* of the ideology of individual excellence, of one person's "struggle for survival" against the others (thus paving the way for some of the disasters that would occur later).

The concept of the group, which everyone associates with the explosion of protests in 1968 and the impact of political ideologies that were a mishmash of Mao and Marcuse, was in fact born previously. A few years previously. Not that many, but enough to mark a period that laid the ground for the biggest youth protest in the second half of the twentieth century. It was the beginning of the 1960s and the group from Liverpool, who

Pintura de Giuseppe Rava, 1989. *Pop-up* representando el concierto sobre el techo del edificio del *Apple*. Imagen procedente de *The Beatles Story*, Orbis, Londres, 1985.
Pop-up of the concert on the roof of the Apple building.
From The Beatles Story, *Orbis, London, 1985.*

"Comencemos el examen de grupo." En el aula Notari de la Universidad Bocconi de Milán el profesor de historia de economía se puso las gafas, dirigió su mirada atenta a los cuatro estudiantes que había convocado a media mañana, y preguntó cordialmente: "¿Habéis trabajado realmente en grupo?" Todos asintieron complacidos, orgullosos de no haber trabajado cada uno por su cuenta, de haberse consultado, de haber discutido y comentado la elección de cada texto, la lectura de éste o aquel documento. Era la primavera avanzada del 1970. El tema era "el grupo", el colectivo, ese era el mito de los jóvenes que se asomaban a la vida adulta a finales de los años sesenta, esa era la idea, que dando pie a la revolución posterior, hizo tabla rasa de la ideología de la excelencia individual, de la "lucha por la vida" de cada uno contra los otros.

"El grupo". El grupo que todos asociamos al estallido del 68, al choque de las ideologías políticas que Mao y Marcuse centralizaron, nació en realidad antes, algunos años antes, no muchos, pero los suficientes para marcar una época, que inició la más relevante protesta juvenil en la segunda mitad del siglo. Trascurría el principio de la década cuando el célebre cuarteto de Liverpool que pasó a la historia con el nombre de los "Beatles" revolucionó las armonías, el modo de producirlas e interpretarlas. Estábamos acostumbrados a los grandes astros de la canción, tanto a los que interpretaban melodías como a los famosos del rock; a los ídolos individuales como Nat King Cole o Elvis, que convivían en Italia con Claudio Villa o Domenico Modugno. Todos ellos provocaron en el público escalofríos y emociones, su música nos hizo vibrar con su idealismo utópico o su vehemente melancolía. Escuchamos a todos aquellos artistas solitarios, y en relación a nuestra educación musical, respondimos hechizados o irritados, aburridos o conquistados.

Constituían en todo caso un nombre y un apellido, un apodo; eran individuos, personas físicas, con una orquesta o, como se solía decir, "orquestina" de fondo. Pudimos escuchar además a los "dúos", las parejas de artistas que cantaban al unísono, dúos, que como los fantásticos Platters, llegaron a romper el esquema del artista único. Pero ninguno de ellos fue un verdadero grupo. Cantaban juntos y nada más. El verdadero grupo, entendido como estructura creativa y célula social, llegó con los Beatles. Una ventolera irreverente que pareció elevarse sobre las novedades musicales de la escena nacional y qué llego a ser el principal punto de referencia de los adolescentes, ignorantes de lo que pudiera ser el concepto de aldea global. Sobre la escena nacional comenzaron a aparecer artistas vociferantes, Mina, Dallara o Celentano, fueron los más significativos. Se asentaron además artistas originales de gran atractivo como Modugno o Buscaglione, y también los cantautores, en su mayoría genoveses, representados por Bindi y Paoli. También marcaron época, durante tres o cuatro años, los grandes éxitos de Gianni Morandi, seguida por Lucio Battisti que se mantuvo durante un periodo más prolongado. Un conjunto de cantantes individualistas qué a mí me gustaron, y mucho, por razones diferentes y que arraigaron con fuerza en mi identidad juvenil. Por eso, cuando

made history as the Beatles, reinvented harmonies and the ways of producing and communicating them. We were used to big singing stars of popular and rock music. To idols/individuals such as Nat King Cole and Elvis, or Claudio Villa and Domenico Modugno in Italy, who thrilled and moved audiences with songs that were vibrantly utopian or heart-rendingly sad. People were either fascinated, irritated, bored or won over by these solitary artists, according to their musical education and to generational tastes. They were a name and surname or a pseudonym, individuals accompanied by an orchestra or a band. There were slight variations, such as a number of duos and the fantastic Platters – but even they were not a *bona fide* group. They sang, but did not play.
The Beatles were the first real group, understood as a creative structure and social cell. A wave of irreverence that seemed to wash away even the new that was emerging on the Italian scene, which was the principal point of reference for the adolescents of that period, who had no idea what a global village was. Among the Italian singers who had just made their debut were the 'screamers' (Mina, Tony Dallara, Adriano Celentano), some out-of-the-ordinary artists with strong appeal, such as Modugno and Fred Buscaglione, and the singer-songwriters, especially the Genoese, from Umberto Bindi to Gino Paoli. Gianni Morandi was just entering a period of big hits that would last from three to four years, and was followed by Lucio Battisti who topped the charts for even longer. All individual artists, whom I liked a lot. For different reasons, but all rooted in my adolescent identity. That was why – and I remember this very clearly – I was slightly disappointed when a famous singer (I think it was Celentano but I wouldn't swear to it) said in an interview apropos of the Beatles and their emulators/rivals the Rolling Stones, that in a few years no one would be singing solo and the group mode would have spread like wildfire and permanently dominated the pop music field. How come? Wasn't I ever going to hear the sweet, melancholy sounds of the singer-songwriters again? What would become of the legendary Mina? Would the groups really wipe them all off the face of the earth? Was the epochal thrust that had generated them that strong?

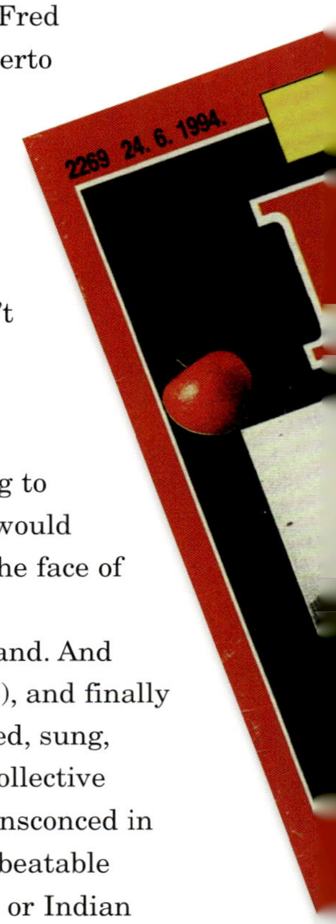

In actual fact, groups were springing up everywhere. In America and England. And also in Italy: Equipe 84, Giganti, Corvi and the Rokes (naturalized Italians), and finally Dik Dik, Camaleonti and the Pooh. We became used to hearing music played, sung, produced and interpreted by four, five or six individuals grouped under a collective name. And along with them, the Beatles from Liverpool, who were firmly ensconced in the centre of the musical firmament. As a model, point of reference and unbeatable touchstone. Whether they sang "Help!" or "Hey Jude", or looked to America or Indian spiritualism. They were more of a group than any other. I think that Western youth of the 1960s did not realize how important a part music played in instilling the collective dimension in its thinking, note by note. It played a tremendously important part, as it would twenty years later, in instilling a taste for freedom in Eastern European youth. In the controversial reconstruction of the origins of that political era and its sources, many people maintain that the enhancement of the collective dimension stemmed from the fact that a victory of the people ("minor" peoples who were fighting for independence) was impossible; from the new working class solidarity that had sprung from the second post-war migratory wave; from the rejection of the depersonalizing ideology of the "identification number", which governed a bureaucratic society. All this strongly contributed to a culture that incorporated and assimilated a great deal from various areas. The leap from individual music to group music helped to create the

Revista rusa.
Russian magazine.

hablando de los Beatles y de sus émulos rivales, los Rolling Stones, un famoso cantante (creo recordar que fue Celentano , aunque no lo juraría) declaró en una entrevista que dentro de pocos años nadie más aparecería cantando en solitario, la moda de los grupos se habría difundido implacablemente, conquistando el espacio de la música ligera, yo tuve – lo recuerdo perfectamente – una leve reacción de desaliento. ¿Pero cómo…? ¿Ya no podría escuchar la dulzura melancólica de los cantautores? ¿Qué habría sido de ellos, de Mina la legendaria, de la poesía histriónica y genial de Modugno? ¿De verdad los grupos habrían hecho tabla rasa de todo esto? ¿Tan fuerte fue el tirón de la época que los engendró? Efectivamente surgieron grupos musicales por todos lados. En América, en Inglaterra, y también en Italia. Muestra de ello fueron Equipe 84, los Giganti, los Corvi, los Rokes, (ya nacionalizados en Italia), que luego dieron paso a los Dik Dik, a los Camaleonti y a los Pooh. La música comenzó a ser cantada, producida e interpretada por cuatro, cinco o seis elementos asociados en un nombre colectivo. Y siempre junto a ellos, los Beatles de Liverpool, emergiendo en medio de aquel firmamento musical como base de comparación insuperable. ¡Qué *Help!* cantaron! ¡Qué *Hey Jude!,* traspasando fronteras, mezclando la tradición americana con el espiritualismo hindú. "Conjunto" o "grupo", por excelencia, y más que cualquier otro. Creo que los jóvenes occidentales de los años sesenta no se han dado todavía cuenta de la importancia que tuvo la música de su época, que canción a canción, fue marcando en ellos el valor de la dimensión colectiva. Una importancia parecida a la que la misma música tuvo, veinte años después, al marcar el gusto por la libertad en los jóvenes del Este. Muchos comentaristas abordan la controvertida reconstrucción de los orígenes de aquella epopeya política y su caldo de cultivo, destacando la importancia que adquirió la dimensión colectiva en las imposibles victorias del pueblo (los "pequeños" pueblos que lucharon por su independencia), en la nueva solidaridad obrera de la segunda oleada migratoria de la posguerra, y en el rechazo de la ideología alienante, del "número de matrícula" que imponía la sociedad burocrática. Cierto es que la cultura de aquella época bebió de muy diversas fuentes y fusionó ideas provenientes de distintas direcciones, pero el salto de la música individual a la música de grupo ayudó a crear las condiciones culturales idóneas para hacer obvio, "natural", aquello que habría podido producir algún rechazo (esta defensa ante cualquier alineación me hace ahora recordar mi ingenuo desaliento ante el anuncio que proclamaba la imposición del grupo frente a cualquier otro modo de hacer música).

Muchos de esos jóvenes habrían podido evitar algún exceso autodestructivo si de verdad hubieran seguido con atención la parábola de los Beatles, que revolucionaron en aquella época los esquemas y las costumbres de la música. Si se hubieran fijado en su evolución se habrían dado cuenta de que el ser grupo (un grupo de cuatro como el de la Universidad Bocconi de Milán…), el grupo más importante del mundo o, más bien, los inventores del "grupo", no implicaba la anulación de las personalidades individuales.

Paradójicamente, es en el grupo, justo en virtud de su fuerza, donde emergen pasiones y vocaciones, caracteres y talentos individuales. John Lennon y Ringo Starr, Paul McCartney y George Harrison: cuatro gigantes de la música que centenares de millones de personas han aprendido a conocer individualmente, porque el individuo no se aniquila nunca, y no existe ningún grupo de éxito, por pequeño o grande que sea, que logre

preconditions for that culture; to render obvious, and "natural", what might at first have generated some misgivings (like my naïve dismay on hearing that all music would become group music).

The youth of that period would have been able to avoid some of its self-destructive excesses if it had followed with due attention the trajectory of the Beatles, of the group who were the first to break the mould and overturn the traditions of music. If it had studied carefully their successes, characteristics and evolution. Because it would have realized that being a group, the most important group in the world (forget the four university students), indeed the modern inventors of the "group", in no way implied the effacement of individual personalities. On the contrary, it is precisely the group, by virtue of its strength, that enables individual passions, vocations, temperaments and talents to emerge. John Lennon, Ringo Starr, Paul McCartney and George Harrison: four giants of pop that hundreds of millions of people have come to know individually, because the individual is never erased and there is no successful or lasting group – be it large or small – in which the individual ceases to exist.

I think that this is the most useful, productive, and telling perspective from which to ascertain what the Beatles represented in the history of society. They were a mass myth, but not the first, although the spread of new instruments and listening technologies, of television and English (which they themselves also helped to spread) set them apart from the others. A myth founded on a transgressive style, from their long hair (but short at the beginning) to their dress. They were indeed a myth, but primarily the generators of a powerful idea crucial to the great Youth Protest: the group. Without their being conscious of it. And without the young protesters being conscious of it – the young who in 1970 (at the Bocconi University) sang "Let It Be", convinced that they were escaping for just a moment from their political commitment. They did not realize that their political commitment, their desire to go beyond an individualist society, drew its inspiration, albeit subconsciously, from the original performers of "Let It Be".

Portada de un casete argentino de los Beatles.
Argentine music cassette.

aniquilarlo. Al plantearnos el destacado papel de los Beatles en aquella sociedad, no podemos negar que esta faceta fue la más útil y sugestiva. Fueron mitos de masa, pero no fue ésta la función más destacada en su carrera, aunque protagonizaran la difusión de nuevos instrumentos y técnicas de audición, aunque contribuyeran a la difusión de la televisión inglesa y del idioma inglés (también ellos colaboraron en su expansión), hicieron además algo que les distinguió del resto de los mitos. Revolucionaron la escena con su costumbres transgresivas, su novedoso pelo largo y su original vestuario; todo esto es cierto, pero sobre todo fueron generadores de una idea crucial: "la Gran Protesta juvenil", "el grupo", sin que ellos mismos, o el grupo de jóvenes contestatarios que les seguían, fueran realmente conscientes del fenómeno que provocaron. Aquel año de 1970, en la Universidad Bocconi de Milán cantaron *Let It Be* convencidos de su actitud política. No se dieron cuenta de que el origen de su empeño político, sus ganas de ir más allá de la sociedad individualista, se debía a los intérpretes de *Let It Be*, al grupo que hizo propias las primeras protestas, a los que las inspiraron.

Viñeta de Sergio Staino.
Cartoon by Sergio Staino.

1960

01 Stuart Sutcliffe joins the group and they become The Beatals. 05 The name is changed to Long John & The Silver Beetles. 06 This is shortened to The Silver Beetles and then becomes The Silver Beatles. 08-12 Pete Best joins the group as drummer, and they finally decide to call themselves The Beatles. 08-16 They leave for Hamburg with a two-month contract, each receiving 30 deutsche marks (about 1.50 euros) a day. They perform at the Indra Club and then at the Kaiserkeller Club, often accompanying a singer named Tony Sheridan. 11-21 George is repatriated because he is still a minor. 30 They return to Liverpool without Stuart Sutcliffe.

01 Stuart Sutcliffe se une al grupo, toman el nombre de Beatals. 05 Cambio de nombre en Long John & The Silver Beetles. 06 Se convierten en Silver Beetles y después Silver Beatles. 08-12 Se une al grupo como batería Pete Best, nombre definitivo The Beatles 08-16 Van a Hamburgo con un contrato de dos meses y les pagan 30 marcos a cada uno (1,50 euros aproximadamente) al día. Actuan en el Indra Club y después en el Kaiserkeller Club, acompañando muchas veces a un cantante que se llama Tony Sheridan. 11-21 Repatrian a George porque es menor de edad. 11-30 Vuelven a Liverpool sin Stuart Sutcliffe.

1961

01-02 Debut at the Cavern Club for £15 a night (for the whole group). **04-1** Another trip to Hamburg where they appear at the Top Ten Club, giving nightly performances as a solo act, or accompanying Tony Sheridan. Here, they adopt the Beatle cut, suggested by Stuart's girlfriend Astrid (Pete Best would always refuse to wear it). **06** They make their first professional recording for Polydor in Hamburg, performing compositions with Tony Sheridan. **07** They return to England. **08** In Germany, Polydor releases their first 45: "My Bonnie" and "The Saints" (which soon sold 100,000 copies). **11-06** Brian Epstein, the owner of a record shop in Liverpool, is intrigued by the many requests for the record released in Germany, and goes to the Cavern for the first time to hear the Beatles live.

01-02 Debut en el Cavern Club, les pagan 15 £p por función (para todo el grupo). **04-01** Vuelven a Hamburgo donde actuan en el Top Ten Club, algunas funciones las hacen solos y otras acompañando a Tony Sheridan. Nace aquí, sugerido por Astrid, (una amiga de Stuart) el peinado con melena y flequillo (que Pete Best no adoptará nunca). **06** Hacen en Hamburgo la primera grabación profesional con la Polydor, incidiendo canciones de Tony Sheridan. **07** Vuelven a Inglaterra. **08** La Polydor edita en Alemania su primer single "My Bonnie" y "The Saints", que venderá en poco tiempo 100.000 copias. **11-06** Brian Epstein, propietario de una tienda de discos en Liverpool, va por primera vez a escucharlos en directo al Cavern, ya que sentía curiosidad por el hecho de que muchos clientes le habían pedido el disco editado en Alemania.

Set para merienda con termo, EE.UU., 1964.
Picnic set with thermos, US, 1964.

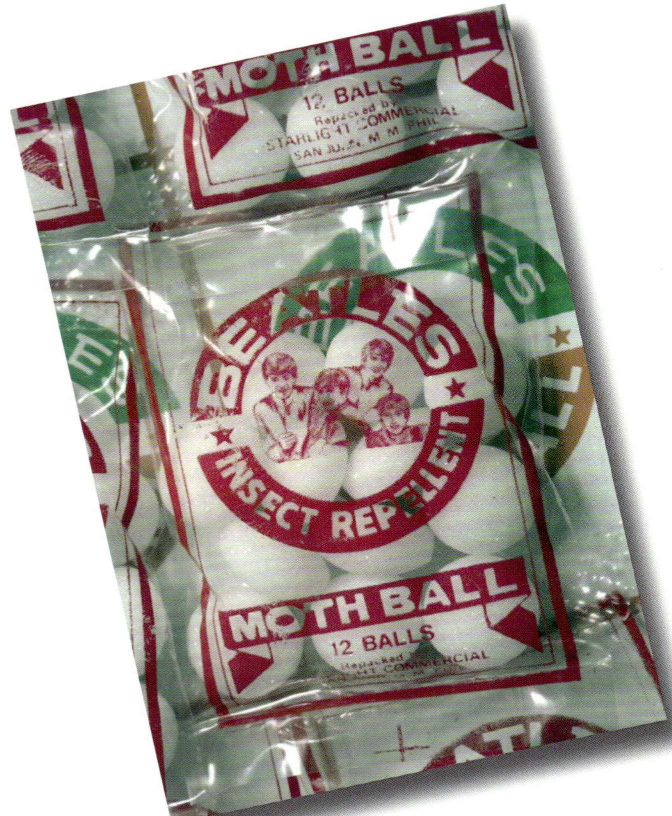

Caja de bolas de naftalina, Filipinas, 1966, (colección particular).
Packet of mothballs, Philippines, 1966 (detail).

Quips about the Beatles

• "If you don't believe drugs have done good things for us, do me a favour. Go home tonight. Take all your albums, all your tapes and all your CDs and burn them. 'Cause you know what, the musicians that made all that great music that's enhanced your lives throughout the years ... real f…..g high on drugs. The Beatles were so f…..g high they let Ringo sing a few songs" (Bill Hicks).

• "That drummer could take over from Ringo Starr, he's ugly enough" (Paolo Burini).

• "The book on the Beatles I'm reading has almost convinced me to drop acid. I don't think I'll ever read another book about Queen" (Ezio Ciuspiont).

• "Frankly, we think the Beatles are so-so. The feeling must be mutual because we never heard them speak highly of us" (Gino e Michele).

• Assisting someone who had banged their head: "Talk to me, for God's sake! Talk to me! How many Beatles were there?" "Three… plus Ringo!" (Carol Heikkinen).

Cajas de fósforos, Alemania, 1965.
Box of matches, Germany, 1965.

Placa premio, EE.UU.
Plaque award, US.

Ocurrencias sobre Los Beatles

• "Si creéis que de la droga no ha salido nunca nada bueno, id a casa y quemad todos los álbumes y las cintas musicales, porque todos aquellos artistas hicieron bien en consumirlas. Pensad que los Beatles estuvieron tan colgados que dejaron que Ringo cantara un par de canciones". (Bill Hicks)

• "Aquel batería, tan feo como es, podría aspirar a convertirse en el heredero de Ringo Starr". (Paolo Burini)

• "El libro sobre los Beatles que estoy leyendo, me ha dado ganas de probar un ácido. Creo que no leeré nunca un libro sobre los Queen". (Ecio Ciuspiont)

• "Para ser sinceros los Beatles no nos gustan demasiado. Por otro lado, la cosa debe ser recíproca, ya que no hemos escuchado nunca a los Beatles hablar bien de nosotros". (Gino y Michele)

• Prestando socorro a uno que se golpeó en la cabeza: "¡Háblame, por amor de Dios! ¡Háblame! ¿Cuántos fueron los Beatles"? "Tres… más Ringo!". (Carol Heikkinen)

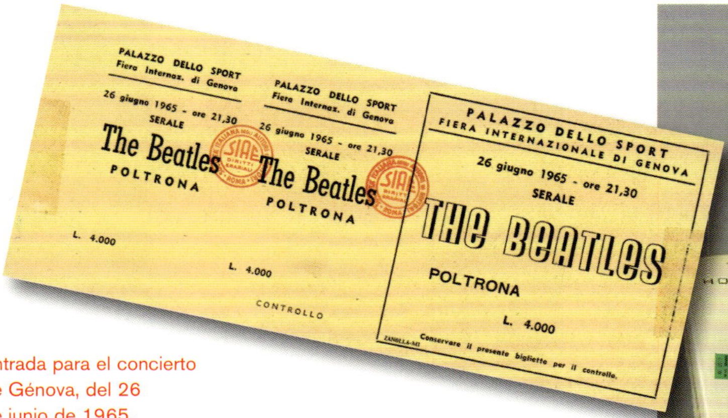

Entrada para el concierto de Génova, del 26 de junio de 1965.
Ticket for the Genoa concert, 26 June 1965.

Serie de casetes estéreo 8.
Set of stereo-8 cassettes.

1962

1-01 Thanks to Brian Epstein, who has done everything to get them a contract since their first meeting, they obtain an audition with Decca, one of the biggest UK recording companies. 05 Polydor 45 is released in the UK. 24 They sign a contract with Brian Epstein, who becomes their agent and receives 25% of their gross income. 02-05 Negative response from Decca: "Guitar groups are on the way out!" Epstein proposes the demo tape recorded at Decca to the UK labels Pye and Oriole. 08 Epstein contacts EMI. 12 Audition at the BBC studios. 13 At the EMI studios Epstein meets the heads of Parlophone (one of the group's labels), including George Martin. 04 Third trip to Hamburg. 06 Audition at the Parlophone studios in Abbey Road: 4 songs are recorded and George Martin signs the group, suggesting that they change the drummer. 08-16 Brian Epstein has the thankless task of firing Pete Best. 18 Drummer Ringo Starr leaves Rory Storm & the Hurricanes and joins The Beatles. 23 John marries Cynthia Powell. 09-04 "Love Me Do" and "How Do You Do It" are recorded at the Abbey Road studios. 11 Recording of "Love Me Do" (featurings a different drummer, Andy White, with Ringo only playing the tambourine) and "P.S I Love You" (here Ringo just plays just the maracas). A first version of "Please Please Me" is recorded. 10-05 Parlophone releases the first single "Love Me Do" / "P.S. I Love You" (the recording of "Love Me Do" with White on drums is used for this edition, while the one featuring Ringo would be used for their first LP). After one week the record is at no. 49 in the charts, and would reach no. 17 on 27 December. 11-26 Recording of *Please Please Me, Ask Me Why* and "Tip of My Tongue" (never released by The Beatles but later assigned to Tommy Quickly, another artist managed by Epstein, who would record it in July 1963. 12-17 Last Hamburg trip.

1-01 Gracias al interés de Brian Epstein, que desde que los había conocido había hecho todo lo posible para procurarles un contrato, obtienen una audición en la Decca, una de las casas discográficas más importantes del Reino Unido. 1-05 El single de la Polydor se publica en el Reino Unido. 1-24 Firman un contrato con Brian Epstein, que se convierte en su agente cobrando el 25% de lo que ganan. 02-05 Llega la respuesta negativa de la Decca ¨los grupos de guitarras están pasados de moda¨. Epstein propone la cinta con la grabaciones realizadas en la Decca a la Pye y a la Oriole (casas discográficas ingleses). 02-08 Epstein se pone en contacto con la EMI 02-12 Audición en los estudios de la BBC. 02-13 Encuentro de Epstein en los estudios de la EMI con los directivos de la Parlophone (etiqueta del grupo) donde conoce a George Martin. 04 Tercer viaje a Hamburgo. 06 Audición en los estudios de la Parlophone en Abbey Road: graban 4 canciones, firman el contrato con George Martin, que sugiere el cambio del batería. 08-16 Brian Epstein se asume el antipático deber de despedir a Pete Best. 08-18 Ringo Starr, batería hasta entonces de Rory Storm & Hurricanes, entra a formar parte del grupo. 08-23 John se casa con Cynthia Powell. 09-04 Se graban en los estudios de Abbey Road "Love me do" y "How do you do it". 09-11 Grabación de 'Love me do" con un batería diferente, Andy White, mientras Ringo toca solo la pandereta y "P.S I love you" (Ringo toca solo las maracas). Se graba también la primera versión de "Please, please me". 10-05 La Parlophone edita el primer single "Love me do" / "P.S I love you". En esta edición se utiliza la grabación de "Love me do" con White como batería, mientras la grabación con Ringo se utilizará para el primer LP. Después de la primera semana, el disco está en el 49º puesto en la lista de ventas y alcanza el 17º puesto el 27 de diciembre. 11-26 Grabación de "Please please me", "Ask me why" y "Tip of my tongue". Esta última canción no será editada nunca por los Beatles, sino por otro artista contratado por Epstein, Tommy Quickly, que la grabará en julio de 1963. 12-17 Van por última vez a Hamburgo.

1963

1-11 The group's second 45, "Please Please Me" / "Ask Me Why", is released in England. 02 19 "Please Please Me" reaches no. 1 in the charts. 24 The Beatles pave the way for dozens and dozens of other successful groups, and beat music explodes. 02-05 Beginning of intense period of concerts and radio and TV recordings throughout the country. First signs of Beatlemania. 11 The album "Please Please Me" is recorded in one day. 04-11 Third single "From Me to You" / "Thank You Girl". 05-11 First LP "Please Please Me" tops the UK charts for thirty weeks. 08-03 Last of 300 performances at the Cavern Club for a fee of £300 (they were paid £5 when they first performed there). 13 First EP "Twist And Shout" sells 250,000 copies in a week. 08-23 Fourth single "She Loves You" / "I'll Get You" is released. It would sell 1,000,000 copies in the UK by 27 November. 09-10 They compose "I Wanna Be Your Man" which is offered to the Rolling Stones (they would record it on 7 October for release by Decca on 1 November). 10-24 First concert abroad, in Sweden. A few days later, the music critic of the magazine "Nya Wermlands Tidning" writes: "The Beatles are irrelevant from a musical standpoint." 11-04 They participate in the Royal Command Performance attended by the Queen Mother and Princess Margaret. 22 Second LP "With the Beatles" is released and sells 500,000 copies in a week (advance sales totalled 300,000). 29 1,000,000 advance sales for fifth single "I Want to Hold Your Hand" / "This Boy". 12-09 First release of the "Christmas Record", given free to members of the Official Beatles Fan Club (six more would follow). During a CBS broadcast in the US, the journalist Alexander Kendrich compares The Beatle's haircuts to a "dishmop", adding that they "symbolize the antihero of the 20th century, since they make anti-music and wear anti-haircuts".

1-11 Publican en Inglaterra el segundo single "Please Please Me" / "Ask Me Why". 02-19 "Please Please Me" alcanza el primer puesto en la lista de ventas. 02-24 Se abre la puerta a la proliferación con éxito de decenas y decenas de otros grupos. Se pone de moda la musica "beat". 03-05 Inicia un periodo intenso de conciertos y grabaciones radiofónicas y televisivas por todo el país. Primeras manifestaciones de la beatlemanía. 03-11 En un solo día se graba el álbum "Please Please Me". 04-11 Tercer single "From Me to You" / "Thank You Girl". 05-11 Primer LP "Please please me" que alcanza el primer puesto en las listas de ventas del Reino Unido y permanece durante treinta semanas 08-03 Ultima de la 300 actuaciones en el Cavern Club por la que les pagan 300 libras (la primera vez les habían pagado 5 libras). 08-13 Primer EP "Twist And Shout" que vende en una semana 250.000 copias. 08-23 Edición del cuarto single "She Loves You" / "I'll Get You", que llegará al millón de copias vendidas en el Reino Unido el 27 de noviembre. 09-10 Componen "I Wanna Be Your Man", que ofrecen a los Rolling Stones (la grabarán el 7 de octubre y será editada por la Decca el 1 de noviembre). 10-24 Primer concierto en el extranjero, en Suecia. El crítico musical sueco de la revista "Nya Wermlands Tidning" escibió pocos días después que "desde el punto de vista musical los Beatles son insignificantes". 11-04 Concierto en la Royal Command Performance al que asistieron la Reina Madre y la Princesa Margareth. 11-22 Edición del segundo LP "With the Beatles" que vende en una semana 500.000 copias (se habían reservado 300.000). 11-29 Quinto single "I Want to Hold Your Hand" / "This Boy", del que se habían reservado 1.000.000 de copias. 12-09 Primera edición de la serie "Christmas Record", que se regalaba a los socios del Beatles Fan Club (editarán otros seis) En un programa de televisión de la CBS de Estados Unidos el periodista Alexander Kendrich describe su corte de pelo como "un estropajo para lavar los platos" añadiendo que los Beatles "simbolizan al antihéroe del siglo XX, ya que hacen antimúsica y llevan un anticorte de pelo".

The club located in the basement at 10 Mathew Street in Liverpool became famous as the cradle and launching pad of a whole generation of bands, starting with the Beatles who, with Pete Best on drums, made their debut there on 21 February 1961.

The Cavern

The Cavern opened on 16 January 1957 and, after a couple of difficult years in the early 1960s, became an artistic centre of gravity and key point of reference in the music world. Spin-off activities included a weekly show broadcast on Radio Luxembourg from 15 March 1963, and various initiatives undertaken by the owner Ray McFall (an artists agency, a recording studio, etc.). These investments proved disastrous financially, to the point that the Cavern went bankrupt in February 1966.
It was taken over by new management, experienced a series of ups and downs, and the old building was finally demolished on 23 March 1973, reducing a legend to dust. The bricks were broken to pieces and sold on the collector market.

Resto original del muro del *Cavern* después de su demolición.
Piece of the original Cavern Club wall after it was demolished.

Cubierta de un sencillo que reproduce el interior del *Cavern*.
45 sleeve depicting the interior of the Cavern Club.

En el número 10 de *Mathew Street*, en Liverpool surgía el club que se hizo célebre por haber sido la cuna y el trampolín de lanzamiento de toda una generación de grupos musicales. En ese semisótano, el 21 de febrero de 1961, los Beatles debutaron, con Pete Best a la batería.

The Cavern

El local, que abrió las puertas el 16 de enero de 1957, después de pasar por algunos momentos difíciles, se convirtió a principios de los años sesenta en un importante núcleo artístico y un seguro punto de referencia. Reflejo de esto fueron, entre otros, el espectáculo radiofónico semanal transmitido por Radio Luxembourg, el 15 de marzo de 1963 y varias iniciativas sugeridas por el propietario Ray McFall (una agencia, una sala de grabación…). Las inversiones fueron llevadas con tal desorden económico que condujeron al *Cavern*, en febrero de 1966, a la bancarrota. Un cambio de manos en la gestión permitió continuar las actividades del local con bastantes altibajos, hasta el 23 de marzo de 1973, cuando las excavadoras del metro intervinieron para arrasar una leyenda. Los ladrillos de los muros fueron reducidos a pedacitos y puestos a disposición del mercado de los coleccionistas.

Pop-up inspirado en el *Cavern* de Liverpool. Procedente de *The Beatles Story*, Orbis, Londres, 1985.
Pop-up inspired by the Cavern Club, Liverpool. From The Beatles Story, *Orbis, London, 1985.*

LES BEATLES
dans "au secours!"
(HELP!)
the Beatles
SIRY
AVEC LEO McKERN
ELEANOR BRON · VICTOR SPINETTI · ROY KINNEAR
Produit par WALTER SHENSON
Scénario de MARC BEHM et CHARLES WOOD
Histoire de MARC BEHM
Mise en scène de RICHARD LESTER
TECHNICOLOR®
Une Production
WALTER SHENSON · SUBAFILMS
Distribuée par
Les Artistes Associés
UNITED ARTISTS

Luciano Barisone

Get Back - Un cine reconocido

Get Back - A reappraisal of Beatles' cinema

Página/*Page* 76
Cartel francés
de la película *Help!*.
French poster
of the film Help!.

There was one kind of cinema before the Beatles, and another afterwards. This does not mean that the English group irreversibly changed the course of film history, as they did that of pop music. But rather – as happened with the generational revolution that they themselves represent – the films constructed around the group shook the codified system of the cinema industry, which took a considerable while to develop the appropriate defences and to neutralize their explosive effect by incorporating the nonconformist elements and visionary drift in more reassuring and harmless forms.
Prior to the Beatles, cinema and music had coexisted in other ways. From the silent film era, when orchestral scores or improvisations by individual musicians provided an emotional accompaniment to moving images, to the advent of the talkies, with *The Jazz Singer*, when sound and lip movements were synchronized to miraculously create a lifelike effect, the two arts (and the technologies that underlay them) were compellingly interwoven to create entertainment. However, the subsequent waves of pop music, which constantly renewed its style, had always interfered with the system's attempts to create conventional forms of consumption, products that could be easily classified and enjoyed. To the extent that a dominant film industry such as that of Hollywood, had no intention of promoting pop music with films that mirrored it.
In this sense, rock had also been tamed down. If we take a look at the American productions of this music genre in the 1950s and 1960s, for instance the films starring Elvis Presley, we see how the transgressive potential of the music and the singer/actor's body (that famous pelvis!), was normalized, neutralized almost, by the narrative fabric that limited him to playing a character. Obliged to recite the lines of a script, to be something "other" than himself, Presley had to make his charisma and energy work for the story, hence rock 'n' roll and his voice, music and songs became diegetic elements that complement the story.
The exact opposite happened when the cinema industry decided to make the Beatles the stars of a movie. This occurred at a particularly fortuitous juncture. The beginning of the 1960s saw the flowering of the phenomenon which, in the form of different movements (from Free Cinema, born in England in 1956, to Nouvelle Vague, which developed in France from 1958 on), spread through European cinema. This was filmmaking that broke with pre-established models, and which, thanks to the evolution of film technology (which saw the introduction of new lighter cameras, the wider use of direct sound and the marketing of more sensitive negative stock that made it possible to shoot without artificial light), was able to venture freely into the streets to recount everyday life, especially the pleasure of being young and cheeky with it.
It was in this context that the first films interpreted by the Fab Four, which already bore their trademark eccentricity, were made by an American director named Richard Lester, who had carved out a career for himself in British television by directing hundreds of commercials and a handful of films. He had a wild sense of humour, a curious mix of American and English nonsense, which alternated between the aggressive exaggeration of the former and the minimalist irony of the latter, and was barely older than his actors, sharing their freshness and energy. His fragmented style, which he developed while making commercials, deconstructs the narrative at the editing stage while, at the same time, injecting a large dose of realism into the story through his "documentarist" gaze. In this he is perfectly in tune with the Beatles' aesthetic, and their depth as artists and human beings; they were versatile, inspired, unpredictable and witty. He does not distort the Beatles' personalities, or place their bodies and creations at the service of the film; instead, he spontaneously syncretizes

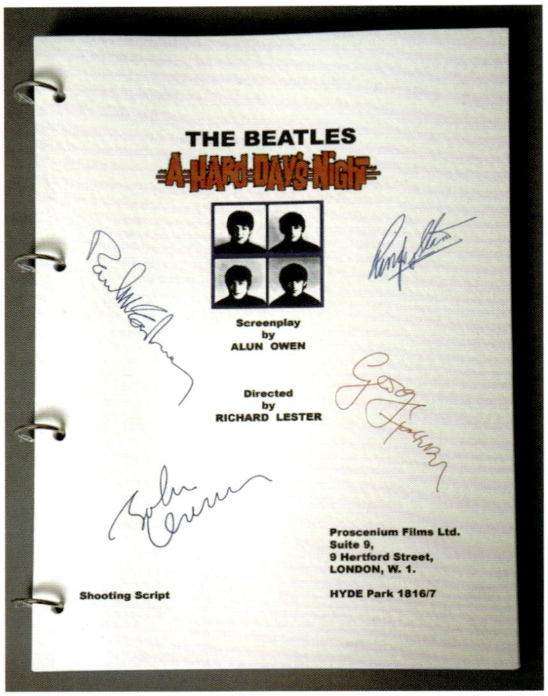

Copia del guión
de la película *A Hard*
Day's Night.
Script of A Hard Day's
Night.

Existe un tipo de cine antes de los Beatles y otro después. Esto no quiere decir que el grupo inglés cambiara de un modo irreversible la historia del cine como pasó con la música. Lo que se pretende afirmar es que, como ocurrió con la revolución generacional que ellos mismos representan, las películas que se hicieron sobre ellos conturbaron el sistema codificado de la industria cinematográfica y que ésta tardó un poco en reaccionar con sus anticuerpos y en neutralizar su efecto explosivo, englobando los elementos anticonformistas y el rumbo visionario con formas más tranquilizadoras e inofensivas.
Antes de los Beatles, el cine y la música habían coexistido de formas diferentes. Desde la época del cine mudo en la que las partituras orquestales o las improvisaciones de los solistas acompañaban emotivamente las imágenes en movimiento, a la primera película con sonido, *The Jazz Singer* (El cantante de jazz), cuando la sincronización entre la grabación sonora y la labial cumplía el milagro de lo verosímil, las dos artes (y las técnicas que les servían de soporte), funcionaban entre sí eficazmente, produciendo espectáculo. Sin embargo, las ondas subsiguientes de música pop, que renovaban su estilo continuamente, habían interferido siempre con la tentativa del sistema de crear formas de consumo convencionales, productos que se pudieran clasificar y de los que se pudiera disfrutar con facilidad. Y esto ocurría hasta el punto de que una producción dominante como la de Hollywwood no tuviera la intención de promover la música pop con películas que la reflejaran.
En este sentido, habían puesto también en su sitio al rock. Si se observan las producciones americanas de este género de los años cincuenta y sesenta, por ejemplo las películas interpretadas por Elvis Presley, vemos como el potencial transgresivo, dado por la música y por el cuerpo del cantante-actor (su famoso movimiento de cadera), viene normalizado, casi neutralizado por el tejido narrativo que lo encierra en un personaje. Obligado a interpretar las lineas de un guión, a ser "otro" diferente de sí mismo, Presley tiene que poner carisma y energía al servicio de la historia, y también el rock, su voz, su música, sus canciones, son un complemento de lo que se cuenta, un anexo narrativo.
Cuando el cine decide filmar a los Beatles sucede todo lo contrario, haciéndoles protagonistas de una película. Esto ocurre en una especial y afortunada coyuntura.

Cartel francés de la película *A Hard Day's Night*, nueva edición 1981.
French poster of A Hard Day's Night, new edition 1981.

A principios de los años setenta se ve florecer este fenómeno que de diferentes maneras y con diversas tendencias (desde el *Free Cinema*, nacido en Inglaterra en 1956, alla *Nouvelle Vague*, que tuvo lugar en Francia a partir de 1958), se desarrolló en todas las cinematografías europeas. Era una forma de hacer cine que rompía con los esquemas precedentes, que gracias también a los progresos de la técnica fotográfica (que vio la introducción de las telecámaras ligeras, la difusión del sonido con toma directa y la puesta en comercio de películas más sensibles con las que se podía filmar sin luz artificial), daba la posibilidad de aventurarse con tranquilidad por las calles para contar la realidad cotidiana y sobre todo el placer desenfrenado de ser jóvenes.
Las primeras películas interpretadas por el cuarteto de Liverpool nacen dentro de este panorama, que ya poseen el signo de la excentricidad, obra de un director americano que hecho ha carrera en televisión, en Inglaterra, realizando centenas de anuncios publicitarios y un montón de películas: Richard Lester. Dotado de un extraño sentido de humor, curiosa mezcla de *nonsense* inglés y americano, que alternaba la agresiva exageración del primero y el minimalismo irónico del segundo, Lester es un poco mayor que sus actores de modo que condivide con ellos la espontaneidad y la energía. Su estilo discontinuo, que aprendió haciendo anuncios publicitarios, desmiembra en el montaje el desarrollo narrativo de la película, y al mismo tiempo inyecta en las historias un concentrado de realidad, a través de una mirada "documentaria". Y en todo esto Lester se encuentra en perfecta armonía con la estética de los Beatles, es decir, con

Poster italiano de *How I Won the War.*
Italian lobby poster of How I Won the War.

images and sounds, creating a language that is tailor-made for the group.
Lester did two films with the Beatles, *A Hard Day's Night*, in 1964, and *Help!*, in 1965; his filmography also includes *How I Won the War* (1967), starring John Lennon, a tragic, bitter satire on war, and *Get Back* (1991), made at the end of his career, which documents McCartney and his music on tour. The first is without equal. It opens with the four Beatles running into shot, chased by a crowd of teenagers in delirium. Watching it again, forty-three years later, it would appear that the group was born directly from the public's need, as if they had filled a void, as if they had been its missing rib. *A Hard Day's Night* – a phrase said to have been coined by Ringo – freely interprets their frantic mode of living between recording sessions and tours, always on buses or trains, or confined to hotel rooms, theatres and television studios. It recounts their journey from Liverpool to London to take part in a concert filmed for tv. Accompanied by their manager and Paul's granddad – an incredibly sprightly, devilish old man – the Beatles find any excuse to break the routine, driving to distraction the director who is waiting for them to do the tv show. Peppered with surreal gags and characterized by frantic editing – relieved by the songs that are, however, filmed with a découpage technique way ahead of current music videos – the film is like a house with many doors through which the Beatles come and go as they please.
Help!, the second film made by the Lester-Beatles combo, opens precisely with that image of a shared space that each person enters through a different door. It is more complex and, apparently, more conventional than the first since it is characterized by the stylistic elements of the James Bond genre, though these are overturned by the grotesque and by parody, and a visionary approach. *Help!* benefits from a more refined language and solid structure, and while lacking the spontaneity and liveliness of *A Hard Day's Night*, it has a more complex narrative. Ringo, who always functions as the mechanism from which the story springs, enters into possession of a sacred ring that an Indian sect who worship the goddess Kali are doing everything in their power, including performing human sacrifices, to get back. After being pursued across the globe and threatened by a mad scientist, the Beatles finally ask Scotland Yard for help. Between chases and narrow escapes, traps and rescues, disguises and unmaskings, enacted from India to London and from the Alps to the Bahamas, Lester creates cinema that has all the verve of the silent comedies, the Marx brothers and the Goonies, and approaches the level of Sellers' Clouseau in the Blake Edwards' movies. Yet, although the Beatles find a way of inserting their celebrated songs between the entertaining situations in the narrative fabric, they themselves possess a rather contrived acrobatic quality.
It was no accident that after *Help!* they felt the need to do something deeply personal that had nothing to do with the needs of the film market and would allow them to freely express a stage of their life marked by research, the use of drugs, and the idea of liberating the mind. *Magical Mystery Tour* (1967) met that need, although it was not pure cinema but an attempt to use a language that they had just mastered. This produced a psychedelic patchwork halfway between a home movie and an experimental underground film: a "docufiction" that recounts the adventures of a group of travellers on a bus, between improvised performances that smack of the corporate outing, and surreal overtones. It was as if the four had been looking for a means of expression that went beyond their physical presence and would enable the music to create virtual bodies in tune with the notes, as if they had been generated by them or they existed in symbiosis. This cannot be done by using real figures. So, a year later, it was animation that successfully synthesized the Beatles' entire cinematic experience.

Cartel japonés
de la película *Help!*.
*Japanese poster
of* Help!.

LP con la banda sonora de la pelicula *Magical Mystery Tour.*
Lp with the complete soundtrack of the film Magical Mystery Tour.

A paean to creative freedom, *Yellow Submarine* (1968) is the masterpiece of that brief cinema production. At the level of form and content, everything works together to make this an unforgettable film that remains relevant, that has withstood the test of time and lost nothing. For example, the yellow submarine of the title that sails off to get help for the inhabitants of Pepperland who have been frozen in a grey existence by the Blue Meanies, enemies of music and love. The long voyage that takes the crew to strange places inhabited by even stranger animals (like the fish that devours everything, even itself). Pepperland's turning the tables to the sound of music that neutralizes the Blue Meanies' weapons, like the "Glove" it transforms into "love". The group's finally appearing in the flesh, as if to confirm what has just been seen. And, finally, the outstanding quality of the animation, which combines the work of the best designers of the period, blending in a single, unique experience the most diverse figurative influences of the early twentieth century.
Watching the film and listening to the songs again, one realizes just how much the music still resonates today, and how it has become part of our genetic heritage. Cinematically, it ceased to send out waves with *Let It Be* (1970), made shortly before the group disbanded. This film marked the end of the Beatles' screen odyssey and showed, more than any other, that John, Paul, George and Ringo could only be represented as people and artists in the documentary. Filmed in the cold, cavernous Twickenham Studios, in the basement and on the roof of the Apple headquarters, the movie was directed by a young but experienced filmmaker, Michael Lindsay-Hogg, who

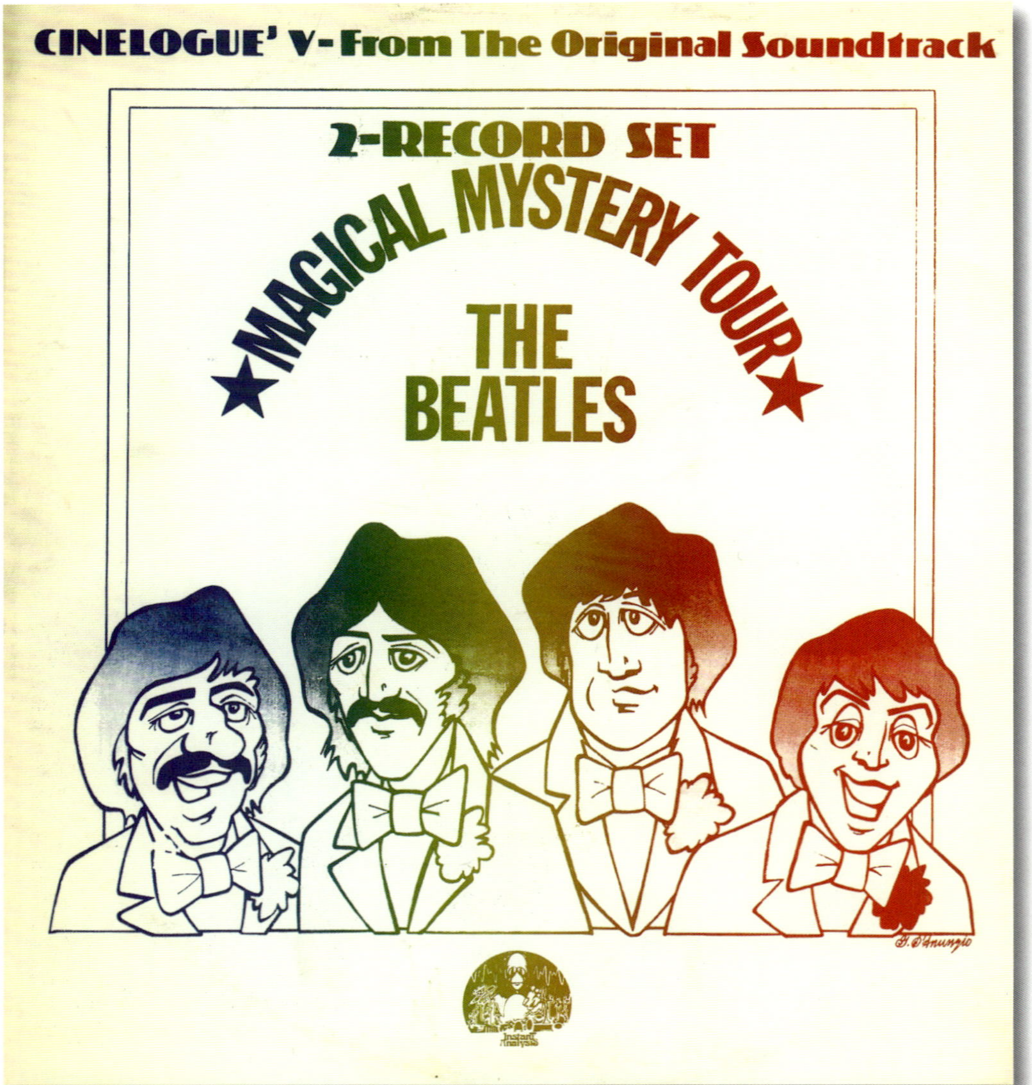

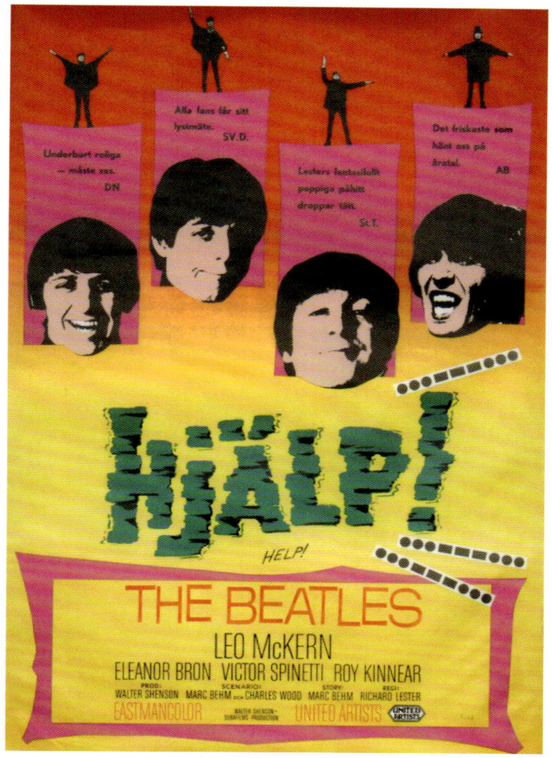

Cartel sueco de la película *Help!*. *Swedish poster of the film* Help!.

su profundo modo de ser artistas y hombres; eran dinámicos, inspirados, espontáneos, divertidos. El director no desfigura a sus personajes (la personalidad de los Beatles), no usa sus cuerpos y sus canciones al servicio de las películas, sino que más bien ofrece un sincretismo natural de imágenes y sonidos, creando un lenguaje que le queda al grupo como un traje hecho a medida. Lester realiza dos películas con los Beatles, *A Hard Day's Night* (¡Que noche la de aquel dia!) en 1964 y *Help!* en 1965. En su filmografía también encontramos a John Lennon como actor en *How I won the war* (Como gané la guerra) de 1967, sátira trágica y amarga sobre la guerra. Al final de su carrera Lester volverá con *Get Back* en 1991, filmando la música de McCartney, mientras está haciendo una gira. La primera es increíble. Los cuatro entran en la película corriendo, seguidos por una multitud de adoslescentes en delirio. Viéndola ahora, cuarenta y tres años después, da la impresión de que el grupo nació directamente de la urgencia, de la necesidad del público, como si llenaran un vacío, como si fueran la costilla que faltaba.

Interpretando libremente su frenética vida de entonces, entre una grabación y una gira, siempre en trenes y autobuses, siempre encerrados en habitaciones de hotel, de teatros y de estudios televisivos, *A Hard Day's Night*, que según la leyenda debe su título a una frase de Ringo Starr, cuenta un viaje de Liverpool a Londres para participar en un concierto retransmitido en televisión. Acompañados por el manager y por el abuelo de Paul, un viejito diabólico con energía inagotable, los Beatles encuentran todo tipo de excusas para salir de la rutina, consiguiendo que el director que les espera para el espectáculo final se desespere. Lleno de gags surrealistas, montado frenéticamente, sin un momento de pausa que no sean las canciones, (grabadas con la técnica *decoupage* que se anticipa al lenguaje de los clips musicales contemporáneos), la película parece una casa con muchas puertas, de las cuales los Beatles entran y salen cuando quieren. *Help!*, la segunda película realizada por Lester con los Beatles, empieza precisamente con esa imagen de un espacio compartido al que cada persona accede por una entrada diferente. Esta película es más compleja y en apariencia más convencional que la primera ya que su estilo se acerca más al género cinematográfico de espías, tipo James Bond, aunque esté caracterizado por lo grotesco, la parodia, lo visionario. *Help!* posee un lenguaje más sofisticado y una estructura más sólida, y aunque le falta la espontaneidad de *A Hard Day's Night*, su narrativa es más compleja. Ringo, que siempre había sido el detonador de cualquier historia posible, se apodera de un anillo sagrado que una secta indiana, devota a la diosa Kalí, desea recuperar sacrificando hombres y medios. Perseguidos por medio mundo por un científico loco, los Beatles terminarán pidiendo ayuda a Scotland Yard. Entre persecuciones y fugas, trampas y escapadas, travestimentos y disfraces, pasando por India a Londres y desde los Alpes a las Bahamas, Lester crea un tipo de cine que recupera el brío de los cómicos del cine mudo, desde los hermanos Marx a los Goonies, para crear algo parecido a la interpretación de Sellers/Clouseau en las películas de Blake Edwards. Aunque los Beatles encuentran la manera de tocar sus famosas piezas musicales entre una divagación y otra del tejido narrativo, ellos asumen un aspecto que termina por resultar un poco artificial.

No es una casualidad que después de *Help!* el grupo sienta la necesidad de volver a algo más suyo y personal, algo desvinculado del mercado cinematográfico, algo que exprese

LP con la banda sonora de la película *Help!*. *Lp with the complete soundtrack of the film* Help!.

目をあけて下さい、耳をひらいて下さい、からだ一杯で聞いて下さい、21世紀の感覚、新しい世界が生れます!!
ビートルズ/イエロー・サブマリン
■デラックスカラー■作曲・唄 ジョン・レノン/ポール・マッカートニー/ジョージ・ハリソン/リンゴー・スター/監督 ジョージ・ダニング
製作 アル・ブロダックス
デザイン ハインツ・エーデルマン/ユナイト映画
The Beatles
Yellow Submarine
NOTHING IS REAL
ユナイト映画
映倫 44209
United Artists

Cartel japonés
de la película *Yellow Submarine.*
Japanese poster of Yellow Submarine.

libremente una fase de su vida, marcada por el estudio, por el uso de sustancias estupefacientes, por la idea de una posible liberación de la mente. *Magical Mistery Tour* (1967) responde a esta necesidad, aunque no sea cine en el verdadero sentido de la palabra, sino más bien la tentativa de usar un lenguaje recién aprendido, creando un mosaico psicodélico que se encuentra a medio camino entre una película casera y una película experimental underground. Se trata de un documental-ficción que muestra las peripecias de un grupo de viajantes en un autobús, entre improvisadas *performances* con sabor a viaje de empresa y matices surrealistas. Es como si el cuarteto buscara un medio que estuviera más allá de sus entidades físicas, y que les permitiera que la música creara cuerpos virtuales que estuvieran en armonía con las notas, como si hubieran sido generados por ellos o que existían en simbiosis. Esto era imposible usando personajes reales. Por esto, un año más tarde, el recurso a la animación les lleva a la mejor síntesis de toda la experiencia cinematográfica de los Beatles.

Cartel polaco de la película *Yellow Submarine.*
Polish poster of Yellow Submarine.

Yellow Submarine (El submarino amarillo), de 1968, verdadera sublimación de la libertad creativa, es la obra maestra de la breve producción cinematográfica. Un submarino amarillo cuyos tripulantes son los Beatles en dibujos animados, va a buscar ayuda para los habitantes de Pepperland, que han sido congelados en una existencia gris por los *Blue Meanies*, enemigos de la música y del amor;la larga odisea que les lleva a través de extraños lugares, en los que viven animales más raros aún (como el pez que devora todo, hasta sí mismo); la revancha al ritmo de canciones que termina por neutralizar las armas de los Blues, como el guante (glove) que la música deshace en amor (love); la aparición final del grupo en carne y hueso, que casi certifica lo que se ha apenas visto; la excepcional calidad de la animación que, reuniendo a los mejores dibujantes del momento, funde en una única experiencia estímulos provenientes de las más disparatadas influencias figurativas de principios del siglo XX… todo, a nivel de forma y contenido, hace que la película sea inolvidable y todavía moderna, intacta, sin la huella del tiempo. Volviendo a ver y escuchando la película, nos damos cuenta de que la realidad contemporánea está llena de esos ecos musicales, que por asimilación se han convertido casi en nuestro patrimonio genético. Estos ecos encuentran su retoque final en *Let It Be*, 1970, realizada poco antes de que el grupo se separara: una película que constituye, con respecto a la epopeya de los Beatles en la pantalla, el canto fúnebre, el ejemplo que mejor representa la imposibilidad cinematográfica de representar a John, Paul, George y Ringo como personas y como artistas, además de la forma documental. Se rodó por entero en los enormes y fríos ambientes de los Twickenham Studios, en los sótanos y en el tejado de la Apple. La película, cuyo director era un cineasta joven y con experiencia, Michael Lindsay-Hogg, que ya había realizado clip musicales con el grupo, fue una producción de los propios músicos, que precisamente por su derecho de veto condicionaron con fuerza las tomas y también el montaje final (muchas escenas, consideradas incómodas, fueron cortadas). Aún así, el resultado fue concluyente, ya que muestra sin ninguna duda el ambiente deprimido que se respira en las pruebas y la dificultad de comunicación entre los miembros del grupo. Las tomas satisfacen la curiosidad de los fans más que mil entrevistas o que mil *scoop* periodísticos. Son suficientes las miradas, la disposición de los cuerpos, las palabras y los tonos con los que vienen comunicadas, para que se perciba el

had already done a music video with the group. It was produced by the Beatles themselves, who thus had right of veto and heavily conditioned both shooting and the final editing (many scenes were considered "inappropriate" and cut). Nonetheless, the result is most eloquent and fully evokes the depressing atmosphere that surrounded rehearsals, and the difficulty the Beatles had in communicating with each other. The film satisfied the fans' curiosity more than a thousand interviews or scoops would have done: the looks, the body language, the dialogue and the tones of voice all indicated that the end was near. It also revealed the truth, which could be seen in the faces of the intrepid four, worn by experience over the years; in the melancholy doubts that had replaced the irreverent questions; in the way their enthusiasm had been doused by the routine of their professional life. Their real lives also invaded the set in the form of family, from Yoko Ono, who stuck to Lennon like a shadow, to McCartney's daughter, and the problems they brought with them. Then came the final curtain, the concert on the terrace, with the people in the streets and on the nearby roofs of the City, and the police who restored law and order, just like they do in crime movies.

The Beatles made their film debut at a run. They made their exit from a freeze frame in motion, which was a sign that something had stopped yet continued to function. That is how they are still remembered and celebrated, and revived in many other movies. Some filmmakers opt for their musical motifs, others an entire Beatles score, yet others include a background image of them that gives the film meaning, weave them into the dialogue or build a story around their legend. Like a tale that the world has grown to love, cinema still resonates with the "Get Back" that brought their adventure to a close forever.

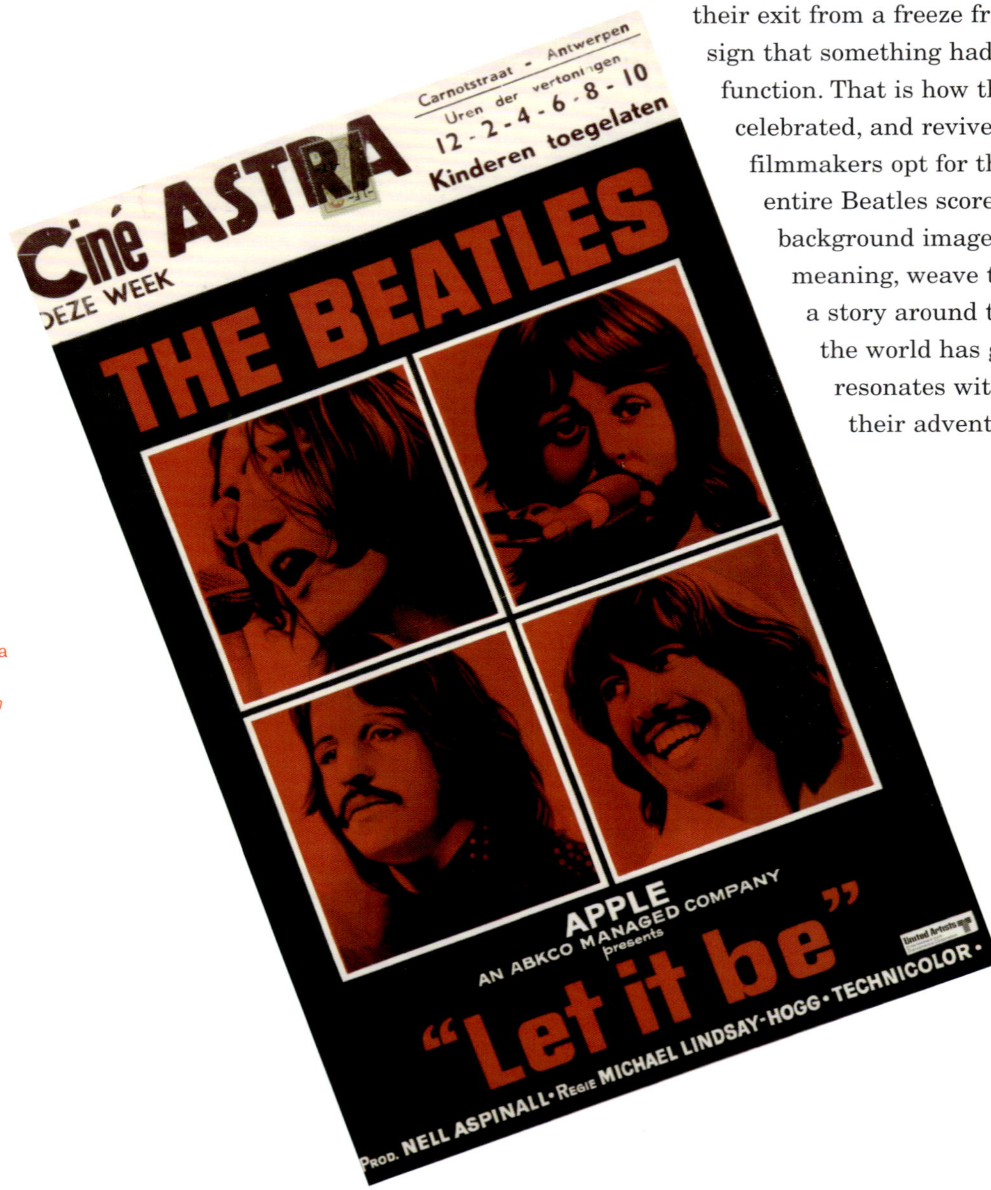

Cartel belga de la película
Let It Be.
Belgian poster of the film
Let It Be.

final inminente. Pero también revelan la verdad, que se puede ver en las caras de esos cuatro muchachos valientes que se han convertido con el pasar de los años en rostros marcados por las experiencias. En las dudas melancólicas que han sustituido a las preguntas irreverentes. En la manera en que el entusiasmo de la aventura ha sido domesticado por la rutina de la profesión. Y después la irrupción de sus vidas reales, con la presencia de los familiares en el set, Yoko Ono, verdadera sombra de Lennon, la hija de McCartney, con los problemas que estas conllevan. Y justo antes de que se cierre el telón, el concierto en la terraza, la gente de la City en la calle o en los tejados cercanos, la policía que, como en una ficción, se ocupa del orden público. Los Beatles habían entrado en el mundo del cine corriendo. Salen con una imagen paralizada en movimiento; señal de que algo se ha parado y que aún así sigue funcionando. Y así es como aún se les recuerda y celebra y se les resucita en muchas otras películas. Las hay que retoman los motivos musicales, las que usan sus canciones como banda sonora, las que los ponen en el fondo de una imagen que da sentido a la película, las que los incluyen en el diálogo o las que se recrean alrededor de su leyenda. Como un cuento al que el mundo ha cogido cariño, en el cine todavía resuena ese *Get Back* que cierra su aventura para siempre.

Estreno de *Yellow Submarine* en el London Pavilion, Londres, 17 de julio de 1968.
Premiere of Yellow Submarine *at the London Pavilion, 17 July 1968.*

THE BEATLES

Cojin, EE.UU., 1964.
Cushion, US, 1964.

Sobre con membrete del club de fans yugoslavo.
Headed envelope of the Yugoslav fan club.

Fan Club

El primer club de fans nace en septiembre de 1961, gracias a un admirador de Liverpool, muchos meses antes de que el manager Brian Epstein autorizara la creación del club de fans oficial dirigido por Roberta Brown en su casa, en Wallasey. En junio de 1963, visto el éxito que tiene, el club de fans se traslada a Londres con un gran equipo de empleados, dirigidos por Freda Kelly. En 1965 cuentan con más de 80.000 miembros que pagan una cuota de inscripción, por la que reciben un carnet, un periódico y una serie de discos especiales en Navidad, grabados especialmente por los Beatles.

Con unos resultados económicos dudosos y la mudanza a Liverpool, el club de fans seguirá existiendo hasta marzo de 1972. Este tipo de fenómeno tendrá lugar un poco en todo el mundo y por lo que se refiere a la experiencia italiana, su sede se encontraba en Cagliari y estaba dirigida por Roxana Lanfiuti Baldi.

Publicación oficial del *Beatles Fan Club de Liverpool*, verano 1964.
Official newsletter of the Liverpool Beatles Fan Club, summer 1964.

Programa de una *Beatles Fan's Convention*, EE.UU., 1982.
Programme of a Beatles Fan's Convention, US, 1982.

The first Beatles fan club was set up by a Liverpool aficionado in September 1961, several months before their manager Brian Epstein authorized the official fan club run by Roberta Brown from her home in Wallasey.
The response was overwhelming and in June 1963 the official club was transferred to London, where it was managed by Freda Kelly and a large team of assistants.
In 1965 there were over 80,000 paying members who received a membership card, a newsletter and Christmas discs especially recorded by the Beatles.
After experiencing financial problems and moving back to Liverpool, the fan club finally closed down in March 1972.
Similar initiatives mushroomed all over the world, and the very active Italian fan club in Cagliari was run by Roxana Lanfiuti Baldi.

Fan Clubs

Foulard y pañuelos vendidos en Estados Unidos, 1964.
Scarves and handkerchiefs sold in America, 1964.

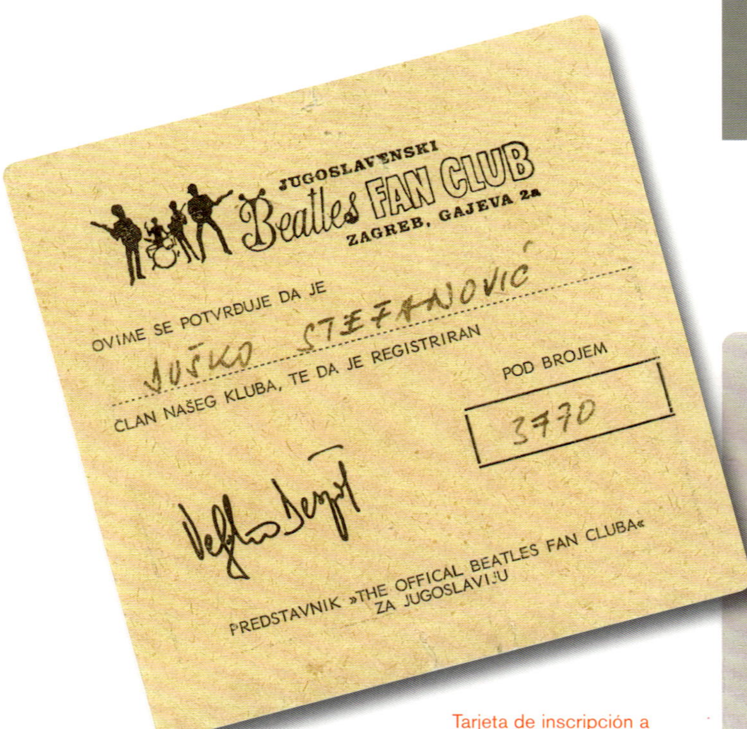

Tarjeta de inscripción a un club de fans yugoslavo y al de Liverpool.
Membership cards of the Liverpool fan club and of one in Yugoslavia.

MARK AND CAROL LAPIDOS PROUDLY PRESENT
1982
Carol Lapidos
BEATLEFEST®
HOUSTON'S 2ND ANNUAL
OFFICIAL BEATLES
FAN'S
CONVENTION
NOVEMBER 27 & 28
WESTIN GALLERIA HOTEL
5060 W. ALABAMA
"A SPLENDID TIME IS GUARANTEED FOR ALL"
COPYRIGHT 1982 MARK LAPIDOS PRODUCTIONS LTD

Cartel de la película *Beatlemanía*.
Poster of the film Beatlemania.

LP de *cover*.
Lp of covers.

El termino se inventa en octubre de 1963, después de la aparición en la televisión de los Beatles en *Sunday Night at the London Pavilion*, un programa de doce minutos que vio una audiencia de más de quince millones de espectadores. Una gran multitud de personas les esperaba fuera del teatro desde la mañana, a los que se agregaron periodistas y muchos fotográfos. Al día siguiente los periódicos más importantes publicaron con grandes titulares la noticia del grande triunfo del grupo y el *Daily*

Beatlemanía

Mirror habló por primera vez de la "beatlemanía".
El término dio a su popularidad e impacto en la prensa un gran impulso en todo el mundo. La beatlemanía no solo influía en los fans, en los apasionados normales, sino también en escritores y sociólogos. Esta fiebre generalizada no se apagó en ningún momento y se manifestó en conciertos y en todos los sitios donde la llegada de los Beatles fuera inminente o se vieran sólo de pasada.
En 1977 en Broadway se estrenará un musical con este título, al que seguirá una versión cinematográfica.

Disco de edición inglesa con arreglos "clásicos" de composiciones de los Beatles.
English-edition record with "classic" arrangement of Beatles' compositions.

Ilustración de Walter Molino publicada en *La Domenica del Corriere*, 1966.
Illustration by Walter Molino published in La Domenica del Corriere, *1966.*

C'è mancato poco che i «Beatles» finissero all'ospedale in compagnia dell'ex cancelliere tedesco Konrad Adenauer. L'uomo politico germanico, il suo segretario, i quattro cantanti-chitarristi, ed altri passeggeri sono stati scaraventati l'uno sull'altro a causa della brusca frenata d'emergenza del treno sul quale stavano viaggiando, il rapido Basilea-Hoek Van Holland, il cui macchinista si era visto improvvisamente tagliare la strada da una macchina, a un passaggio a livello incustodito. Unico ferito: il temerario conducente dell'auto, che però è guarito in pochi giorni.

(Realizzazione del pittore Walter Molino)

Servicio de té
de porcelana.
Tea set in porcelain.

This term was coined in October 1963, after the Beatles appeared on the television spectacular "Sunday Night at the London Pavilion", performing a set that lasted 12 minutes and watched by over 15,000,000 viewers. A huge crowd had been clamouring outside the theatre since the morning, which was joined by reporters and a pack of photographers. The next morning, all the big dailies led with the group's sensational

Beatlemania

The term gave their popularity and media impact an exponential boost virtually worldwide. Beatlemania not only affected fans and enthusiasts, but also leading writers, sociologists and social experts. The fever spread and never abated, manifesting itself at concerts and everywhere the Beatles' arrival was said to be imminent, or they were actually glimpsed.
In 1977 a musical entitled *Beatlemania* opened on Broadway, and later became a film.

Serie de muñecos
de plástica. España, años
sesenta.
Set of plastic statuettes
from the 1960s, Spain.

Cuaderno de una fan
australiana con autógrafo
de Paul, etiquetas de las
maletas de la gira de abril
de 1964 y entrada para
el concierto de Sydney.
Australian fan's
autograph book with
Paul's signature, baggage
checks from the April
1964 tour and ticket for
Sydney concert.

LP editado en Canadá.
Lp released in Canada.

LP con entrevista a la hermana de George Harrison, EE.UU., 1964.
Lp featuring interview with George Harrison's sister, US, 1964.

Portada del sencillo grabado por el padre de John Lennon.
Sleeve of the 45 recorded by John Lennon's father.

Serie de broches producidos en EE.UU., 1964.
Set of pins produced in the US, 1964.

1964

01 "I Want to Hold Your Hand" is released in the US by Capitol, after their refusal to distribute the first 4 singles – released by VJ with little success. 01-10 Sales top the million mark in the US. 13 It is reported that10,000 copies of the single are being sold every hour. 01-29 In Paris, where they are performing a series of concerts, they record the German versions of "I Want to Hold Your Hand" and "She Loves You" with a pre-recorded base (this was their only recording in a foreign language). 02-07 US tour: 3,000 fans are waiting for them at Kennedy Airport (after a period of deep depression following the assassination of Kennedy, America is ready for a wave of optimism). 02-09 They appear on "The Ed Sullivan Show", an American TV variety series. The broadcast is watched by at least 73 million viewers (a record audience for that period). 02-11 Concert at the Washington Coliseum. 350 police officers are on duty to keep order. 03-04 Shooting starts on the film "A Hard Day's Night" by Richard Lester. 03-23 The 45 "Can't Buy Me Love" / "You Can't Do That" comes out: 1,000,000 advance sales in the UK; 2,100,000 in the US. 04-04 The Beatles occupy the following slots in the US top 100: 1, 2, 3, 4, 5, 31, 41, 46, 58, 65, 68, and 70 (the first two LPs released in the US are at nos. 1 and 2). 04-24 Shooting is wrapped on "A Hard Day's Night". 06-04 Concerts in Copenhagen. 06-05 Concerts in the Netherlands. 06-12 Tour in Australia and New Zealand: Ringo gets tonsillitis and is unable to take part in the first Australian concerts. He is replaced by the drummer Jimmy Nicol. 200,000 tickets are sold. 300,000 fans wait outside the group's hotel in Adelaide, 250,000 in Melbourne. 07-06 World premiere of "A Hard Day's Night" at the London Pavilion cinema at Piccadilly Circus. 07-10 The 45 and LP "A Hard Day's Night" are released. 07-14 "Leave My Kitten Alone" is recorded but never published. 07-26 Concerts in Sweden. 08-23 Second US tour – Hollywood Bowl concert (which is recorded and, together with recordings made the following year, would be released in 1977). Beatlemania seizes the US: the manager of a hotel where The Beatles stayed sells 16 sheets and 8 pillows to two enterprising businessmen from Chicago for $750. The linen is then cut up into 8 cm squares, glued onto card, authenticated and sold for $10 each – the same thing happens to the towels used during the concerts. 11-27 The single "I Feel Fine" / "She's a Woman" is released. 12-04 The album "For Sale" comes out.

01 La Capitol edita en EE.UU "I want to hold your hand". Esta casa discográfica había rechazado la distribución de los cuatro primeros singles, editados por la VJ con poco éxito. **01-10** En EE.UU las ventas superan el millón de copias. **01-13** Se da la noticia de que se venden 10.000 copias a la hora del single. **01-29** En París, donde se encuentran para una serie de conciertos, graban la versión en alemán (con la base musical ya existente) "I want to hold your hand" y "She loves you" (su única grabación en lengua extranjera). **02-07** Gira EE.UU: 3.000 fans les esperan en el aeropuerto Kennedy (América después de la crisis depresiva debida al homicidio de Kennedy está lista para una nueva ola de optimismo). **02-09** Participan en The Sullivan Show, programa televisivo que en aquella ocasión vieron por lo menos 73 millones de personas (récord absoluto de audiencia en aquella época). **02-11** Concierto en el Washington Coliseum. 350 agentes se ocuparon de la seguridad. **03-04** Empieza el rodaje de la película "A Hard Day's Night" de Richard Lester. **03-23** Salen los singles "Can't buy me love" / "You can't do that": se vendieron con antelación un millon de copias en Reino Unido y 2.100.000 en Estados Unidos. **04-04** En las listas de ventas de éxitos de la top 100 en EE.UU los Beatles ocupan los siguientes puestos: 1, 2, 3, 4, 5, 31, 41, 46, 58, 65, 68 y 70 (en el primer y en el segundo lugar, los dos primeros LP editados en EE.UU). **04-24** Ultimo día de rodaje de la película. **06-04** Conciertos en Copenhague. **06-05** Conciertos en Holanda. **06-12** Gira por Australia y Nueva Zelanda: En los primeros conciertos falta Ringo (con faringitis), que es sustituido por Jimmy Nicol a la batería. Se vendieron entradas para 200.000 localidades. 300.000 fans les esperan a las puertas del hotel en Adelaida, 250.000 en Melbourne. **07-06** Estreno mundial de "A Hard Day's Night" en el London Pavillion Cinema en Picadilly Circus. **07-10** Salen el single y el LP de "A Hard Day's Night". **07-14** Grabación de "Leave My Kitten Alone", tema inédito. **07-26** Conciertos en Suecia. **08-23** Segunda gira por EE.UU. Concierto Hollywood Bowl que se grabará y que junto a las grabaciones del año posterior, se editará en el año 1977. La Beatlemania vuelve loco a EE.UU. también: el director de un hotel donde se habían alojado vende 16 sábanas y ocho almohadas a dos hombres de negocios por 750 dolares. Se volverán a vender después de haber sido cortados en trozos de 8 cm cuadrados y pegados sobre una cartulina,con certificado de origen, a 10 dólares cada uno. Lo mismo sucedió con las toallas que utilizaban durante los conciertos. **11-27** Sale el single "I feel fine" / "She's a Woman". **12-04** Sale el album "For sale".

A HARD DAY'S NIGHT

Peppered with surreal gags and characterized by frantic editing – relieved only by the songs – "A Hard Day's Night" is still unclassifiable. The film opens with the four Beatles running into shot, chased by a crowd of teenagers in delirium. It recounts their journey from Liverpool to London to take part in a concert filmed for TV, freely interpreting their frantic mode of living between recording sessions and tours, always on buses or trains, or confined to hotel rooms, theatres and television studios. Accompanied by their manager and Paul's granddad – an incredibly sprightly, devilish old man – the Beatles find any excuse to break the routine, driving to distraction the director who is waiting for them to do the TV show.

The idea for the film was born in autumn 1963, while the Beatles were preparing to go on tour first in France and then in the United States. It came out of a meeting between the heads of United Artists and the group's manager Brian Epstein, who signed a contract for three films with the American distributor. The project was designed to give their innate humour free rein and to exploit their hugely popular songs. The producer Walter Shenson and screenwriter Alun Owen wanted something on the lines of The Goons, a team of mad comedians who were all rage on British television at the time. As Lester had already worked with The Goons on a hilarious short entitled "The Running Jumping" & "Standing Still Film" (1960), he was the obvious choice for director. Later he confided: "I had in mind a highly fictionalized documentary on the Beatles, which would give me the possibility of making the song sequences surreal." Shooting began on 2 March 1964 and ended two months later. The title of the film and the eponymous song by Lennon was inspired by Ringo's loopy comment at the end of a long working day (The Beatles were spending between nine and ten hours on the set). "It's been a hard day... " he started to say, then, noticing it was already dark, added " ...'s night". The film premiered on 6 July of that same year, and was an international smash hit.

Llena de gags surrealistas, montada frenéticamente, sin un momento de pausa que no sean las canciones, "A Hard Day's Night", es una película aún hoy inclasificable. Los Beatles entran corriendo en el primer plano, seguidos por una multitud de adolescentes en delirio. Interpretando libremente las costumbres de su vida de entonces, entre una grabación y una gira, siempre en trenes y autobuses, siempre encerrados en habitaciones de hotel, de teatros, de estudios televisivos, la película cuenta el viaje de Liverpool a Londres para participar en un concierto retransmitido en televisión. Acompañados por el abuelo de Paul, un viejecito diabólico y lleno de energía, los cuatro encuentran todo tipo de excusas para salir de la rutina, consiguiendo que el director que les espera para el espectáculo final se desespere.

La idea de la película nace en otoño de 1963, cuando los Beatles estaban preparando una gira que les llevaría primero a Francia y después a Estados Unidos. Tras un encuentro entre los directivos de la United Artist y el manager del grupo Brian Epstein, se firma un contrato para realizar tres películas. El proyecto prevee explotar su sentido del humor espontáneo, con total libertad, aprovechando la inmensa popularidad de sus canciones. El productor Walter Shenson y el guionista Alun Owen tienen en mente el estilo de los Goons, los cómicos anticonformistas que estaban tan de moda entonces en televisión. Parece natural que se piense entonces en la dirección de Richard Lester que había trabajado con los Goons en un divertidísimo cortometraje "The Running Jumping" & "Standing Still Film" (1960). Lester confesará después: "Pensaba en hacer un documental sobre los Beatles con una historia, con la posibilidad de caer en el surrealismo en las secuencias con canciones". La película empieza a rodarse el 2 de marzo de 1964 y se termina ocho semanas más tarde. El título de la película y de la canción de Lennon proviene de una observación de Ringo, que al final de una jornada de trabajo (los Beatles estaban en el set entre nueve y diez horas), dijo: "It's been a hard day..." (Ha sido un día muy duro..) Después viendo que ya era de noche, añadió: "...'s night" (de noche). El estreno tuvo lugar el 6 de julio del mismo año. La película fue un éxito mundial.

Entrada de cine para la película *A Hard Day's Night*, EE.UU., 1964.
Cinema ticket for A Hard Day's Night, *US, 1964.*

Los Beatles con Patricia Watcher, hija del empresario Leo Watcher, organizador de la gira italiana, Milán, junio de 1965.
The Beatles with Patrizia, the daughter of the impresario Leo Wachter who organized their Italian tour, Milan, June 1965.

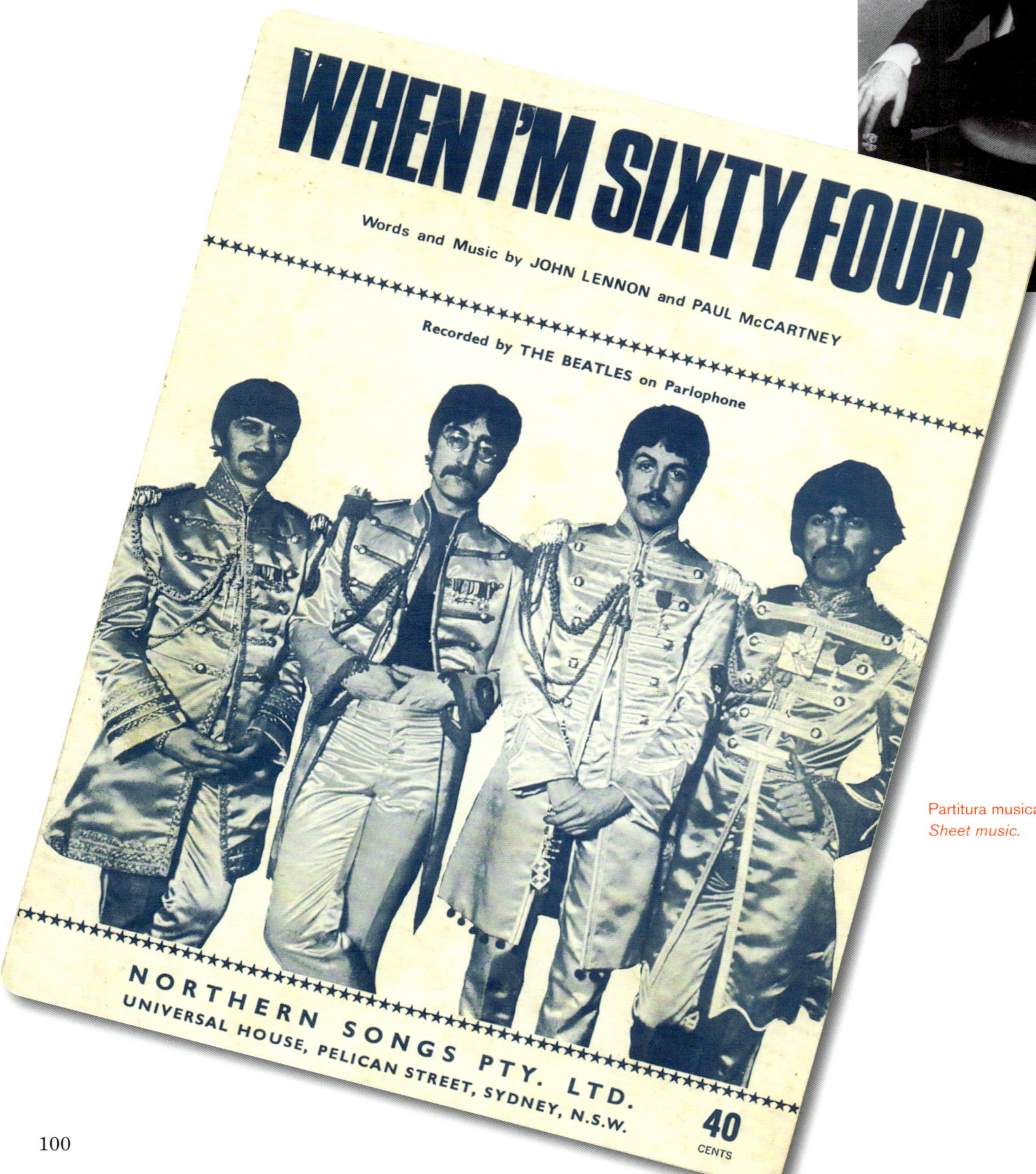

Partitura musical.
Sheet music.

Fan en el concierto
de los Beatles en
el Vigorelli, Milán,
24 de junio de 1965.
*Fans at the Beatles'
concert at the Vigorelli,
Milan, 24 June 1965.*

Maqueta de tren.
Model train.

1965

01 Shooting begins in the Bahamas on the film "Help!" (working title "Eight Arms to Hold You"). **04-09** Single "Ticket to Ride" / "Yes It Is" comes out. **06-12** Queen Elizabeth confers the title MBE (Member of the Order of the British Empire) on The Beatles: previous recipients protest and some renounce the title. John would return his medal in 1969. **06-20** New European tour: first stop France. **06-24** Concerts in Milan. **06-26** Concerts in Genoa. **06-27** Concerts in Rome. The group begins to get tired of Beatlemania and performances 'on the run': a half-hour concert and off they go – this is also due to artistic needs, since it is difficult to re-create their 'sounds' live. **07-23** 45 "Help!" / "I'm Down" is released. **07-29** World premiere of ""Help!" by Richard Lester at the London Pavilion cinema at Piccadilly Circus. **08-06** LP "Help!" comes out. New US tour. **08-15** Concert at Shea Stadium, New York. **08-27** The Beatles meet Elvis Presley. **08-29** Concert at Hollywood Bowl (which is recorded and, together with recordings made the previous year, would be mixed and released in 1977). **12-03** Landmark album "Rubber Soul" comes out, combining the quality pop of "Help!" and the experimental ideas of "Revolver". **12-05** Last concert at Liverpool (Empire Theatre): 40,000 requests for tickets at a theatre with a capacity of 2,550. **12-12** Last UK concert outside London, in Cardiff.

01 Empieza el rodaje en las Bahamas de la película "Help!" que al principio tenía como título provisional "Eight arms to hold you". **04-09** Edición del single "Ticket to Ride" / "Yes It Is". **06-12** La reina Isabel les concede el título MBE (miembros de la Orden del Imperio británico). Algunos galardonados de otros años, ofendidos, devuelven la condecoración (John la devuelve en 1969). **06-20** Nueva gira por Europa: Francia. **06-24** Conciertos en Milan. **06-26** Conciertos en Génova. **06-27** Conciertos en Roma. Se empiezan a advertir los primeros signos de malestar por parte de los cuatro debidos al fanatismo y sobre todo por la fugaz actuación en directo de solo 30 minutos. Esto ocurre también por las exigencias creativas del grupo cuyos sonidos resultan difíciles de reproducir en directo. **07-02** Concierto en Madrid en la plaza de toros de Las Ventas. **07-03** Concierto en Barcelona en la Monumental. **07-23** Edición del single "Help!" / "I'm Down". **07-29** Estreno de la película "Help!" de Richard Lester en el London Pavillion Cinema en Picadilly Circus, Londres 08-06 Sale el LP "Help!". Nueva gira por EE.UU. **08-15** Concierto en el Shea Stadium en Nueva York. **08-27** Encuentro con Elvis Presley. **08-29** Concierto Hollywood Bowl que se grabará y que junto a las grabaciones del año posterior, se editará en el año 1977. **12-03** Edición del álbum "Rubber Soul" piedra angular-anillo de unión entre el pop de calidad de "Help!" y las ideas experimentales de "Revolver". **12-05** Ultimo concierto en Liverpool (Empire Theatre): venta anticipada de 40.000 localidades en un teatro con capacidad para 2.550 espectadores. **12-12** Ultimo concierto en el Reino Unido que no fuera en Londres (en Cardiff).

HELP!

The second Beatles' film is more complex and, apparently, more conventional than the first, since it is characterized by the stylistic elements of the noir and benefits from a refined language, a solid structure, and complex narrative. Although the story can be summed up in a few words (Ringo enters into possession of a sacred ring that an Indian sect are doing everything in their power, including performing human sacrifices, to get back), the film is scintillating from a formal standpoint, combining surreal gags with extremely colourful photography and fast-paced editing.

The second production to be distributed by United Artists, "Help!" was released a year after Beatlemania had seized the world, inevitably changing the group's life: they earned and spent a fortune, but were also under immense pressure, often finding relief in drugs. The film reflects all this, not only because the four were not always with it on the set ("We smoked marijuana at breakfast. I think that's one of the reasons we never remembered our lines"), but also because the director Lester drew his inspiration from reality, likening the fans' obsession with the group to a sect's insatiable desire to perform sacrifices. Lester commented: "I didn't want to make another docufiction, in colour this time. I wanted them to be themselves, like in the first movie, where I filmed them at work. I couldn't even film them while they were having fun because it would have been a porno flick. So I decided to put them in a story were no one would take them seriously". The group's mood was reflected in the title song that sprang from Lennon's sensibility ("...I never needed anybody's help in any way/But now these days are gone, I'm not so self-assure"). "Help!" was shot in 11 weeks (from 23 February to 9 March 1965), in the Bahamas and Austria, on Salisbury Plain and at Twickenham Studios, which were virtually besieged by fans and journalists. The premiere took place in London on 29 July 1965, and was attended by Princess Margaret. The Beatles had become a phenomenon that attracted more attention than the Royals.

Con un tema complicado y aparentemente convencional, lleno de efectos del género policiaco, "Help!" es el fruto de un lenguaje elegante, de una consistente estructura productiva y de una gran articulación narrativa. Mientras el argumento se puede resumir en pocas líneas (Ringo se apodera de un anillo sagrado que pertenece a una secta indiana que para recuperarlo, sacrifica hombres y lo que se le presente, siguiendo a los Beatles por medio mundo) no se puede decir lo mismo del plano formal que produce chispas, uniendo la puesta en escena con gags surrealistas a una fotografía con colores brillantes y un montaje frenético.

Segunda producción de la United Artist, "Help!" llega un año después de que la beatlemanía haya contagiado a todo el mundo, cambiando para siempre la vida del cuarteto, que gana dinero y se lo gastan sin problemas, pero que también se encuentran bajo una presión increíble, de la que escapan muchas veces bajo el efecto de las drogas. La película lo refleja sin duda; no sólo porque los cuatro estuvieran siempre colocados en el set ("Fumábamos marihuana en el desayuno. Creo que este era uno de los motivos por el cual no nos sabíamos nunca nuestro papel"), sino también porque Lester, como en "A Hard Day's Night", se basa en la realidad para realizar la película, trasformando la obsesión de los fans en la obscinación homicida de una secta. El director cuenta: "No quería hacer otro documental de ficción, esta vez en color. Quería que fueran ellos mismos, como en la primera película, cuando les había filmado trabajando. Tampoco podía rodar mientras se divertían, porque se habría convertido en una película porno. De ese modo, decidí ponerlos en una historia donde nadie les habría tomado en serio". Pero el estado de ánimo del grupo se revela también en la canción que Lennon compone de pronto, siguiendo su sensibilidad ("...me sentía muy inseguro, me había perdido completamente..." y que terminará por ser el título de la película. "Help!" tardó en rodarse once semanas (desde el 23 de febrero hasta el 9 de marzo de 1965), en las Bahamas, Austria, la llanura de Salisbury y los estudios de Twickenham en Londres, prácticamente asediados de fans y periodistas. El estreno fue en Londres, el 29 de julio de 1965, al que asistió la princesa Margareth. Los Beatles se habían convertido en un fenómeno más grande que ellos mismos.

Cartel alemán
de la película *Help!*.
German poster
of the film Help!.

Entrada para el cine,
EE.UU., 1965.
Cinema ticket, US, 1965.

Portada de revista,
EE.UU., 1967.
Magazine cover, US,
1967.

Cartel y entrada para
el cine, EE.UU., 1964.
Lobby poster and cinema
ticket, US, 1964.

Sencillo, edición italiana, 1967.
Single, Italian edition, 1967.

George Harrison y Ringo Starr con Jane Birkin durante el 21° Festival de Cine Cannes, mayo de 1968.
George Harrison and Ringo Starr with Jane Birkin at the 21st Cannes Film Festival, May 1968.

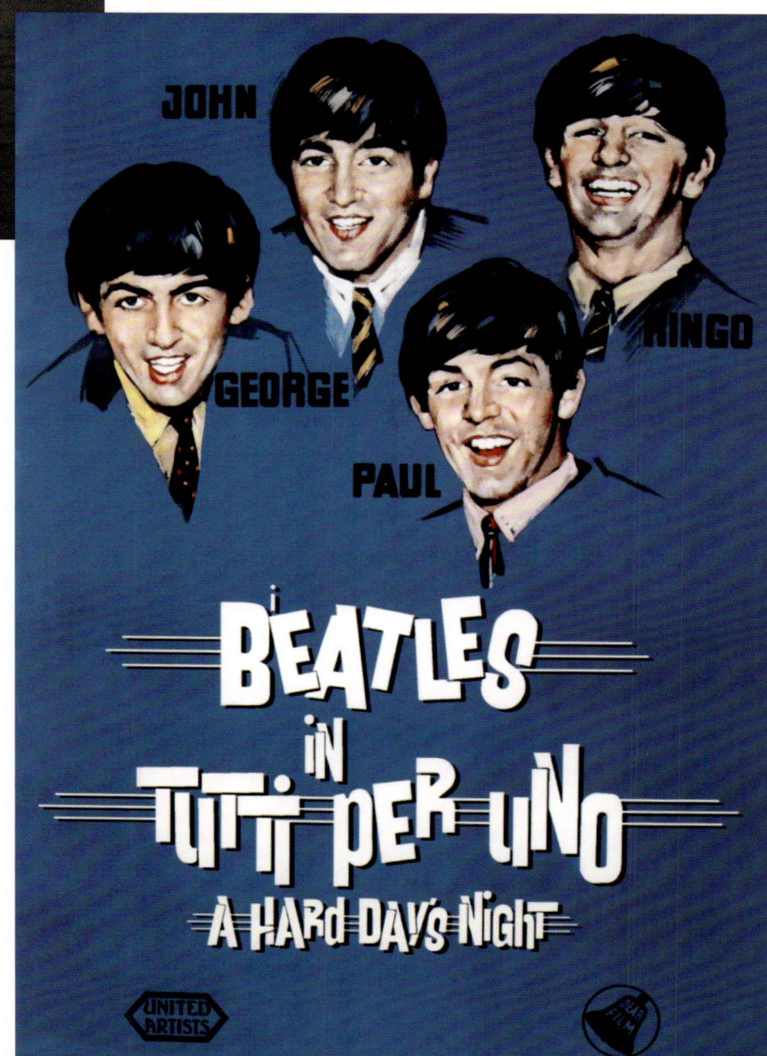

Cartel italiano de la película *A Hard Day's Night* (edición definitiva).
Italian poster of the film A Hard Day's Night *(final version).*

Calendario publicado por la revista *Giovani*, 1967.
Calendar published by the magazine Giovani, *1967.*

1966

01 "I think if we sent out 4 wax models the crowds would be just as happy: Beatles' concerts are nothing to do with music any more. They're just bloody tribal rites" (John Lennon). 03-04 In an interview with the "Evening Standard" John declares "We're more popular than Jesus now". 03-23 Photographic session for 'butcher' cover. 05-01 Last London concert at Empire Pool Wembley ("New Musical Express" Annual Poll Winner's All Star Concert). 05-27 They attend the concert at which Bob Dylan plays an electric guitar at the Royal Albert Hall, London. 06-10 45 "Paperback Writer" / "Rain" comes out. 06-20 Capitol US requests 3 songs for LP "Yesterday and Today": they are given 3 pieces recorded for *Revolver*, which would be released later in the UK. 06-24 German tour (26/06 in Hamburg). 06-30 Concerts in Japan. 07-04 Concerts in the Philippines: their neglecting to visit Imelda Marcos causes serious trouble (they did not know they had been invited). The press launch a slur campaign, there are unpleasant incidents, money is extorted from them, and they are manhandled at the airport. 07-29 A US magazine for teenagers, "Datebook", publishes the "Evening Standard" interview, giving prominence to a Lennon quote: "I don't know which will go first – rock and roll or Christianity." The US is up in arms: radio stations refuse to play their songs and their records are burned. 08-03 The LP "Yesterday and Today" comes out with a new cover (replacing the 'butcher' sleeve) in the US. 08-05 The LP "Revolver", a watershed between the concert and studio periods, is released in the UK, along with the 45 "Yellow Submarine" / "Eleanor Rigby". 08-06 The group arrives in the US for their last tour: John apologizes for various statements, but there are still incidents and protests. 08-23 Concert at Shea Stadium, New York. 08-28 Concert at Dodge Stadium, Los Angeles. 08-29 Last concert of all at Candlestick Park, San Francisco. Afterwards, the group announces that they will devote themselves solely to studio recordings. No more live concerts. 09-15 John begins filming "How I Won the War" directed by Richard Lester. 12-09 LP "A Collection of Beatles Oldies... but Goldies" is released in UK (due to the fact that there was no new album, and to cash in on Christmas sales).

01 "Creo que si mandáramos 4 maniquís de cera la multitud estaría también contenta. Los conciertos de los Beatles ya no tienen nada que ver con la música. Son sólo unos malditos ritos tribales", declaración de John en el transcurso del año. 03-04 John es entrevistado en el "Evening Standard" y en un momento determinado dice: "... En este momento somos más famosos que Cristo". 03-23 Sesión fotográfica "Butcher cover". 05-01 Ultimo concierto en Londres en el Wembley Empire Pool (annual pool winner's all star concert). 05-27 Asisten a un concierto en Royal Albert Hall en el que Bob Dylan se presenta con una guitarra eléctrica. 06-10 Sale el single "Paperback Writer" / "Rain". 06-20 La Capitol americana pide a la Emi tres canciones para "Yesterday and Today". Les dan tres canciones que ya habían grabado para Revolver (que saldrá despues en el Reino Unido). 06-24 Gira en Alemania (el día 26 en Hamburgo). 06-30 Conciertos en Japón. 07-04 Conciertos en Filipinas: se producen graves problemas de orden público, debido a que no visitaron a Imelda Marcos (los B no habían sido informados). La prensa arremete contra ellos. Se producen incidentes, les imponen multas y en el aeropuerto son recibidos a patadas y puñetazos. 07-29 Una revista para adolescentes en Estados Unidos, "Datebook", publica la entrevista realizada a Lennon en el Evening Standard, enfatizando en su primera página la siguiente frase "No sé que terminará antes el rock and roll o el cristianismo". Escándalo en EE.UU., las emisoras de radio prohiben sus canciones y se hacen hogueras con sus discos. 08-03 Sale en EE.UU. "Yesterday and Today" con una cubierta nueva. 08-05 Se edita en el Reino Unido el LP "Revolver", fusión de años de conciertos y de estudio. Tambien sale el single "Yellow Submarine" / "Eleanor Rigby". 08-06 Llegada del grupo a EE.UU. para su última gira. John pide disculpas por ciertas declaraciones. Sin embargo, no faltarán las contestaciones y los incidentes. 08-23 Concierto en el Shea Stadium de Nueva York. 08-28 Concierto en el Dodge Stadium de Los Angeles. 08-29 Ultimo concierto en el Candlestick Park de San Francisco. Tras este concierto declaran que quieren dedicarse solo a las grabaciones en estudio. No actuarán nunca más en directo. 09-15 John empieza el rodaje de la película "How I Won the War" de Richard Lester. 12-09 Sale en el Reino Unido, ya que no existe un nuevo álbum y para aprovechar las ventas navideñas, la recopilación "A Collection of Beatles Oldies... but Goldies".

1967

The year Beatles' creativity reaches its zenith, since they no longer have to think about concerts. It is the year of the Summer of Love (hippies, flower children, make love not war etc.) The first six months are taken up with recording LP "Sgt. Pepper's Lonely Hearts Club Band". 02-17 45 "Penny Lane" / "Strawberry Fields Forever" is released. 06-01 "Sgt. Pepper's Lonely Hearts Club Band" comes out, marking a turning point in pop music (as if pop had progressed from black and white to colour). It is the first concept album, without the usual 3" break between tracks. For the first time the sleeve contains all the lyrics of the songs (as well as cut-out figures). This was the group's last real joint project. The song "A Day in the Life" is banned by the radio because of its references to permissive drug use. 06-25 350,000,000 people watch the first Worldvision satellite broadcast "Our World", realized with the collaboration of many countries. UK presents "All You Need Is Love" live (only the music base is pre-recorded). USSR representative proposes that a 16mm copy of the entire broadcast be deposited at the UN for posterity, where it is still held. 07-07 45 "All You Need Is Love" / "Baby You're a Rich Man" comes out. 08-27 The group's manager Brian Epstein dies from an overdose at 32, while the Beatles are meeting with Maharishi Mahesh Yogi in Wales 09-11 The four throw themselves into the Magical Mystery Tour project, produced and realized entirely by them but without any real organizational production structure (there is not even a script, everything is improvised). 10-18 World premiere of "How I Won the War", starring John and directed by Richard Lester, at the London Pavilion cinema. 11-24 45 "Hello Goodbye" / "I Am the Walrus" comes out. 12-05 Apple Boutique is inaugurated at 94 Baker Street, London. 12-07 The store is opened to the public. 12-08 Double EP "Magical Mystery Tour" (MMT), later released as LP in US.

Año de la máxima creatividad, libres de conciertos, y del Summer of love (hippies, hijos de las flores, haz el amor y no la guerra...) Dedican todo el primer trimestre a la grabación de "Sgt. Pepper's Lonely Hearts Club Band". **02-17** Sale el single "Penny Lane"/"Strawberry Fields Forever". **06-01** Edición del LP "Sgt. Pepper's Lonely Hearts Club Band". Se produce una revolución en la música pop, es como si del blanco y negro se pasara al color. Se edita por primera vez un concept album, sin los 3" de interrupción entre las canciones. Por primera vez la cubierta es una caja en la que se incluyen recortables y las letras de las canciones. Será el último esfuerzo colectivo del grupo. Se prohibe la canción "A Day in the Life" en la radio por su contenido sobre el uso permisivo de las drogas. **06-25** 350.000.000 de personas asisten en todo el mundo a la primera retransmisión del programa "Our World", via satélite, realizada en mundovisión con la colaboración de muchos países. En el Reino Unido se presenta en directo "All You Need Is Love", solo la base musical ha sido grabada con antelación. El delegado de la URSS propone que una copia en 16 mm de la retransmisión se deposite para la posteridad en la ONU, donde aún está. **07-07** Sale el single "All You Need Is Love"/"Baby You're a Rich Man". **08-27** Se encuentra muerto por sobredosis al manager del grupo Brian Epstein (32 años), mientras los Beatles se encontraban en Gales para entrevistarse con el Maharishi Mahesh Yogi. **09-11** Comienza el proyecto Magical Mistery Tour, que fue producido y realizado integramente por el grupo, sin ningún tipo de organización de producción (ni siquiera existía un guión, se basaban en la improvisación) **10-18** Estreno mudial en el London Pavillion de "How I Won the War", con John como protagonista y dirigida por Richard Lester. **11-24** Edición del single "Hello Goodbye"/"I Am the Walrus". **12-05** Inauguración de la tienda Apple en el número 94 de Baker Street **12-07** Apertura al público de la tienda **12-08** Doble EP de "Magical Mystery Tour", que en EE.UU. saldrá como LP.

MAGICAL MYSTERY TOUR

A faithful representation of a stage in the Beatles' life marked by research, the use of drugs and the idea of liberating the mind, "Magical Mystery Tour" (1967) is not pure cinema, at least in the usual meaning of the term. Devoid of an easily identifiable narrative structure, it was an attempt to use a language the group had just mastered. The result was something between a home movie and an experimental film: a "docufiction" that recounts the adventures of a group of travellers on a bus, with improvised performances that smack of the company outing, and surreal overtones.

This was a venture undertaken by the Beatles alone, who were the actors, producers and directors. According to Lester, who had directed them until then, "they had to go ahead and develop their talent, making a film like they did their records." And that's what they did. The idea was Paul McCartney's, and he worked on it with John Lennon. The project was based on a circular structure, like a wheel, into which the scenes and songs were slotted. The rest was improvised. After a summary casting session, they started filming – without a script – as soon as the bus set off on 11 September 1967, driving through England but following no specific route. There was a complete lack of organization, and shooting was wrapped on 25 September. This produced ten hours of filmed material, which took eleven weeks to edit down to the 52-minute final version. "Magical Mystery Tour" was broadcast in black & white by the BBC on 26 December, and high ratings were expected. Instead, it was a flop with critics and viewers alike. Maybe the time wasn't right. Years later, the colour version was reappraised, and is now shown at film schools.

Expresión directa de la fase existencialista de los Beatles, marcada por el estudio, por el uso de sustancias psicodélicas y por la idea de una posible liberación de la mente, "Magical Mystery Tour" no se presenta como cine en el verdadero sentido de la palabra, al menos como se entiende normalmente. Sin una estructura narrativa fácilmente identificable, esta película representa el intento de usar un lenguaje recién aprendido, creando algo que se encuentra a medio camino entre una película casera y un trabajo experimental. Se trata de un documental de ficción, que muestra las peripecias de un grupo de viajantes en un autobús, entre improvisadas performances con sabor a viaje de empresa y matices surrealistas.

En esta empresa los Beatles están solos, realizando directamente los papeles de actores, productores y directores. Según Lester, quien les había dirigido hasta entonces, "tenían que seguir adelante y desarrollar su talento, realizando una película como hacían sus discos". Y esto fue lo que hicieron. La idea es de Paul McCartney, que después la elabora con John Lennon. Se basa en una estructura circular, como una rueda, sobre cuyos bordes se colocan las escenas de la película, incluidas las canciones. El resto se deja a la libre interpretación del espectador. Después de un casting sumario y sin guión, el rodaje parte al mismo tiempo que el autobús, el 11 de septiembre de 1967, para hacer un viaje sin destino fijo por Inglaterra, marcado por una total desorganización, y termina el 25. El resultado son diez horas de tomas, que necesitarán once semanas de montaje para completar los 52 minutos de metraje final. La BBC emite la película el 26 de diciembre, en blanco y negro, con grandes esperanzas de audiencia. Por el contrario, no tiene ningún éxito, ni de crítica ni de público. Pero tal vez era una propuesta demasiado arriesgada para su época. Años después, viéndola de nuevo en color, la película se valora de otra manera y ahora se muestra en las escuelas de cine.

NOW OVER 250,000 READERS EVERY ISSUE — PRICE 6d.

MERSEY BEAT

FRANK HESSY
LIMITED
For all Musical Instruments and Amplification Equipment
OUR 'EASY TERMS' ARE 'EASIER'
62, STANLEY STREET, LIVERPOOL
(Corner of Whitechapel)
Phone: CENtral 1418/9

Vol. 3 No. 87. AUGUST 6, 1964. BRITAIN'S LEADING BEAT PAPER

Paul McCartney: Songwriter

ANIMALS DUSTY GERRY BEATLES EARL

TRAVEL LIGHT
For carefree travel and holiday wear, come see our wonderful new selection of 100% pure worsted wool three-pieced JERSEY SUITS
Easy to pack — Easy to wear
Be smart yet so comfortable
89/6 99/6 £5/19/-
SEVENTH AVENUE
72 (First Floor) CHURCH STREET

musical instruments
The finest selection of instruments on Merseyside
Guitars: amplifiers Trombones Trumpets Clarinets: Accordians Drum Kits: Electric Units Etc
EXCHANGES TERMS
Coronation Buildings Wallasey - Enquiries WAL 7019 (Ext. 16)
STROTHERS

GET WITH IT...
at Rushworth's they're the greatest For all the top musical instruments, played by all the top stars, and the biggest selection. Rushworth's are with it. Special cash terms or low H.P. weekly or monthly instalments.

GUITARS
Junior Guitar, ideal for young beginners ... £4/ 4/0
Hofner Flamenco ... £12/12/0
Hawk Jumbo ... £22/15/0
Hofner Senator ... £28/ 7/0
Harmony Stratotone ... £42/ 0/0
Hofner Committee ... £65/ 0/0
Epiphone Texan ... £88/ 4/0

DRUMS
Gigster IV ... £34/ 0/0
Broadway ... £39/12/0
Olympic ... £62/10/0
Edgware Beatmaster ... £80/ 3/0

AMPLIFIERS
Selmer Little Giant ... £12/12/0
Watkins Westminster ... £19/19/0
Watkins Scout ... £33/12/0

CLARINETS
Bb Low Pitch from ... £21/ 0/0

SAXOPHONES ... £37/10/0

TRUMPETS
Bb Low Pitch ... £11/11/0

TROMBONES
Bb Tenor, Slide Low Pitch £19/11/0

DOUBLE BASS ... £47/15/0

Rushworth's
BIG MUSIC
RUSHWORTH & DREAPER LTD
WHITECHAPEL, LIVERPOOL
GRANGE ROAD, BIRKENHEAD
FOREGATE STREET, CHESTER

Revista inglesa.
English magazine.

Mario De Luigi

Beatles: una revolución con efecto retardado

Beatles: the slow-burning revolution

I can lay claim to being one of the first journalists in Italy to mention the Beatles, back in the summer of 1963 when very few people had ever heard of them.
I was on my way back to Italy after a research trip to six countries across Europe, for a series of features on new trends outside Italy. For the article on England, I talked about the new "Mersey Beat" music phenomenon. At the time, I wrote: "It's a new style that started, appropriately enough, along the Mersey, a river that rises in Derbyshire, in the Pennines, and flows into the Irish Sea where it forms a bay. The Port of Liverpool sits on the bay, and it is Liverpool that has given birth to this new musical genre, and become a hotbed for cutting-edge vocal and instrumental groups." I listed a few of the bands, including the Beatles, who, I noted, were "among the first to chart, with their song 'Please Please Me'."
In Italy it wasn't until at least midway through 1967, when *Sgt. Pepper's* was released, that the Beatles were finally hailed as an exceptional music event. Until that time, they had merely been considered one of the new English bands that had achieved varying degrees of success.
There are a number of reasons why it took so long for the Italian record industry, media and record-buying public to reach this self-evident conclusion. Italy was in the middle of the golden age of its own "booming 1960s" musical scene, with home-grown stars like Mina, Adriano Celentano, Edoardo Vianello, Rita Pavone, Gino Paoli, Gianni Morandi, and others – artists whose records continue to monopolize the nostalgia market in Italy to this day. Just five of the top 100 sellers in Italy in 1963 were foreign-language songs. The number rose to seven in 1964 (six from the Beatles: "Please Please Me" at no. 17, "From Me to You" at no. 42, "Misery" at no. 47, "Twist and Shout" at no. 60, "She Loves You" at no. 66, and "I Should Have Known Better" at no. 85). The Beatles' relentless march was slowed at the Italian border by the band's (not surprising) reticence to sing in Italian, though it should be noted that the Stones gave Italian a try-out, to no great commercial avail.
Another reason for the Beatle's slow-burning success in Italy was the local record industry's wariness of the growing international success of bands, as opposed to individual performers. Italian music fans were used to individuals; with the Beatles, it was hard to tell which guy was the front man, who would be the pin-up. Italian fans had their international music heroes, but they were solo performers like Elvis Presley, Paul Anka, and one or two others.
Yet another reason why it took the Beatles so long to make it big in Italy was because of how their Italian record distribution company, Carisch, treated them. Founded way back in 1887, this august publishing conglomerate had only just moved into the record business. At the time that the Beatles were achieving worldwide fame, the company was too busy focusing on established chartbuster Peppino Di Capri to push the foreign catalogues it represented in Italy (which included the Beatles' label Parlophone – or "Parlophon" for us Italians).
When the Beatles first became famous around the globe in 1963, the Italian market more or less ignored them. When their first single, "Please Please Me", was released in Italy, only a few hundred copies were manufactured and distributed, and the Carisch press office didn't even bother to send out promo

Entrada para un concierto italiano, 1965.
Ticket for an Italian concert, 1965.

Miniaturas de plomo dedicadas a *Sgt. Pepper's*.
Lead figurines based on Sgt. Pepper's.

Creo haber sido uno de los primeros periodistas en Italia que citó el nombre de los Beatles, en el verano de 1963, cuando en Italia muy pocos los conocían. Volvía de un viaje-estudio por seis países de Europa donde había realizado una serie de servicios sobre las nuevas tendencias en los mercados extranjeros, y hablé, por lo que se refería a Inglaterra, del estallido del fenómeno del “Mersey beat”: “Un nuevo estilo”, escribí, “que empezó en la zona del Mersey, un río que nace en el condado de Derby en los montes Plumines y termina en el mar de Irlanda, formando una bahía donde se encuentra el puerto de Liverpool. Esta es la ciudad que vió surgir la nueva corriente musical y que se convirtió en un vivero inagotable de grupos vocales e instrumentales de vanguardia”. Citaba algunos, entre ellos estaban los Beatles, “que fueron uno de los primeros que tuvieron éxito con *Please Please Me*”.

IL DISCO NEL MONDO

1. INGHILTERRA

E' ESPLOSO IL "MERSEY BEAT"

In quest'ultimo periodo, in ogni nazione europea vi è un intenso fiorire di avvenimenti e iniziative nel campo della musica leggera: in Inghilterra, un nuovo stile musicale, che ha preso l'avvio dalla città di Liverpool, sta elettrizzando il pubblico dei giovani. - Con questa indagine d'attualità sul mercato inglese, inizia il nostro viaggio-inchiesta attraverso tutta l'Europa.

Qualche cifra

Dalle sponde del Mersey

Nuove vie

Mercato chiuso

Nel nostro prossimo numero: BELGIO e OLANDA

il successo del giorno: GAMAÇAO nella superba interpretazione di: ELZA SOARES — DISCO ODEON — MSOQ 5333

I SUCCESSI ITALIANI si ascoltano sui programmi CANZONI D'ITALIA prodotti e diretti da FRANK CARENZA — 7 Aldwych Avenue - TORONTO - Canada

FRANCO MONVISO — SIGNORINE NON GUARDATE I MARINAI — DISCO SIR

FRANCO MONVISO — LE DONNE — DISCO SIR

Página de *Musica e Dischi*, Milán, 1963.
Page from Musica e Dischi, *Milan, 1963.*

Durante algunos años más, al menos hasta mediados del año 1967, cuando fue publicado su álbum *Sgt. Pepper's*, los Beatles no habrían sido vistos en nuestro país como un caso especial en la escena musical y discográfica, sino sencillamente como exponentes significativos, pero nada más, del *beat* inglés, junto a muchos otros grupos que tuvieron mejor o peor suerte. Las razones por las que la industria discográfica, la prensa y de consecuencia el publico no mostraran interés, eran diferentes. Por un lado Italia estaba viviendo el período de oro de los “fabulosos años sesenta”, con estrellas italianas como Mina, Celentano, Vianello, Pavone, Paoli, Morandi, etcétera, artistas cuyos discos monopolizaban, y en buena parte todavía hoy monopolizan, las salas de fiestas y las listas de canciones dedicadas al filón “nostalgia”. Solo cinco de los primeros cien éxitos de 1963 en Italia eran de grupos extranjeros, pasaron a ser siete en 1964, y de estos seis eran de los Beatles con *Please Please Me* que era el número 17, *From Yo to You*, número 42, *Misery* número 47, *Twist and Shout* número 60, *She Loves You* número 66 y *I Should Have Known Better* número 85. Los grupos ingleses no eran muy propensos a cantar en italiano (los Stones probaron, pero sin éxito), lo que habría contribuido probablemente a que se hicieran famosos entre el público italiano.
Otra razón por la que los Beatles tardaron en tener éxito en Italia fue que la industria discográfica italiana no tenía mucha confianza en el nuevo fenómeno de la aparición los grupos en la escena musical, ya que el público estaba acostumbrado a consagrar a intérpretes solistas en lugar que a grupos con más elementos. Con los Beatles les resultaba difícil identificar un líder que se pudiera transformar en un icono para adolescentes y *bobbysoxers**. Los fans italianos tenían sus héroes musicales internacionales, pero eran solo cantantes como Elvis Presley, Paul Anka y pocos más.
Una razón más que provocó el retraso del éxito de los Beatles en Italia fue la política de la casa discográfica que distribuía sus discos, la Carisch. Fundada en 1887, esta antigua y gloriosa editorial, había emprendido la actividad discográfica desde hacía pocos años y prefería concentrar su energía en el ya muy conocido Peppino De Capri en lugar de fomentar los catálogos extranjeros que representaba en Italia, entre los que se encontraba la etiqueta “Parlophone” de los Beatles, que en Italia se llamaba “Parlophon”. 1963 es el año en que los Beatles se hacen famosos en todo el mundo, mientras el mercado italiano parece prácticamente ignorarlos. Su primer single *Please Please Me* sale en junio, pero la Carisch edita pocos centenares de copias y su gabinete de prensa no manda copias promocionales a la prensa. La primera reseña de un disco de los Beatles, *A Hard Day's Night*, sale en la revista *Musica e Dischi* sólo en septiembre de 1964, cinco meses después de la recensión de la recuperada *My Bonnie*, que la Phonogram se apresuró a editar cuando se dio cuenta del éxito que el grupo tenía en el extranjero. El cantante italiano Fausto Leale es quién se ocupa de hacer conocer *Please Please Me* en el mercado nacional, con un versión del tema que llega a colocarse en el lugar número 23 de la lista de éxitos

The Beatles
Hunter Davies
HUNTER DAVIES
THE BEATLES
The Authorised Biography
Il libro delle canzoni dei BEATLES
Il libro delle canzoni dei
BEATLES
A CURA DI ALAN ALDRIDGE
OSCAR MONDADORI
THE BEATLES' PROGRESS
Michael Braun
PHILIP NORMAN
Shout!
THE TRUE STORY OF THE BEATLES
The magic of the '60s that will live forever!
THE BEATLES LYRICS ILLUSTRATED
TRUE STORY OF THE Beatles
BEATLE MADNESS
Triple-sized AUTOGRAPHED picture— plus almost 100 NEW photographs
THE BEATLE BOOK
DELL
50c
They're back—in the kickiest, 'round the world caper of their career
The Beatles in
DELL
50c
The one, the only, the fab new novel about those international sensations
The BEATLES in A HARD DAY'S NIGHT
by JOHN BURKE
Now a swinging, gear* movie released by United Artists and starring Ringo, Paul, John and George
plus 8 pages of exclusive photos from the movie
Love Letters to the BEATLES
selected by Bill Adler · drawings by Osborn
A HARD DAY'S
2/6

Serie de libros sobre
los Beatles.
Series of Beatles' books.

en el mes de octubre de 1963. Leali abrió las puertas de los charts italianos a los Beatles, cosa que ocurrió realmente en enero de 1964 con su edición original de *Please Please Me*. Esta canción permanecerá en la lista de éxitos veinte semanas, llegando a ocupar el número cuatro. A partir de entonces su repertorio conquistará al público italiano poco a poco. En los tres años siguientes el escenario cultural de referencia para el universo juvenil cambia completamente en Italia. La música constituye el punto de partida a partir del cual se proyectan revoluciones que se convierten en ideologías y en nuevos estilos de vida. Por una parte, se escuchan las nuevas tendencias en América, donde los estudiantes iban a los *hootenannies*, encuentros en los campus universitarios en los que escuchaban música folk y se oponían activamente a la política expansionista del gobierno; Bob Dylan, Joan Baez, Peter Paul and Mary son algunos de los cantantes que actuaron en estos conciertos, que desafiaban los modelos de la música pop más comercial y dulzona. Por otra parte, se observa la invasión de los grupos ingleses (los Beatles y los Rolling Stones son las cabezas de serie de corrientes diversas) con una concepción nueva de la música, y se produce una especie de despertar de la conciencia de que "hacer música" en grupo es mucho más divertido que el consumo pasivo de la música a través de los filtros de la prensa y de la industria discográfica.

Muchos jóvenes descubren de esta manera el placer de hacer música y se inspiran en los nuevos sonidos *beat* (cuya base se encontraba en el *rock 'n' roll*, al que habían añadido la típica elegancia británica), y en la imagen nada convencional de los grupos que se encontraban en los dos polos opuestos, por un lado los *mods* (Beatles) y por el otro los *rockers* (Stones), que sin embargo compartían el pelo largo, los vestidos originales y la actitud provocadora. Así, los jovenes italianos se reunen y forman grupos con una estructura y un estilo muy parecidos al de los grupos ingleses y americanos, ya que están formados por una guitarra solista, una guitarra rítmica, un bajo y una batería. En 1965 los nuevos grupos italianos empiezan a aparecer en las listas de éxitos: en primer lugar encontramos a Equipe 84, seguirán los Dik Dik, los Corvi y una larga lista de imitadores que experimentaban todas las tendencias posibles. Algunos eran neomelódicos como los Camaleonti, otros eran rebeldes como los Nomadi o sofisticados como los New Trolls, y para terminar los había populares como los Pooh. Todos estos grupos, con frecuentes cambios dentro de cada formación, dominan la escena musical en la segunda mitad de los años sesenta.

Naturalmente la industria discográfica nacional, intentando controlar el fenómeno, se apresura en animar esta tendencia para intentar ganar cuanto más dinero mejor, tal como había ocurrido en la década anterior, cuando el *rock 'n' roll* (primero en EE.UU. y después en el resto del mundo) había concentrado el interés del público juvenil, que había aparecido como un mercado alternativo con respecto al mercado "adulto" de los *crooners*, y, sobre todo, sorprendentemente rico desde el punto de vista comercial. Sin embargo no se trata de una tarea fácil: en los años cincuenta se intentaba sustituir modelos según un tipo de consumo, mientras en los sesenta estaba emergiendo entre los jóvenes la conciencia crítica. Resultan un fracaso operaciones estudiadas en la sala de mandos, como por ejemplo la *linea verde*, la *greffa* y otras corrientes análogas, mientras de la fusión de estilos que normalmente se asociaban al *beat,* emergen paulatinamente las dos corrientes contrarias que desde finales de los años sesenta se disputarán las preferencias del público joven: en primer lugar, la música rock italiana, que al principio incorporaba elementos de la música tradicional, como Batisti y su séquito y posteriormente grupos como el PFM, que tocaban un tipo de música parecida a los Beatles; y en segundo lugar la segunda generación de cantautores, con la escuela boloñesa de Guccini y de Dalla, además de un conjunto de artistas del Nuevo Cancionero

copies. The first review of a Beatles record, "A Hard Day's Night", didn't appear in the *Musica e Dischi* magazine until more than a year later, in September '64, and that was five months after a review of "My Bonnie", a Beatles track rushed out by Phonogram to capitalize on the group's growing foreign success.

Italian singer Fausto Leali did much to raise the Beatles' profile in Italy with his cover of "Please Please Me", which achieved an honourable number 23 in the charts in October 1963. Leali effectively opened the door for the Beatles to enter the Italian charts in 1964, which they duly did that January with their original of "Please Please Me". The Beatles' version spent the next 20 weeks in the charts, peaking at number four. From then on, slowly but surely they won over the Italian record buying public with their singles, as over the next three years youth culture in Italy embarked on a far-reaching change.

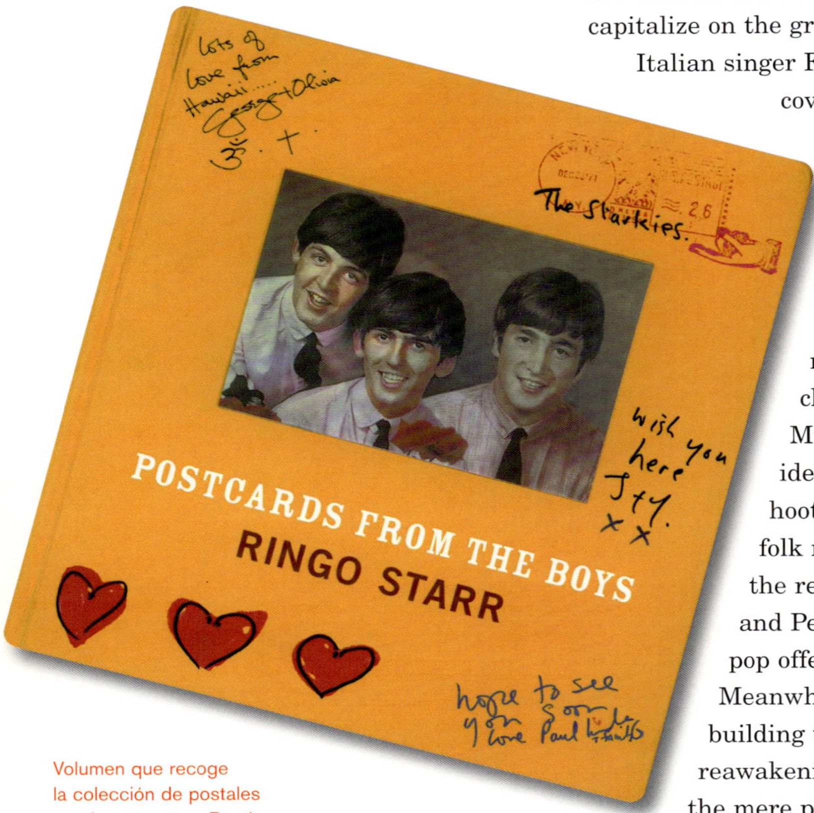

Volumen que recoge la colección de postales que los otros tres Beatles mandaron a Ringo Starr. *Genesis Publications*, Londres, 2005.
Volume containing the collection of postcards sent to Ringo Starr by the other three Beatles. Genesis Publications, London, 2005.

Music proved to be the cornerstone of revolutions that developed into ideologies and lifestyle choices. In America, students were going to hootenannies – college campus jamborees at which they rediscovered folk music and actively opposed their government's expansionist policies; the result was an audience for emerging musicians Bob Dylan, Joan Baez, and Peter Paul and Mary, who openly challenged blander, more commercial pop offerings.

Meanwhile, in the United Kingdom the Beatles and the Rolling Stones were building their own followings thanks to a new approach to music based on a reawakening of the idea that "making music" together is much more fun than the mere passive consumption of music through the filters of the media and the record industry. These new groups were groundbreaking in that, at least to begin with, they tended not to have frontmen, and they were not especially technically proficient either.

Young people flocked to discover the joys of making music, inspired by the new beat sounds (the basic style came from rock 'n' roll, with added recognizably British touches of elegance), and drawn by the unconventional look of the groups that were either the favourites of mods (the Beatles) or rockers (the Stones), with a common denominator of long hair, smart clothes and provocative attitudes. The bands these kids in Italy and elsewhere formed almost all featured a lead guitar, rhythm guitar, bass and drums, and played the kind of music their idols played.

By 1965, home-grown Italian groups were retailing Italian-language versions of British and American music, just as the folk movement in America was progressing into folk rock (for example, the Byrds). Italian record-buyers could chose between Equipe 84, then the Dik Dik, the Corvi and a whole string of imitators who mined every possible sub-genre of the new sound, from melodic groups like the Camaleonti to rebels like the Nomadi, sophisticates like the New Trolls, and national popular groups like the Pooh to name just a few. Give or take a few personnel changes, these line-ups dominated the Italian charts throughout the second half of the 1960s.

In an effort to hitch their wagons to the trend – and if possible control it – the Italian record industry encouraged Italian groups to mimic the sound and make as much money as possible. This was the same tactic that they had employed a decade earlier with the advent of rock and roll. After conquering the USA, rock 'n' roll found fertile ground around the world among young people who wanted to listen to an alternative to the "adult" crooner acts, and had the funds to put their money where their mouths were.

italiano más comprometidos políticamente, (que lograrán sus mayores éxitos en el sesenta y ocho), parecidos al modelo Dylan por la atención que ponían en las letras de sus canciones. Sin embargo, estas dos corrientes se influyen mutuamente, a veces se confunden y a menudo intercambian recíprocamente elementos estilísticos.
Mientras tanto los Beatles siguen por su camino, perfeccionando cada vez más su repertorio sin que esto conlleve una pérdida desde el punto de vista comercial sino todo lo contrario, y desarrollando su producción musical desde el *rock´n´roll* hasta las experiencias más disparatadas. En Italia, por fin, en 1966 alcanzan con *Michelle* el primer puesto de la lista de ventas. Gracias a su creatividad fuera de lo común, los Beatles se convierten en un auténtico fenómeno, ocupando un lugar de excepción en el imaginario colectivo. No es de extrañar que sean un punto de referencia para los nuevos autores y los nuevos intérpretes que se asoman a la escena, tanto en Italia como en el extranjero. El momento más importante de este proceso coincide con la publicación de su álbum más significativo, *Sgt. Pepper's Lonely Hearts Club Band*, que en Italia tuvo lugar en junio de

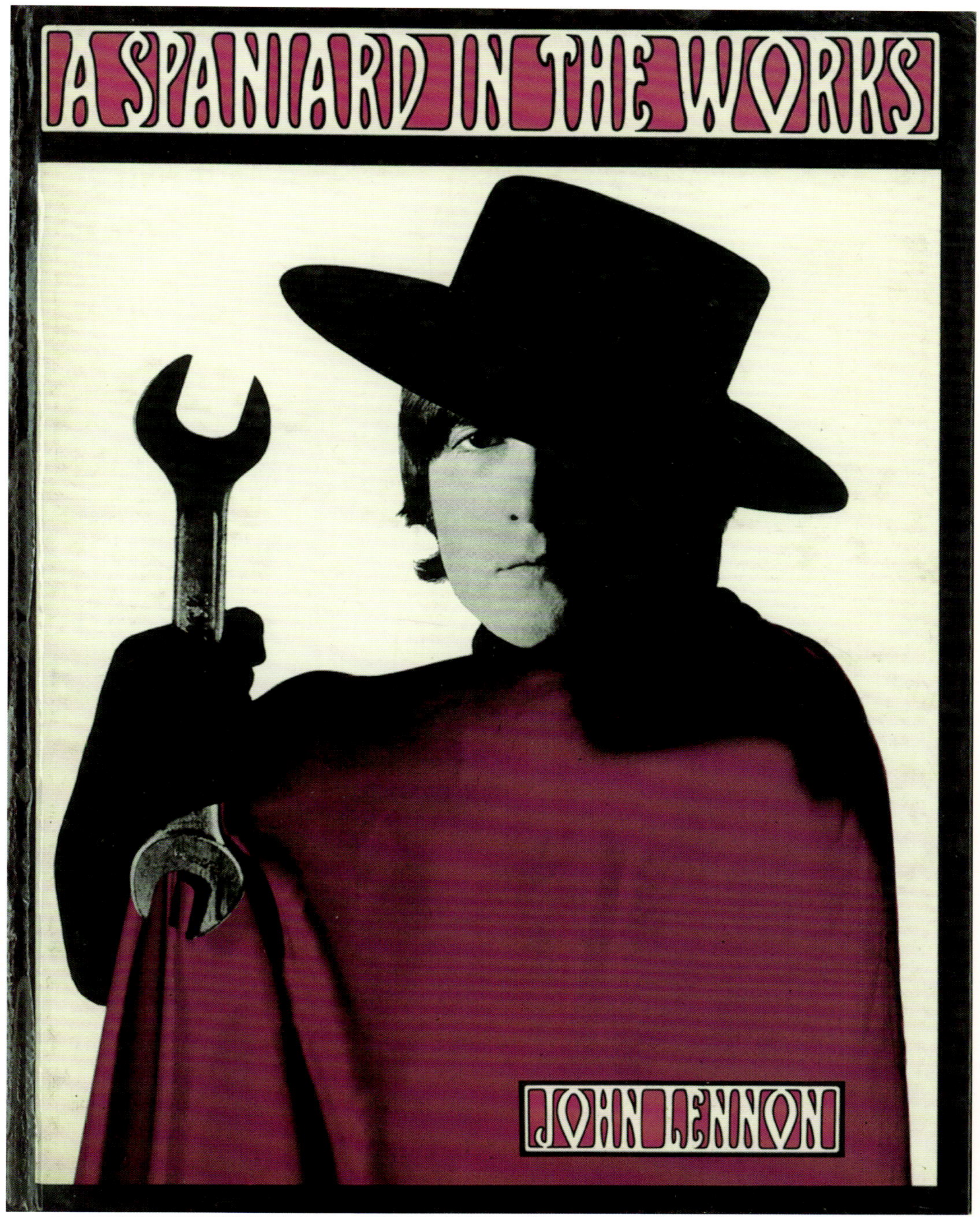

Primera edición del segundo libro de John Lennon, 1965.
First edition of John Lennon's second book, 1965.

Autobiografía
de George Harrison.
George Harrison's
autobiography.

This time round, however, it was not so easy. In the rock 'n' roll years, it had simply been a matter of changing the branding; by the mid-1960s, young people were a lot more savvy. Record-industry-led trends like the "linea verde", "greffa" and others fell on deaf ears, while two distinct genres developed out of the same beat roots, that from the late 1960s would contend for the affections of the Italian youth market: Italian rock music (initially incorporating elements from traditional Italian folk music, as played by Lucio Battisti and his entourage, and later by groups like PFM) that was part of an ever-evolving musical quest, much like the Beatles' own musical journey; and second-generation singer/songwriters, as represented by Bologna-born Francesco Guccini, Lucio Dalla, and any number of the more politically-committed performers who formed the Nuovo Canzoniere Italiano folk movement (which reached its apogee in 1968). These artists were much closer to the path blazed by Bob Dylan, intent on telling and meaningful lyrics. It should not be forgotten, however, that there was plenty of cross-pollination between these two currents, as they combined and sometimes freely swapped stylistic elements.

Meanwhile, the Beatles continued their inexorable rise, refining their musical repertoire along the way and selling more and more records. The Beatles scored their first Italian number one in 1966 with "Michelle", just before their output veered further still from its rock 'n' roll roots into a period of musical experimentation that brought into existence a host of entirely new musical hybrids. Thanks to their breathtaking creativity, the Beatles became a media phenomenon, occupying a unique place in the collective imagination. Not surprisingly, they served as an inspiration for a generation of up-and-coming songwriters and performers who were just starting out in Italy and internationally.

The key moment in the Beatles' slow rise to the top in Italy came with the release of their most significant album, *Sgt. Pepper's Lonely Hearts Club Band* (which came out in Italy in June 1967). This album officially marked the Beatles' attainment of legendary status, but once again, it took a while for people in Italy to notice. Carisch, who were still the Beatles' distributor, did the absolute minimum in terms of launch promotion and support, despite the hungry appetite of fans and vociferous grass-roots word of mouth. Things didn't really change, either, until 1969, when the Beatles founded their own label, Apple. Record shops were wary of over-publicizing the album: the Italian market was still dominated by singles, and lps had not yet totally been accepted by the market. Meanwhile, newspapers hardly said a word about an album that was to go down as a major milestone in the history of recorded music, and radio stations, led by ever-cautious state broadcaster RAI, preferred to stick with the tried-and-tested.

It is illuminating to read a quote from an article I wrote for the June 1967 issue of *Musica e Dischi* magazine, immediately after the album's release: "Much has already been said about the latest Beatles lp, and not all of it has been completely kind. The band has been criticized by some for cramming too many genres into a single album..., by others for the fact that their new music is much less revolutionary than their initial 'discovery of beat'. Well, to the gainsayers I have the following to say: multiple genres are in no way a sign of discontinuity in the Beatles' technique – far from it, the lp is remarkable for the common thread of inspiration that runs right through it, a thread that evolves in so many different directions. A single revolution is enough for the lifetime of any man – or any artist – and exempts him from accusations of playing it safe. Also of note is the excellent production on this album, which is quite the match of the selection of songs. The only sane reaction to this lp is to sit back and listen to it with reverence, having carefully placed your prejudices to one side." I went on to review

1967. Con este álbum los Beatles se convierten oficialmente en un mito. Pero al menos en Italia, pocos se enteran enseguida: la Carisch, su distribuidora, no hace casi nada para promover el álbum, aunque el boca a boca funciona mucho mejor y los fans lo esperan con impaciencia. Las cosas cambiarán en 1969, cuando los Beatles crean su propia etiqueta, la *Apple*. Los comerciantes de discos acogen el producto con cautela (el mercado en Italia está dominado por el disco a 45 revoluciones, el *long play* no lo conocen apenas) y muy pocos periódicos, por no mencionar los programas radiofónicos, en una época en la que la Rai sigue canones de retaguardia, saludan este álbum en concreto como una obra maestra de la historia de la música. "Del nuevo LP de los Beatles", escribí en el número de *Musica e Dischi* de junio de 1967, con el álbum apenas publicado, "ya han hablado muchos, y las opiniones no han sido siempre positivas: se les ha reprochado, por ejemplo, la excesiva variedad de géneros representados..., y algunos también han hablado del hecho de que el modelo estilístico de los últimos discos de los Beatles no constituye una revolución de igual proporción a su "descubrimiento del beat". Hay que contestar a estas acusaciones, señalando que la variedad de géneros no significa necesariamente una discontinuidad de técnica, (por el contrario, sorprende, en el disco 33 revoluciones la unidad de inspiración que ha evolucionado poco a poco por vías tan diferentes), y que en la vida de un hombre y de un artista, es más que suficiente llevar a cabo una revolución para salvarse de la

Cartel conmemorativo argentino, 1997.
Argentine commemorative poster, 1997.

the album track by track, before talking about its groundbreaking cover.
And that's where the whole story may have ended – a controversial album by a successful group – if *Sgt. Pepper's* hadn't turned the entire Italian music market upside down over the following weeks and months. Along with regular fans of the Liverpool quartet, a new army of music fans purchased the album in numbers that had only ever been seen for singles. It is no coincidence that the Italian lp chart was inaugurated by *Musica e Dischi* in July 1967. *Sgt. Pepper's* was number one that first week, and was still number one six months later.
Italian record companies, retailers and manufacturers at last sat up and took notice. For the first time, the media began speculating about the lp format, which had been around since the early 1950s but had never had much fortune beyond a coterie of classical music fans: perhaps the lp had the sales potential to rival singles (while being much more profitable).
In Italy at least, *Sgt. Pepper's* blazed the trail for a long series of albums by countless musicians who conceived their recordings especially for the format, rather than following the previous tactic of collecting and releasing previous hit singles.
A second new development was that Italian music industry producers, publishers, songwriters and performers shifted their focus from the United States – up until then the role model copied in Italy by imitator acts in varying degrees of disguise – to Great Britain. Before the Beatles, the rest of Europe had little or no interest in British music, with the exception of a few performers like Petula Clark who had a following in countries like Italy.
From 1967 until the group split in 1970, the Beatles were far more than just the top-selling British beat act, after helping to popularize the genre in the early 1960s. They were arguably the most exciting figures in music anywhere in the world, ceaselessly innovating and experimenting with new forms of musical expression. With the exception of Ringo Starr, the individual band members continued their journeys of musical exploration during their solo careers – not bad going for a bunch of lads from Liverpool who sat down to make music together for kicks.

Libro italiano sobre Paul McCartney.
Italian book on Paul McCartney.

acusación de estandarización. Cuando el nivel de la producción musical está a la altura de esta antología lo único que se puede hacer es escucharla con respeto, dejando de lado cualquier tipo de prejuicio". Y continué con el análisis, hablando más en concreto de las canciones y de la insólita cubierta del disco. Y el caso se habría podido cerrar como un episodio aislado (el álbum controvertido de un grupo de éxito) si, por el contrario, justo ese álbum no hubiera ocasionado, en las semanas y en los meses siguientes, una revolución histórica en el mercado discográfico italiano. El disco lo compraron no sólo los fans habituales del cuarteto de Liverpool, sino también un montón de apasionados de la música, consiguiendo que el número de ventas llegara a récords que sólo se habían conseguido en el sector de los discos a 45 revoluciones, y no en el de 33. De hecho, los charts de los LP en Italia, inaugurados por *Musica e Dischi*, nacieron el mes de julio de 1967, y en primera posición encontramos el álbum en cuestión, posición en la que se mantuvo sin interrupción durante seis meses. Un hecho clamoroso, que provocó que el mundo de la discografía (las empresas, los comerciantes y los fabricantes de soportes) y los medios de comunicación se preguntaran si el formato *long play* – que ya existía desde principios de los años cincuenta, pero que parecía destinado a un circuito restringido de admiradores de música clásica – no escondía un potencial de venta al menos igual que el de los discos a 45 revoluciones, con la perspectiva de ganancias considerables. En Italia *Sgt. Pepper's* abrió un camino a una larga serie de álbumes, firmados por los artistas más disparatados, concebidos precisamente por su formato, en lugar de haber sido recogidos cada uno por su cuenta, como había ocurrido hasta entonces con los éxitos precedentes en versión 45. El segundo elemento innovador fue que la industria discográfica italiana, incluyendo productores, editores, autores e intérpretes, cambió el punto de referencia con respecto al repertorio estadounidense, que había sido hasta esos años el producto-guía. Había que rechazarlo en Italia y tal vez tomar como modelo, imitándolo de un modo más o menos descarado, el repertorio británico, que antes del boom de los Beatles, (salvo pocas excepciones como Petula Clark), había sido completamente ignorado por el público europeo e italiano. Y en los años siguientes, hasta la separación del grupo, en 1970, ya no se ve a los Beatles como los exponentes de un género específico, el *beat* inglés con el que habían iniciado a principios de los años sesenta, sino como a auténticos protagonistas del panorama mundial ya que inventaron y experimentaron un lenguaje musical nuevo, algo que cada uno de los miembros del grupo seguiría haciendo después, con la excepción de Ringo Starr. No está mal para cuatro chicos de Liverpool que se pusieron a hacer música por pura diversión.

**Nota del traductor:* bobbysoxer*, término acuñado en la década de los cuarenta para referirse a las niñas fans de Sinatra que usaban calcetines a la altura del tobillo.*

Muñeca rusa inspirada en *Sgt. Pepper's*.
Matryoska doll inspired by Sgt. Pepper's.

The phenomenon exploded in the early 1960s, when a series of magazines directed to young people were launched. The world was invaded by periodicals for teenagers. The publishing industry was not the only one to discover "youth" as a new consumer target, since it was able to make autonomous choices (obviously different from those of their parents) and, more importantly, to spend money. In Italy there already existed specialist music magazines with a readership consisting in musicians, journalists and retailers, and it was an easy step to youth magazines.
Beatlemania led to a Fab Four boom throughout the West (the most famous magazine, *Beatles Book*, was English and came out in 1963).
Musica e Dischi had been founded in Milan as early as 1945, and was followed by other periodicals, including *Sette Note*, a monthly magazine on pop music, songs and records (published in Rome from 1957), and *Il Radiocorriere TV* (launched in 1954) on the world of entertainment and featuring the programming of Italy's radio and nascent television network.

The new youth magazines

The monthly *Ciao Amici* was first published in December 1963, the weekly *Big* came out at the end of May 1965 (immediately prior to the Beatles' concerts) and the beginning of 1966 saw the launch of *Giovani*, an offshoot of the women's weekly *Marie Claire* (with which it was combined for a few months).
Ciao Amici and *Big* did not last long: the two magazines merged and became *Ciao Big* which, in its turn, folded in January 1969. At more or less the same time *Ciao 2001* was published, which had a much longer life and wider readership, thanks to the new social climate ensuing from the 1968 protests. These magazines were characterized by a light-hearted, entertaining approach to pop idols. To win readers and capture them every week, the publishers made ample use of free gifts: special stamps, key rings, posters, postcards, stickers and the like.
Ciao Amici promoted the Beatles' Italian tour through pre-sales of tickets for the Vigorelli concerts and the organization of special buses.

Revista inglesa.
English magazine.

El fenómeno estalla a principios de los años sesenta con el nacimiento de una serie de revistas dirigidas al público juvenil. En todo el mundo se produce una verdadera invasión de revistas semanales para adolescentes.
Es el descubrimiento, no sólo por parte de la industria editorial, del "joven" como nuevo polo de consumo, capaz de elegir por sí mismo, obviamente de un modo diferente al de los padres, y, sobre todo, de gastar dinero. Italia, dónde ya existían revistas especializadas de música, pero sólo para entendidos (músicos, periodistas, detallistas) tendrán mucho éxito.
Con la beatlemania se asiste en todo el occidente, al *boom* de los *Fab Four* (la revista más famosa, *Beatles Book*, inglesa, es de 1963).
En Milán en 1945 se fundó *Musica e Dischi*, seguida entre otras de *Sette Note – Mensile di musica leggera, canzioni, dischi*, publicada en 1967 en Roma, y *Il Radiocorriere TV*, dedicado al mundo del espectáculo vinculado a la programación radiofónica y a la recién nacida televisión, lanzada en 1954.

La nueva prensa juvenil

La revista mensual *Ciao Amici*, nace en el mes de diciembre de 1963, el semanal *Big* llega a finales de mayo de 1965, cuando están a punto de hacerse los conciertos de los Beatles, y a principios de 1966 sale *Giovani*, nacido bajo la égida del semanal femenino *Marie Claire*, junto al que se venderá durante algún tiempo. *Ciao Amici* y *Big* no durarán mucho tiempo: mediante una fusión se crea *Ciao Big* que, a su vez, cerrará en enero de 1969. Al mismo tiempo se empezará a publicar *Ciao 2001*, cuya trayectoria fue cómplice del cambio del clima social después del sesenta y ocho.
La característica común de estas publicaciones era la simpática ligereza con que trataban a los ídolos de la canción. Para ganarse la simpatía de los lectores y capturarlos semanalmente, los editores no escatimaron los gadget como sellos, llaveros, postales, pegatinas etcétera.
Ciao Amici fue el vehículo promocional de la gira italiana de los Beatles, ocupándose de la venta anticipada de las entradas para los conciertos en el Palacio de Deportes Vigorelli y de la organización de autocares especiales.

Publicación italiana, julio de 1964.
Italian publication, July 1964.

1968

01 The year the Beatles' relationships begin to unravel, especially during the lengthy recordings for the "White Album". It is due mostly to the invasiveness of Yoko Ono whom John meets in May (there are arguments, fairly long breakups and disagreements – also about the management of the group's finances). 02 Trip to India for the Maharishi Mahesh Yogi experience. 03-15 45 "Lady Madonna" / "The Inner Light" is released. 05-30 Recording sessions begin for "The Beatles", better known as "White Album", a limited edition double album with poster and photos. 06-06 Interview by DJ Kenny Everett during recording sessions (which is only released in Italy as a 45 entitled "Una sensazionale intervista con i Beatles" (A Sensational Interview with The Beatles). 07-17 World premiere of the animated feature "Yellow Submarine". 08-30 45 "Hey Jude" / "Revolution" is released. It is the first single in the history of rock to last 7' 11". ("McArthur Park" by Richard Harris was the first to top 3' a few months previously). This 45 was the first record released by the Apple label. 11-01 First Apple LP is released: the soundtrack of the film "Wonderwall", composed by George. The record is attributed to him even though he doesn't play a single note on it. 11-22 "White Album" comes out: the sleeve is all white with just "The Beatles" and the number of the limited edition written on it (see above). A deliberately provocative and minimalist choice compared to the riot of colour that had characterized "Sgt. Pepper's" (which had a tremendous influence on the graphics of rock albums in general). This is the group's first LP for the Apple label and first double album featuring new recordings. It is actually a collection of solo compositions, due to the fact that the band was gradually breaking up. It sells 2,000,000 copies in a week in the US.

01 Año en el cual empieza a haber problemas en el grupo durante la grabación del "White Album", debido la presencia de Yoko Ono, a quien John conoce en el mes de mayo (peleas, separaciones por períodos más o menos largos, desacuerdos sobre la gestión financiera etc...). **02** Viaje a la India para reencontrarse con Mahrarishi Mahesh Yogi 03-15 Sale el single "Lady Madonna" / "The Inner Light". **05-30** Empieza la grabación del "White Album", doble LP con póster, fotos y copias numeradas. **06-06** Grabación de la entrevista con Kenny Everett, que aparecerá en el single "Una sensazionale intervista con i Beatles", que se publicará solo en Italia. **07-17** Estreno mundial en Londres de la película "Yellow Submarine". **08-30** Sale el single "Hey Jude" / "Revolution", primer single en la historia del rock con una duración de 7´y 11" (solo Mc Arthur Park de Richard Harris había superado los 3' unos meses antes). También es el primer disco que edita la etiqueta Apple. **11-01** Publicacion del primer LP de la Apple. Se trata de la banda sonora de la película Wonderwall, compuesta por George, aunque no tocará una sola nota. **11-22** Edición del "White Album". La cubierta es totalmente blanca, con solo el nombre de los Beatles y la numeración progresiva de las copias. Es una provocacción minimalista con respecto a la explosión de colores que había caracterizado el álbum anterior *Sgt's Pepper*, así como a toda la influencia que, desde el punto de vista gráfico había ejercido en el mundo del rock. Primer LP del grupo para la etiqueta Apple y primer doble álbum con nuevas grabaciones. En realidad se trata de una recopilación de canciones como solistas, precisamente debido a la lenta disgregación que se estaba verificando dentro del grupo. En EE.UU. vende en la primera semana 2 millones de copias.

YELLOW SUBMARINE

The animation film that symbolizes what 1968 stood for, "Yellow Submarine" is a paean to creative freedom. Witness the yellow submarine of the title that sails off to get help for the inhabitants of Pepperland who have been frozen in a grey existence by the Blue Meanies, enemies of music and love. The long voyage that takes the crew to strange places inhabited by even stranger animals (like the fish that devours everything, even itself). Pepperland's turning the tables to the sound of music that neutralizes the Blue Meanies' weapons, like the "glove" it transforms into "love". The group's finally appearing in the flesh, as if to confirm what has just been seen. And, finally, the outstanding quality of the animation, which combines the work of the best designers of the period, blending in a single, unique experience the most diverse figurative influences of the early twentieth century.

Notwithstanding this, the Beatles were indifferent about the film: on the one hand, they were still nettled by the outcome of "Magical Mystery Tour"; on the other, they resented the fact that United Artists was pressuring them to honour the contract for three films that their manager Brian Epstein had signed. They had said yes to "Yellow Submarine", but their hearts weren't in it. They composed only two new pieces, supplementing these with material they had discarded while compiling other albums, and refused to do the voices for the cartoon characters. The director George Dunning, the screenwriter Erich Segal (who later made his name with "Love Story"), the designer Heinz Edelmann and the animation director Bob Balser worked miracles. The film was completed in a year, with the help of 150 technicians and 40 animators. When The Beatles attended the premiere on 17 July they were assailed by the crowds as usual, but the film was not well received. The gap between the expectations of the public, who wanted to see the four in the flesh, and the allegorical phantasmagoria created with animated drawings, was too wide. This did not stop the film from becoming a worldwide success over time.

Película de dibujos animados símbolo del 68, "Yellow Submarine" es una obra maestra de libertad creativa. Un submarino amarillo cuyos tripulantes son los Beatles en dibujos animados, va a buscar ayuda para los habitantes de Pepperland, que han sido congelados en una existencia gris por los "Blue Meanies", enemigos de la música y del amor;la larga odisea que les lleva a través de extraños lugares, en los que viven animales más raros aún (como el pez que devora todo, hasta sí mismo); la revancha al ritmo de canciones que termina por neutralizar las armas de los Blues, como el guante (glove) que la música deshace en amor (love); la aparición final del grupo en carne y hueso, que casi certifica lo que se ha apenas visto; la excepcional calidad de la animación que, reuniendo a los mejores dibujantes del momento, funde en una única experiencia estímulos provenientes de las más disparatadas influencias figurativas de principios del siglo XX... todo, a nivel de forma y contenido, hace que la película sea inolvidable y todavía moderna, intacta, sin la huella del tiempo. Todo ello, a nivel de forma y contenido, consigue que la película se adelante a su época.

Sin embargo, esta nace con la indiferencia de los Beatles, que por una parte se sienten un poco quemados por la experiencia de "Magical Mistery Tour" y por otra no se sienten muy a gusto con las presiones de la United Artists, que quiere que lleven a cabo lo estipulado según lo cual deben realizar con ellos tres películas, contrato que había firmado su manager Brian Epstein. El acuerdo está ahí, mientras que el compromiso no. Componen solo dos canciones nuevas y añaden las que habían eliminado de otros discos, negándose a prestar sus voces a sus respectivos "alter ego" animados. No obstante, el director George Dunning, el guionista Erich Segal (que se haría famoso con "Love Story"), el dibujante Heinz Edelmann y el director de la animación Bob Falser hacen milagros. En un año de trabajo, con la ayuda de 150 técnicos y 40 animadores, la película termina de realizarse. En el estreno, el 17 de julio, al que asisten los Beatles asediados una vez más por la multitud, las reacciones no son positivas. Hay demasiada distancia entre las expectativas del público, que quiere ver al cuarteto en carne y hueso, y los dibujos, que crean un espectáculo alegórico. Sin embargo el tiempo decreta el éxito mundial de la película.

Paul McCartney, Ringo Starr y George Harrison, el 15 de junio de 1968.
Paul McCartney, Ringo Starr and George Harrison, 15 June 1968.

Disco a 45 revoluciones EP, edición argentina.
45 ep, Argentine edition.

Partitura musical sudafricana del primer *single* incidido por los Beatles.
South African sheet music of the first single recorded by the Beatles.

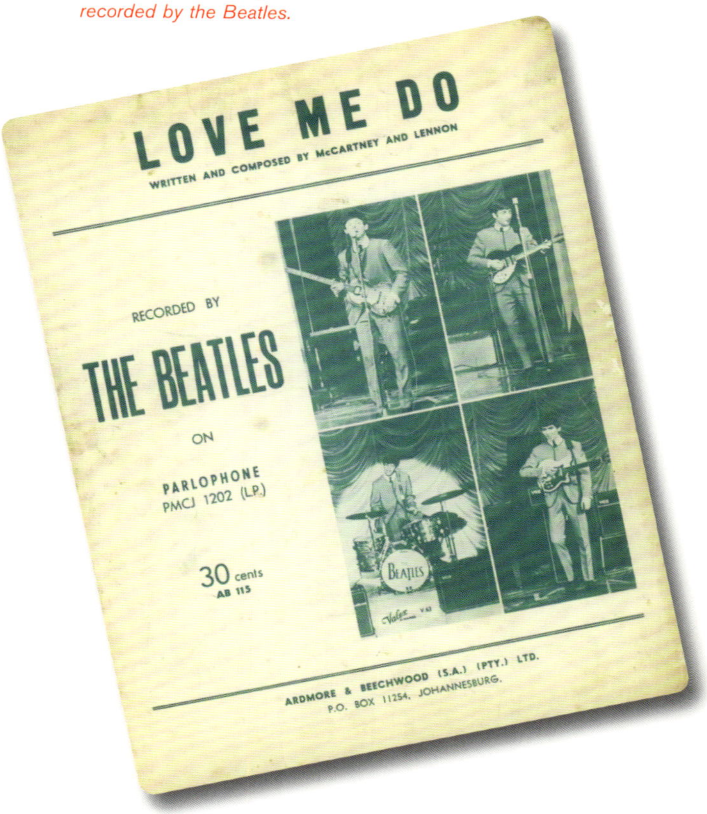

Cartel de la pelicula *Across the Universe*, 2007.
Poster of the film Across the Universe*, 2007.*

Cartel publicitario de la película *Magical Mystery Tour*.
Advertising poster of the film Magical Mystery Tour.

1969

The year the group disbands for good. 01-02 Filming and recordings begin on a documentary conceived as "a day in a recording studio with The Beatles", which would develop into a feature film entitled "Let It Be", and be released in 1970. In actual fact, the movie documented the end of the group. The recordings, originally destined for an LP entitled "Get Back", would be used for the LP "Let It Be" (produced by Jack Nietsche, and contested by Paul). 01-17 LP "Yellow Submarine", containing songs from the animation film, is released. 01-30 Improvised concert on the roof of the Apple studios in the heart of London. It is interrupted by the Police, because of the huge traffic jam below, and lasts just 42'. 03-12 Paul marries Linda Eastman. 03-20 John weds Yoko on Gibraltar. 04-11 45 "Get Back" / "Don't Let Me Down" comes out. 05-30 45 "The Ballad of John and Yoko" / "Old Brown Shoe" is released. 07 Recording begins on the LP "Abbey Road" (the street where the EMI studios are located). Relations become increasingly tense within the group, and there are frequent arguments and rows. Paul wants to be top dog and is annoyed by Yoko's always being around; George and Ringo are tetchy. The recordings are completed but all 4 Beatles are not always present, and they are clearly not interested in each other's compositions. 09 13 First live performance by the Plastic Ono Band (John & Yoko's group featuring other musicians). 09-26 LP "Abbey Road" is released. The 4 would never go into a recording studio again to cut a song as The Beatles. 10-11 45 "Something" / "Come Together" is released. 11 The 4 begin pursuing their solo projects: Ringo cuts the LP "Beaucoup of Blues" and acts in the film "The Magic Christian" (for which Paul composes the song "Come and Get It" performed by Badfinger; George tours with Delaney & Bonnie; Paul retires to Scotland; John devotes his energies to the Plastic Ono Band. 11-25 John returns his MBE medal to the Queen, giving it to his chauffeur to take into Buckingham Palace. 12-11 World premiere of "The Magic Christian", starring Peter Sellers, at the Odeon cinema in Kensington, London. 12-12 The album "No One's Gonna Change Our World" featuring an unpublished Beatles' song, "Across The Universe", is released to raise money for the WWF (a different version of this piece would be featured on "Let It Be").

Año del deterioro definitivo del grupo. 01-02 Inicia la grabación y el rodaje de un documental pensado como "un día en el estudio de grabación con los Beatles" que se convertirá en un largometraje. Se llamará "Let It Be". Saldrá en 1970 y será, en realidad, la certificación del final del grupo. Las grabaciones, destinadas a un LP cuyo título era "Get back", serán utilizadas para el LP "Let It Be", cuya producción era de Jack Nietsche, con quien no estaba conforme Paul. 01-17 Edición del LP "Yellow Submarine", con canciones de la película de dibujos animados. 01-30 Concierto improvisado en el tejado de Apple Studios en el centro de Londres. Durará solo 42' y será interrumpido por la intervención de la policía y seguido por un monumental atasco de tráfico. 03-12 Paul se casa con Linda Eastman. 03-20 John se casa con Yoko en Gibraltar. 04-11 Sale el single "Get Back" / "Don't Let Me Down". 05-30 Sale el single "The Ballad of John and Yoko" / "Old Brown Shoe". 07 Comienza la grabación del álbum "Abbey Road", título tomado de la calle donde tenía su sede los estudios de la Emi. Las relaciones entre los componentes del grupo son cada vez más tensas, con continuas discusiones y peleas. Por una parte, Paul quiere actuar como líder, rechazando la presencia continua de Yoko y por otra George y Ringo, que tampoco se sienten a gusto. La grabación concluye con una evidente sensación de distanciamiento entre los componentes del grupo. No siempre están presentes los cuatro. 09-13 Primera actuación en directo de la Plastic Ono Band, grupo de John y Yoko junto a otros músicos. 09-26 Edición del LP "Abbey Road". Los cuatro no volverán a entrar juntos en un estudio para grabar una canción como los Beatles. 10-11 Sale el single "Something" / "Come Together". 11 Los cuatro empiezan a ocuparse de sus propias producciones como solistas. Ringo con su nuevo grupo "Beaucoup of blues" y con el rodaje de la película "The Magic Christian", para la que Paul escribe la canción "Come and Get It", que tocaban los Badfinger. George hace una gira con Delaney & Bonnie, Paul se retira a Escocia y John se dedica a la Plastic Ono Band. 11-25 John devuelve su medalla de MBE a la Reina (se la da a su chófer para que la lleve a Buckingham Palace). 12-11 Estreno mundial de la película "The Magic Christian" con Peter Sellers, en el cine Odeon de Kensington. 12-12 Sale el disco "No One's Gonna Change Our World" con una canción inédita de los Beatles (across the universe) para financiar la WWF. La canción se volverá a editar en el LP "Let It Be", pero con una versión diferente.

LET IT BE

When The Beatles agreed to make "Yellow Submarine", they thought they had fulfilled all their contractual obligations to United Artists. But their appearance at the end of the film was not enough. This was why "Let It Be" was made, once more against their wishes. The film marked the end of the Beatles' screen odyssey and showed, more than any other, that John, Paul, George and Ringo could only be represented as people and artists in the documentary. Filmed in the cold, cavernous Twickenham Studios, in the basement and on the roof of the Apple headquarters, the movie was directed by a young, experienced filmmaker named Michael Lindsay-Hogg, who had already done a music video with the group.

Shooting coincided with the rehearsals for a new album, in January 1969. The project was also to feature a live performance with an audience of a few thousand at a symbolic world site. But the Beatles' relationships became increasingly tense and the idea of the "megashow" was finally abandoned. They settled for a live performance on the Apple roof, which became the closing scene. The filmed material remained locked away for months, until it was decided to release the movie at the same time as the eponymous album. The film premiered on 20 May 1970 – a month after Paul had announced the break-up of the group.

"Let It Be" was produced by Apple, which meant that the Beatles had right of veto and that they heavily conditioned both shooting and the final editing (many scenes were considered "inappropriate" and cut). Nonetheless, the result fully evokes the depressing atmosphere that surrounded rehearsals, and the difficulty the Beatles had in communicating with each other: the looks, body language, dialogue and tones of voice all indicated that the end was near. Paul has recently commented "It was the documentary on our break-up".

Dando su aprobación a "Yellow Submarine", los Beatles pensaban que habían concluido sus obligaciones de contrato con la United Artists. Sin embargo, su aparición al final de la película no se consideró suficiente. Nace de este modo, una vez más sin que ellos lo quisieran "Let It Be". La película se convierte en el canto fúnebre de la epopeya cinematográfica de los cuatro, pero es también el ejemplo evidente de las extraordinarias posibilidades del documental en el cual se presenta a John, Paul, Ringo y George como personas y como artistas. Rodada en los enormes y fríos ambientes de los Twickenham Studios, en los sótanos y en la terraza de la Apple, la película que al principio tenía que ser un producto para la televisión titulado "Get Back" es dirigida por un cineasta joven y con experiencia, Michael Lindasy-Hogg, que ya había realizado un clip musical con el grupo.

El rodaje coincide con las pruebas de grabación del nuevo álbum, en enero de 1969. El proyecto prevee también una actuación en directo ante un aforo reducido, en un lugar simbólico de la Tierra. Sin embargo, entre los cuatro hay cada vez más tensión y al final la idea del "megashow" se abandona. Así, deciden hacer una actuación en directo en la terraza, que de hecho concluye el rodaje. Las escenas rodadas permanecen bajo llave durante meses, hasta que se decide que la película salga al mismo tiempo que el disco homónimo. El estreno tiene lugar el 20 de mayo de 1970. Pero Paul ya había anunciado que el grupo se iba a separar un mes antes.

"Let It Be" fue una producción de la Apple y precisamente por esta razón, los músicos tuvieron el derecho a poner el veto, condicionando con fuerza el rodaje y también el montaje final (muchas escenas, consideradas incómodas, fueron cortadas). El resultado es sin embargo más que satisfactorio, ya que muestra sin alguna duda el ambiente deprimido que había en las pruebas y las dificultades de comunicación entre los miembros del grupo. Bastan efectivamente las miradas, la disposición de los cuerpos, las palabras y los tonos con los que vienen comunicadas, para sentir el final inminente. McCartney dice ahora: "Fue el documental de nuestra separación".

Los Beatles enseñan los MBE otorgados por la reina en Buckingham Palace, Londres, el 26 de octubre de 1965.
The Beatles show the MBEs they received from the Queen at Buckingham Palace, London, 26 October 1965.

Los Beatles con Harold Wilson en el momento de la asignación del título MBE, Londres, junio de 1965.
The Beatles with Harold Wilson at the presentation of the MBE awards, London, June 1965.

Honours

The official announcement on 11 June 1965 that the Beatles, on the initiative of Labour Prime Minister Harold Wilson, had been made MBEs (Members of the Order of the British Empire) by the Queen, caused a great sensation.

The awarding of this title – instituted by King George V in 1917 and annually conferred on personalities who have distinguished themselves in public life – was contested by previously honoured figures, who were so outraged that they returned their medals. The ceremony took place on 11 October at Buckingham Palace, which was surrounded by thousands of jubilant fans.

George commented that he did not think one could get this kind of title just by playing rock music…

Publicación inglesa, 1963.
English publication, 1963.

Reconocimientos

El 11 de junio de 1965 se anuncia oficialmente que los Beatles, bajo la petición del primer ministro laborista Harold Wilson y de acuerdo con la reina, serán investidos con el título de MBE (Miembro de la Orden del Imperio Británico), provocando gran expectación.
El reconocimiento, instituido en 1917 por el rey George V y que se otorgaba anualmente a personalidades que se habían distinguido en la vida pública, provocó la protesta de muchos otros galardonados en ocasiones precedentes que, ofendidos, devolvieron la medalla. La ceremonia tuvo lugar el 11 de octubre en Buckingham Palace, que estaba asediado por una multitud de fans. George comentó: "No pensaba que se pudiera conseguir este tipo de títulos tocando sencillamente música rock."

1970

The Beatles no longer exist as a group, but the official announcement would be made later in the year. 03-06 45 "Let It Be" / "You Know My Name" is released. 04-10 Newspapers worldwide announce the breakup of The Beatles. IT IS THE END OF AN ERA. 05-08 The Fab Four's last album "Let It Be" is released. The record, which was to have been entitled "Get Back", contains some recordings from the beginning of 1969 that predate those of "Abbey Road". The sleeve was to have featured a photo of the group on the same stairs they were standing on in the sleeve photo of the LP "Please Please Me", but updated to 1970 (the photo used for the double album "1962-66" and "1967-70" that would be released in 1973, also came out of that session).

Los Beatles ya no existen en realidad, pero durante ese año se confirma oficialmente. 03-06 Se edita el single "Let It Be" / "You Know My Name". 04-10 Los periódicos de todo el mundo publican la noticia de la separación del grupo. ES EL FINAL DE UNA EPOCA. 05-08 Se edita el último disco LP de los fabulosos cuatro "Let It Be". El disco debía haberse titulado "Get Back" y contenía algunas grabaciones de principios de 1969, es decir anteriores a "Abbey Road". La cubierta habría debido ser una foto del grupo en la misma escalera donde habían sido fotografiados para la cubierta del primer LP "Please Please Me" pero en 1970 (de este mismo servicio fotográfico es la foto que ilustrará más tarde el doble álbum "1962-66" y "1967-70", editado en 1973).

Armónica, EE.UU., 1964.
Mouth organ, US, 1964.

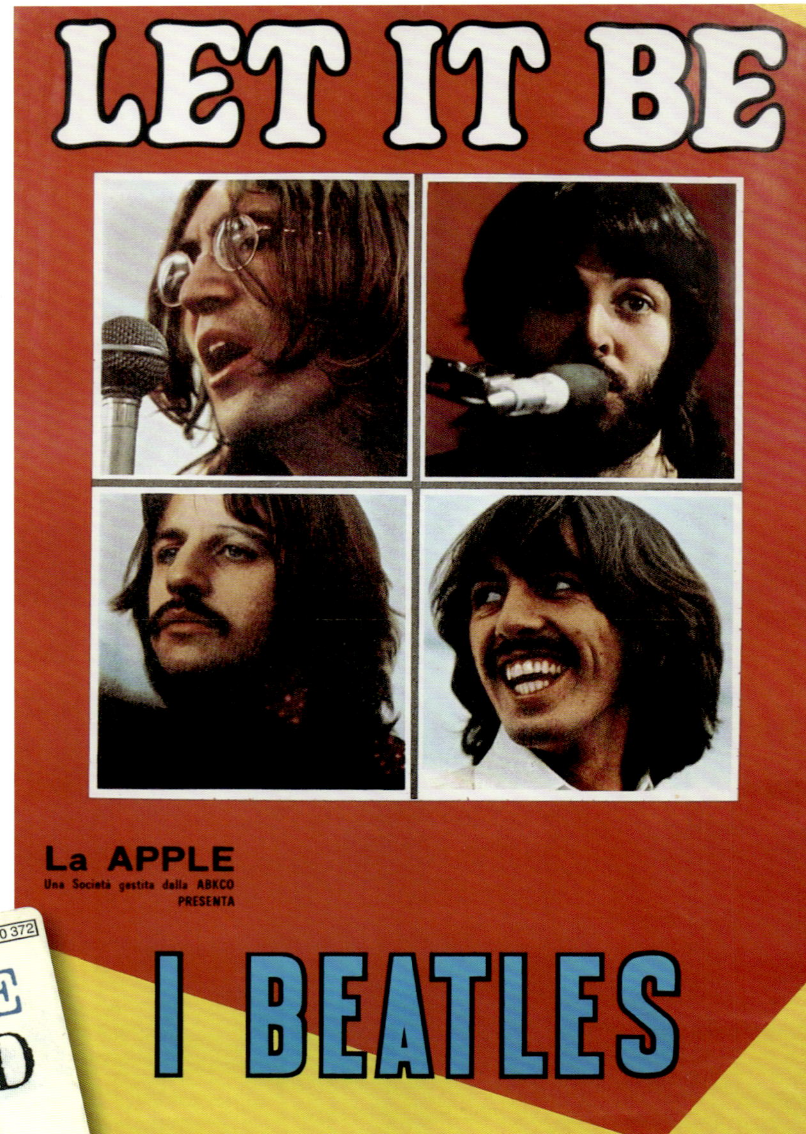

Cartel italiano de la película *Let It Be*.
Italian poster of the film Let It Be.

Sencillo, edición alemana, 1969.
Single, German edition, 1969.

Pintura de Giuseppe Rava, 1989.
Painting by Giuseppe Rava, 1989.

Cubierta de la edición italiana de la película *Imagine*.
Lobby poster of the Italian version of the film Imagine.

FILMS THAT WERE NEVER MADE

One of the most intriguing and lesser known chapters of the Beatles' movie career is the one about the films that were never made. After the success of "Help!", and following their decision to stop giving concerts in order to be able to concentrate on studio recordings, the four lost most of their initial enthusiasm for film and showed little interest in any new project that was presented.

In April 1967 Joe Orton, one of the leading playwrights on the London theatre scene, was asked to work on a film script, but his death put an end to the project (his tragic life is narrated in Stephen Frears' film "Prick Up Your Ears", made in 1987). There was also talk of doing a new adaptation of "The Three Musketeers" (which Lester went on to make with other stars in 1973), and even a musical western based on "A Talent for Loving" by Richard Condon.

In 1968, the possibility of making a film of "The Lord of the Rings" by J.R.R. Tolkien was discussed, with a view to creating a fantastic score that was a logical development of "Sgt. Pepper's" and "Magical Mystery Tour". The project was proposed to directors David Lean, Michelangelo Antonioni and Stanley Kubrick. Lean was not free at the time (he was working on "Ryan's Daughter") and Antonioni also had a prior commitment. They started negotiations with Kubrick, which were hampered not only by the complexity of the project but also by the director's difficult personality. After a few weeks of talks and meetings, Kubrick said he didn't think it was possible to successfully adapt Tolkien's masterpiece for the screen.

There was also an idea for a "concert" film, like the one made by the Rolling Stones ("Rock and Roll Circus") and Jean-Luc Godard was asked to direct it. He immediately expressed interest, and they even had the title: "One Plus One". Unfortunately it was the Beatles who backtracked this time, and the project was abandoned. Godard then made a film about the Rolling Stones.

LAS PELÍCULAS NO REALIZADAS

Uno de los capítulos más interesantes y menos conocidos de la "aventura" de los Beatles en el mundo del cine es el de las películas que no llegaron a realizarse. Después del éxito de "Help!" los cuatro, habiendo decidido en ese momento no hacer actuaciones ni conciertos para concentrarse en la producción musical en el estudio de grabación, habían perdido una gran parte del entusiamo inicial con respecto al cine y estaban poco interesados en los nuevos proyectos.

En abril de 1967 Joe Orton, comediógrafo en auge de la escena teatral londinense, fue encargado de escribir un guión, pero su muerte puso fin a este proyecto (esta historia se narra en la película de 1987 "Prick Up Your Ears" de Stephen Frears). Se pensó tabién en una nueva versión de "The Three Musketeers" (que Lester realizará después en 1973) e incluso en un western-musical readaptando "A Talent for Loving" de Richard Condon. En 1968 se pensó también en la posibilidad de realizar una versión cinematográfica de "El Señor de los Anillos" de la novela de J.R.R. Tolkien, imaginando una fantástica banda sonora que fuera la continuación natural de "Sgt. Pepper's" y "Magical Mystery Tour". Los directores a quienes se quería encargar el proyecto eran: David Lean, Michelangelo Antonioni y Stanley Kubrick. El primero no estaba libre (estaba trabajando en "La hija de Ryan"), y Antonioni también estaba ocupado. De este modo, empezaron las negociaciones con Kubrick que resultaron difíciles no sólo por la complejidad del proyecto sino también debido al carácter del director. Después de algunas semanas de coloquios y encuentros, Kubrick les hizo saber que no le parecía posible que se pudiera hacer una buena adaptación cinematográfica de la obra maestra de Tolkien.

Se pensó también en una película "concierto" parecido al que habían rodado The Rolling Stones ("Rock and Roll Circus") y le propusieron la dirección a Jean-Luc Godard que mostró mucho interés desde el principio. El título también estaba listo: "One Plus One". Por desgracia esta vez fueron los Beatles los que se mostraron reacios y el proyecto se abandonó. Godard realizó más tarde una película con este título con los Rolling Stones.

Memorabilia EE.UU.,
1964.
Memorabilia, US, 1964.

Zapatillas de gimnasia,
EE.UU, 1964.
Sneakers, US, 1964.

Benedetta Barzini

Los Beatles y la moda

The Beatles and fashion

Traje hecho en Holanda – Beatlemania 1964.
Dress manufactured in the Netherlands – Beatlemania 1964.

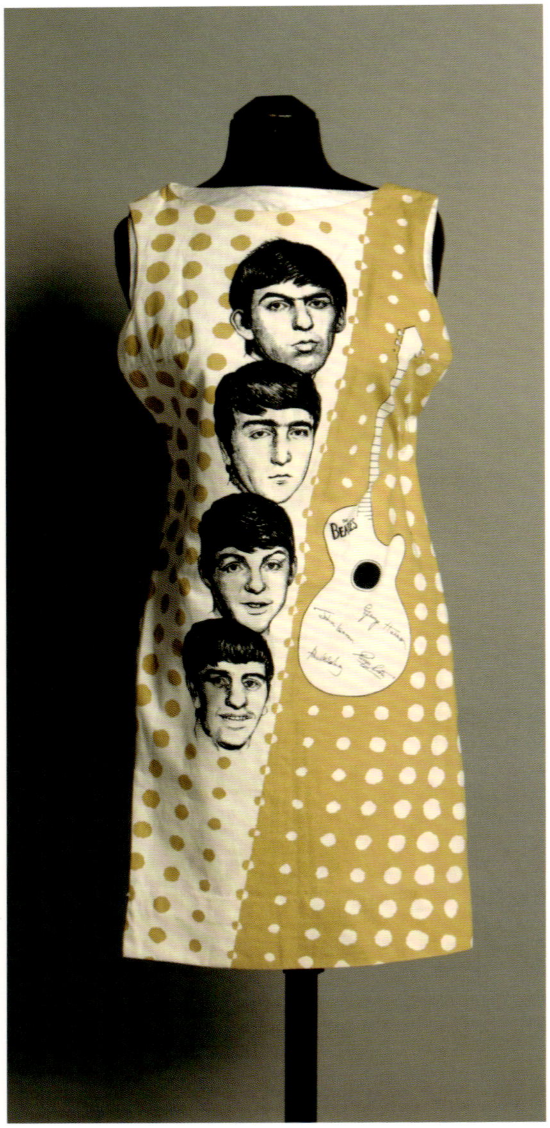

A number of conclusions may be drawn about the period and the stars who emerged from the riotous crowd of post-war offspring: a generation that grew up in a world of fears about where technology and computers were heading; the children of a wan and claustrophobic existence. Almost all of these young bands came from working-class industrial towns like Manchester and Liverpool, in the United Kingdom. Whether they were made up of angry or vain young men, all these bands wore their beliefs on their sleeves.

We are talking about a time before the age when young people fell under the spell of multi-channel tv, Internet gaming and MP3 players; before shopping centres for window-shopping excursions. It was a time when, instead, young people formed bands, founded small clubs, and wrote songs. In the United States, Lawrence Ferlinghetti and Allen Ginsberg flexed their poetic muscles, the beatniks lived their dreams, and motorbike fans followed Jack Kerouac onto the road; in Great Britain, youths grouped together into rebellious gangs of teddy boys, rockers and mods, in a line of youth culture that continued right down to the punk movement.

It was a time of great ferment. A number of musical styles evolved from jazz and the rhythms of rock. Singer/songwriters and rock bands made a name for themselves as hardship, bourgeois respectability and the tough business of making a living all clashed.

While Paris was engrossed in philosophical meanderings with its Existentialists, followers of Surrealism and Boris Vian, rebellion spread through the UK via music and a quest for alternatives that at times verged on disobedience.

London had over three centuries of history as the centre of the world. The rules of men's clothing were established during the age of colonization. Young people were prepared for a life of command at select colleges through rigid principles that included learning about the style of uniform best suited to war and to civil life. The strict upbringing that was *de rigueur* for future lords and the middle classes was perhaps one of the key motivators for a transition to its exact opposite: rebellion.

As a marketing concept, teen-agers came into the public eye in the 1950s, when young people won the "right" not to dress like adults and to identify themselves through their own clothing and mannerisms. The result was an explosion in styles and fashions for later generations, who seized with both hands the chance to dress as differently as possible from their parents. They were freed from a childhood when, as little boys, they wore shorts and long socks, or as little girls they dressed in baggy blouses perhaps with a hint of embroidery, and after puberty, for boys, the transition to long trousers, and maybe a hand-me-down jacket of Dad's, a moment considered to be a pseudo-investiture. All of this was swept away as a logical conclusion of the last in a long line of revolutions: the industrial revolution.

When it comes to any kind of uniform, fashion has always been a male-dominated world, in which women either make do, or head in completely the opposite direction and embrace an excess of casualness, pomp and frilliness.

The diametric opposition between male and female clothing is a result of male "desire" to see women dressed to highlight their sensuality. For men, sexual expression in clothing has never diverged from an indication of the wearer's position in the power hierarchy. It is telling indeed that no youth movement has ever been founded by a gang of girls; women have always taken to the styles worn by the social groups to which they aspired.

In the 1960s, alongside the untouchable members of the establishment elite and stars of the silver screen, a whole new type of person ascended to the heights of fame. These

Fans de los Beatles,
7 de julio de 1964.
*Beatles fans, London,
7 July 1964.*

Pensando en este periodo y en los protagonistas que emergieron de la multitud de jóvenes hijos del boom de la posguerra, del miedo al rumbo que estaban tomando la tecnología y la informática, hijos de una existencia claustrofóbica y descolorida, es inevitabile sacar algunas conclusiones.

Vale la pena subrayar que casi todos los grupos juveniles se formaron en el Reino Unido y más en concreto, en los barrios obreros de ciudades industriales como Manchester y Liverpool. Bandas juveniles con actitudes airadas o vanidosas se pusieron el uniforme de su propio pensamiento.

La gente no estaba acostumbrada a entretenerse con las múltiples ofertas televisivas, ni con los juegos solitarios con internet, ni con los lectores MP3, ni tampoco existían centros comerciales sugestivos donde encontrarse para mirar los escaparates. Tal vez por esta razón se forman grupos musicales y locales donde los jóvenes se reunen para tocar y para escribir canciones. En Estados Unidos Lawrence Ferlinghetti y Allen Ginsberg hacen vibrar las cuerdas de sus poesías, los *beatniks* viven sus sueños y los motociclistas fans de Kerouac lo siguen *on the road*. Al mismo tiempo en Gran Bretaña nacen las bandas transgresivas como los *teddy boys*, *rocks*, *mods* y para terminar *punks*.

Los mas apasionados absorben estos estímulos creando estilos musicales que van del jazz a los ritmos del rock. Aparecen los cantautores y los grupos de rock, pero la cuestión está relacionada con la época que está impregnada de una atmósfera desorientada, debido a un malestar compuesto de conformismo, del cansancio de vivir. Y si en París se tendía al pensamiento filosófico, las cavas de los existencialistas, el surrealismo y Boris Vian, en el Reino Unido anidaba la rebelión a través de la música como forma de alternativa y desobedencia.

Londres había sido durante más de tres siglos el centro del mundo. En la época de la colonización había implantado las reglas de la moda masculina.

La cultura anglosajona, concentrada y concebida en los *college*, preparaba a los jóvenes para tomar el mando y de esa manera establecía, con principios rígidos, la moda de los uniformes de modo que sirvieran tanto para la guerra como para la vida civil. La severa rigurosidad educativa, aplicada tanto a los nobles como a los burgueses, podría representar una de las razones más importantes de que se generara todo lo contrario: el principio de la transgresión.

Hay que recordar que en los años cincuenta se habían inventado los *target teenager*, es decir, el "derecho" de los jóvenes a vestirse de un modo diferente al de los adultos, y de esa manera identificarse a través de atuendos y manierismos propios. Esto originó una explosión de estilos y modas para la nueva generación, que no había podido ponerse ropa diferente a la que se ponían sus padres hasta ese momento. Los niños llevaban pantalones cortos y calcetines, las niñas vestidos más o menos bordados. La pubertad

Corbatas.
Ties.

new heroes were the boys next door, little different from their screaming fans and adoring crowds. Youth became a raging torrent of irrepressible need: young people sought their own archetypes and ways of expressing themselves, so that they too could have access to fame, or be faithful followers and fanatical admirers through the common denominator of rock 'n' roll and the changing spirit of the times.
The Beatles took pains not to subscribe to any particular political ideology. They cared about ideals, that peace and love could be a cure for all evil. Peace, love and imagination are the dominant themes, the common thread of musical creation, at a time when fashion styles lurched into the modern, and people began to dress the way they wanted.
It would be wrong to say that the Beatles came up with their own look. They wore what avant-garde young people were wearing at the time, toned down just a little. Men were already wearing boots by 1965, but when the Beatles sported them, boots became a mass fashion.
When they first came to public prominence, the Beatles wore their hair long. They played gigs at nightclubs in leather jackets because that is what everybody wore. By 1965, their image was already more co-ordinated, following the lead of mod style – a term coined from the French word for fashion, denoting a way of dressing that mocked the bourgeois classes by being even better turned out.
When the Beatles performed, they wore dark suits and ties, and "bowl" haircuts with long fringes. This was precisely the moment when youth style started to become an arbiter of global clothing fashion. In the United States, young people soon tuned in to the hippy look, while rock-inspired fashion cropped up everywhere, even among itinerant poets. Ethnic tastes fired the imagination of kids who grew up in the suburbs; the way people dressed became an outwardly-evident sign of a new way of thinking. While the East and West Coasts of the US succumbed to utopian energy and a desire to change the world, London just kept on swinging. Kings Road and Knightsbridge were where it was all happening, though plenty of the in-crowd – the Beatles included – hailed from elsewhere. Fashion trends and new ways of acting came and went with the trendy boutiques.
An interesting aspect of fashion at this time is how much of this ferment was inspired by a reinterpretation of decadent retro styles. Girls mitigated their miniskirts by wearing maxi coats; early twentieth century, Art Nouveau, Art Deco, floral style and Belle Epoque all jostled for position in the romantic accessories on sale at Biba, the most "in" boutique of the day. Boys could wriggle into embroidered, laméé and velvet garments, in an updated homage to Edwardian and Proustian dandyism. Every look had its own street in London. Aside from the ones we have already mentioned, Carnaby Street offered the latest styles and second-hand clothes, while Saville Row continued to bask in its fame as the purveyor of classic men's clothing (and, every now and then, a mischievous twist).
The Beatles did not have any particular designer or style. Their wives did not go crazy for Mary Quant. The Beatles were impeccably behaved and witty. They had the innocence of Peter Pan, and the way they dressed on stage and in public reflected their times.
As the end of the decade drew near, the Beatles went ethnic. George fell under the spell of India, its musical instruments and the "exotic" sounds of the subcontinent. Young people in the West discovered Indian philosophy, yoga became popular, and many people – the Beatles included – experimented with various drugs.
By 1968, the Beatles were millionaires. Though a great deal has been written about

Chaqueta comprada en la boutique *Apple*, 1968.
Jacket bought at the Apple boutique, 1968.

marcaba el paso a los pantalones largos que muchas veces se acompañaban con una chaqueta que había sido del padre. Una auténtica y verdadera investidura. Todo ello estaba determinado por naciones que tenían a sus espaldas revoluciones de varias clases que habían culminado con la industrial.

Parece evidente que la moda sea un fenómeno con una marca netamente masculina al que se adaptan las mujeres (en el caso de cualquier tipo de uniforme) o al que se contraponen con excesiva ligereza, ostentación y adornos. La distancia abismal que había entre la ropa masculina y la femenina estaba determinada por la "voluntad" masculina de ver a la mujer vestida en función de su sensualidad, mientras la expresión sexual del hombre en su modo de vestir había estado siempre relacionada con el lugar que ocuparan en la jerarquía de poderes. Parece oportuno subrayar que ningún movimiento juvenil se ha generado porque un grupo de chicas se lo haya propuesto. De esa manera, las mujeres se han adaptado siempre al estilo del grupo al que aspiraban llegar a pertenecer.

De ese modo, en los años sesenta se siente admiración por personas completamente diferentes, no tratándose solo de los intocables representantes de la elite o de los divos del celuloide. Los que se iban a convertir en ídolos eran los chicos de la puerta de al lado, los coetáneos de los jovenes gritones, de la multitud en adoración. Un río humano que denunciaba la fuerte necesidad de encontrar arquetipos y lenguajes comprensibles y comunes para poder reflejarse en el mito, para formar parte de estos grupos como fieles seguidores y fanáticos admiradores, unidos y alienados gracias al común denominador de la fuerza del rock y del espíritu de los tiempos.

Los Beatles tuvieron mucho cuidado en no declarar que estaban de acuerdo con una ideología política en concreto. Estaban de la parte de los ideales, sobre todo los de la paz y el amor como remedio contra cualquier tipo de mal.

Paz, amor e imaginación son los temas dominantes, el hilo conductor de las creaciones musicales. También es así el modo de presentarse, vestidos según un determinado guión. No es correcto pensar que los Beatles crearon un modo propio de vestirse. Se ponían lo que los jovenes más audaces se estaban poniendo e incluso con un tono más moderado. Por ejemplo, en el 65 los chicos se ponían botas, pero cuando se las pusieron los Beatles se convirtieron en una moda de masa.

Cuando empezaron a hacerse famosos llevaban el pelo largo. Actuaban en los locales con chaquetas de cuero porque todos se ponían chaquetas de cuero. En el 65 su imagen ya era más coordinada. Evocaban el estilo de los *mods*, término que proviene del francés *mode* y que indicaba un modo de vestirse que tomaba el pelo a la burguesía, mostrándose todavía más pulcros y distinguidos según el modelo tradicional. En la escena se presentaban con trajes de chaqueta oscuros, el pelo cortado con melena y flequillo y también llevaban corbata. En ese momento la expresión juvenil se estaba extendiendo a una forma de globalización con respecto a la ropa. La horda juvenil estadounidense se volvía loca con los hijos de las flores y los hippies, el rock se extendía por todas partes así como los poetas juglares. La onda étnica había hecho mella en los hijos de los suburbios y la manera de vestirse se convertía en un espectáculo que representaba la nueva ideología. Y mientras en la costa este y oeste de Estados Unidos nacía la energía utópica que quería cambiar las cosas, Londres se hacía *swinging*. Kings Road y Knigthsbridge estaban llenos de vida. El estupor era para los que, como los Beatles, venían de "fuera".

Fenómenos de moda y de modos florecían como setas junto a las boutiques.

Por lo que se refiere a la moda es interesante observar que al principio retomaron estilos decadentes, retro. Las chicas se ponían minifaldas a las que daban un tono más austero con abrigos grandes. Los inicios del siglo XX, l´art noveau e decó, los motivos florales y la Belle Epoque se mezclaban con el romanticismo en Biba, la tienda más "in" de la

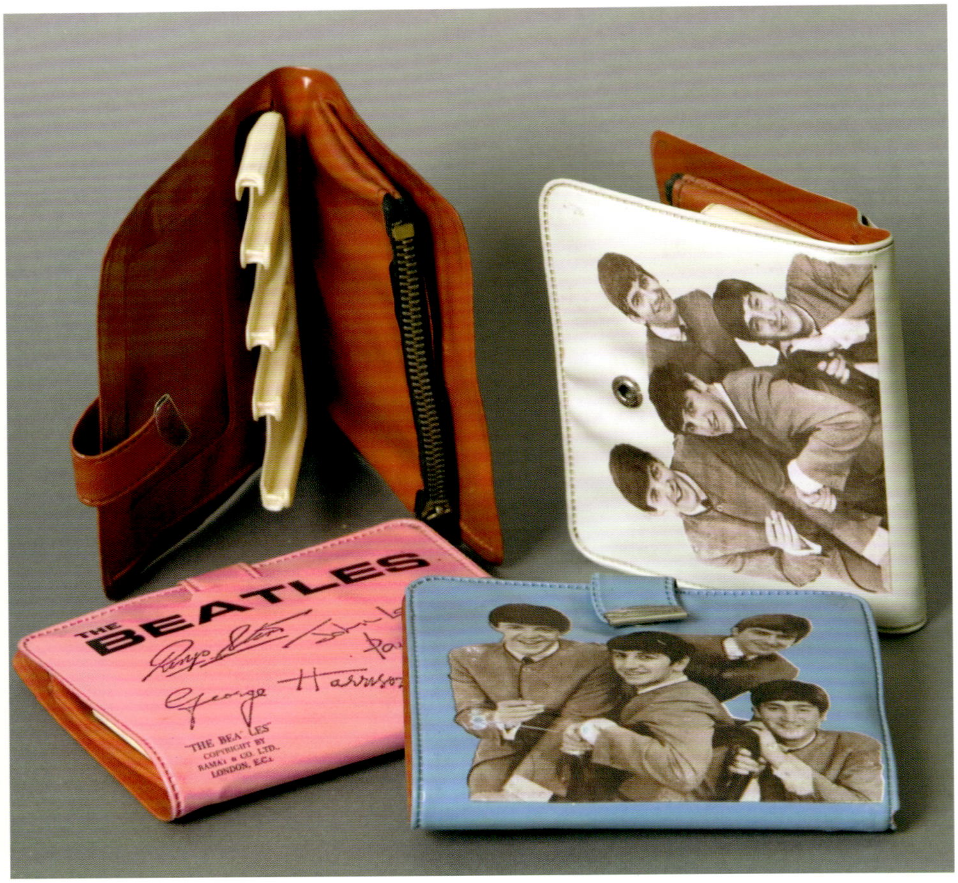

Accesorios.
Various accessories.

them, there is a paucity of research into their sartorial side. They were responsible for the highly-coloured, joyous bedlam of *Sgt. Pepper's* and *Yellow Submarine*, but their stage costumes continued to mimic generic style. When they stopped playing live in 1968, they ran out of opportunities to scandalize their audience with their stage costumes.
The Beatles lure for their fans gradually began to fade.
Differences in the characters of individual members became impossible to ignore, and the demands of such enormous acclaim took their toll; their friend and manager died suddenly at the age of 32; all good things must come to an end; the Beatles had grown up, and their music became far more pregnant with meaning – all reasons why the Beatles stopped playing live and retreated into the studio, where they could let the complex orchestrations they recorded travel the world in their stead.
Musical necessity chimed with their personal desire to retreat into "anonymity", even though they knew it would be hard to roll back their fame and claw back a little of the privacy that they had sacrificed to the media. Such fear can only be clothed with discretion, anonymity and the mundane. The way that the Beatles dressed was in symbiosis with their music. The clothes they wore were the same as the clothes their fans wore. It made little difference whether they had their hair in a bowl cut, long or short, straight or wavy, just as it made little difference if they sported a frock coat, what knot they used on their ties, and whether they wore a tunic or a cassock. What mattered was that they were the spirit of their age. When all is said and done, if people are truly important, fans do not care what they wear.
An individual's face – not his clothes – is the true expression of his personality. Anything else is historically determined. The simple lyrics of the Beatles' unique and unforgettable songs were their real clothes, expressing their desire for a fairer, more just world. The clothes they wore reflected their thoughts, their passions and their hopes.

Medias de nylon, 1964.
Nylons, 1964.

época. Para los chicos se diseñaban bordados, lamé, terciopelo, rindiendo homenaje a un dandismo que recordaba la época de Edward y Proust. Cada tipo de imagen tenía su propia calle en Londres; además de las ya citadas, Carnaby Street ofrecía novedades y ropa usada, mientras Saville Row mantenía su fama de calle para el hombre clásico que quería ser también un poco moderno.

Los Beatles no tenían un estilo ni un diseñador en concreto. Sus mujeres no se volvían locas por Mary Quant. Los Beatles eran amables y divertidos (*witty*). Tenían la inocencia de Peter Pan y su modo de vestirse en la escena y en público reflejaba su época.

En el año 68 también ellos optaron por lo étnico. George se sentía atraido por India, por los instrumentos musicales y por los sonidos "exóticos" de ese país. La juventud occidental estaba descubriendo la filosofía hindú, hacer yoga se puso de moda y muchas personas, entre ellos los Beatles, consumían drogas de todo tipo.

En 1968 los Beatles ya eran millonarios. Sobre ellos se ha escrito muchísimo, pero muy poco sobre su modo de vestir. Fueron artífices de la alegre mezcolanza de colores de *Yellow Submarine* y de *Sgt. Pepper's*, pero su ropa en escena siguió reflejando dócilmente un estilo genérico, que nunca pretendió escandalizar a su público, que no volvió a verles después del 68.

La leyenda de los Beatles rodeados de fans se disolvió poco a poco. Porque las diferencias de caracteres entre ellos se dejaron ver. Porque habría sido inhumano soportar el peso de la multitud de la que había que huir.

Porque su amigo y manager murió repentinamente con 32 años. Porque las cosas realmente bellas no pueden repetirse durante demasiado tiempo.

Porque habían crecido y su música se había hecho todavia más importante.

Necesitaban el estudio de grabación y no la arena, ya que los complejos instrumentos que utilizaban no se podían transportar a los teatros en gira por el mundo. Esta exigencia musical se parece mucho a su deseo de volver a ser físicamente "desconocidos": tenían miedo de la difícil reversabilidad de la notoriedad, de la intimidad que casi no existía por culpa de los medios de comunicación. Este miedo se podía vestir solo con la discreción, el anonimato, lo normal.

La manera de vestirse de los Beatles se mostraba in simbiosis con su música. La ropa que llevaban era exactamente igual a la que se ponían sus fans. Podían llevar melena, pelo corto o largo, rizado, liso, y no se notaba ni siquiera si se ponían una capa o cómo se hacían el nudo de la corbata, si llevaban una túnica o una casaca. Contaban ellos mismos como espíritu de su época. En el fondo, cuando alguien es verdaderamente importante, al público no le interesa su modo de vestir.

El rostro de un individuo es la verdadera expresión de su personalidad. El resto está determinado históricamente. Las palabras simples de las inolvidables canciones de los Beatles que se han convertido en únicas son la verdadera ropa de los Beatles, las que expresan su deseo de un mundo más justo. La ropa que se ponían reflejaba sus ideas, sus pasiones y sus esperanzas.

Chaqueta con capa creada por *The Fool.*
Jacket with cape designed by The Fool.

Apple Corps Ltd. was founded in January 1968, and all four Beatles held the title of president. It was set up on the basis of an assessment of the group's financial situation. Their consultants had informed them that there was a sum of £2,000,000 to invest, otherwise it would go to the tax man, so they created a company with various divisions: Apple Electronics, Apple Films Ltd., Apple Music Publishing, Apple Wholesale, Apple Retail, Apple Television and Apple Records.

These activities were mostly doomed to fail after experiencing serious financial difficulties caused by lackadaisical organization and no real programming, starting with the Apple Boutique that soon closed.

The most successful arm was the one linked strictly to music, Apple Records. Many discs were released, both lps and 45s, but its success derived mainly from those recorded by the Beatles themselves. The others showed the group's good intentions in giving less popular artists a chance, but the results were very disappointing. In terms of sales, the most successful were Badfinger and Mary Hopkin. It is interesting to note that the first artist to be put under contract was James Taylor, whose debut lp came out in December 1968, together with the Modern Jazz Quartet's *Under the Jasmine Tree*. The first album released by the Apple label was *Wonderwall Music* by George Harrison. Apple Records folded in May 1976.

Apple: the various sections

Zapple

An offshoot of Apple, Zapple Records was set up on 3 February 1969. It was devoted to the avant-garde and the experimental, and aimed to reflect the most radical trends linked to the Beatles' music. Zapple released just two albums: *Unfinished Music No. 2 – Life with the Lions* by John Lennon and Yoko Ono, and *Electronic Sound* featuring George Harrison's elaborations on the Moog synthesizer.

Other projects involving poets and intellectuals like Lawrence Ferlinghetti and Allen Ginsberg had been officially announced and were in the pipeline, and a recording of Lenny Bruce's last performance was planned. They were truncated by the decision to prune the Apple universe, and the Zapple workshop was eliminated for good.

Disco de John y Yoko publicado por la etiqueta *Zapple.*
John and Yoko's record released by the Zapple label.

Apple Boutique

This was the least successful of the business ventures created under the Apple umbrella. John and George were the only Beatles present at the opening on 5 December 1967. and Paddington Streets, and the group intended it to be a beautiful place where you could buy beautiful things.

Managed by the Fool, a trio of Dutch designers, and an English PR man, the store was a huge flop, and lost so much money that it had to be closed down only eight months later. On the morning of 30 July 1968 an unusual sale began, at which all the clothes and accessories left on the shelves were given away. The operation, which soon turned into a happening, was not officially advertised. But word got around and there was fairly large crowd – controlled by the police – outside the Apple Boutique.

Interior de la cubierta del disco editado en Italia *Una sensacional entrevista con los Beatles.*

Inside sleeve of Una sensazionale intervista con i Beatles *released in Italy.*

La *Apple Corps Ltd.* fue fundada en enero de 1968 y los cuatro Beatles tenían el cargo de presidentes de la sociedad que se había creado para consolidar la situación financiera del grupo. Los asesores les habían señalado que había una cifra de dos millones de libras que se podían invertir, que si no habrían terminado en las arcas del estado.
Por esta razón tomaron la decisión de crear una sociedad con varias secciones: *Apple Electronics, Apple Films Ltd., Apple Music Publishing, Apple Wholesale, Apple Retail, Apple Television y Apple Record*. El balance de estas actividades, empezando por la boutique que cerró al cabo de muy poco tiempo, fueron negativos, con graves dificultades debidas a una organización alegre y a una programación poco seria. El ejemplo más claro es precisamente el de lo estrictamente musical, la *Apple Records*, que publicó muchos álbumes y discos a 45 revoluciones, pero solo tuvieron éxito los que habían grabado los mismos Beatles. Los otros demostraron la buena voluntad del grupo de dar espacio a propuestas menos populares, pero los resultados fueron muy decepcionantes. Los que dieron un mejor resultado desde un punto de vista comercial fueron Badfinger y Mary Hopkin. Es importante mencionar que el primer artista que firmó un contrato fue James Taylor, con su LP que salió en diciembre de 1968 junto al *Under The Jasmine Tree* del Modern Jazz Quartet. El primer álbum que salió con la etiqueta Apple fue *Wonderwall Music*, de George Harrison. El telón de la *Apple Records* caerá en mayo de 1976.

Apple: las rodajas de la manzana

Ilustración de Water Molino publicada en *La Domenica del Corriere*, 1968.
Illustration by Walter Molino published in La Domenica del Corriere, *1968.*

Zapple

De una costilla de la *Apple* nace el 3 de febrero de 1969 la *Zapple*, segmento experimental y de vanguardia, destinado a las tendencias más radicales que se habían creado alrededor de los Beatles. Solo son dos los álbumes terminados y que aparecieron en el mercado: salieron el 9 de mayo de 1969 y se trata de *Unfinished Music No. 2 – Lifewith the Lions* de John Lennon y Yoko Ono, y *Electric Sound*, elucubraciones con el sintetizador Moog de George Harrison.
Había otros proyectos que ya se habían puesto en marcha y anunciado oficialmente, en los que participaban poetas e intelectuales como Lawrence Ferlinghetti y Allen Ginsberg y también se había programado un álbum con la ultima *performance* de Lenny Bruce, pero se vieron interrumpidos por la decisión de cortar las ramas secas del universo *Apple*. De este modo el laboratorio Zapple será definitivamente cerrado.

Apple Boutique

Fue la menos afortunada de la iniciativas empresariales de la marca *Apple*. La boutique se inauguró el 5 de diciembre en Londres y solo estaban presentes John y George. Estaba en la esquina de Baker Street con Paddington Street y según la intención de los Beatles habría debido ser "un lugar bonito donde comprar cosas bonitas".
Un terceto de holandeses y un inglés experto en relaciones públicas se ocupaban de la tienda, que resultó ser un clamoroso fracaso, con unas cuentas que obligaron a que fuera cerrada después de solo ocho meses.
La mañana del martes 30 de julio de 1968 inició una extraña forma de liquidación, en la que se regalaban los vestidos y los accesorios que estaban en los estantes. A esta operación, que se trasformó rapidamente en un *happenning*, no se le dio publicidad, pero gracias al boca a boca se reunió delante de la *Apple* boutique una discreta multitud controlada por la policía.

RICHARD LESTER AND THE BEATLES

Where cinema is concerned, he Beatles' name is indissolubly linked to that of the director Richard Lester. He was born in Philadelphia in 1932, and moved to England after completing his studies. There he debuted in television and went on to work in film. A contemporary of the "angry young people" who were changing social mores at an international level, Lester immediately displayed talent and originality. He mixed quirky British humour with American "nonsense" and "burlesque" to deconstruct the narrative language, and his idiosyncratic style fairly exploded in "A Hard Day's Night" (1964), the group's first film.

Lester gave the Beatles a lot of freedom, compared with Fifties' and Sixties' musicals where the singer was cast as a character in a genre story. He did not confine them to specific roles, but allowed them to be who they were: free, witty, irreverent young musicians who were truly gifted. In the first and second Beatles film "Help!" (1965) the director created a narrative structure in sections, within which the Beatles could remain faithful to the script but "use their own words", then he employed a form of syncopated editing that is now used as a model. It was during Lester's Beatle period that he received international recognition, winning the Golden Palm at the Cannes Film Festival for "The Knack and How to Get" (1965). He worked with the group until 1967, the year he made "How I Won the War", an antimilitarist comedy in a surreal vein, in which John Lennon not only shows that he can act well, but distances himself from the band by creating an image that he was never to abandon (built around his antiwar sympathies, zany spirit, and especially those wire-framed granny glasses that became a "cult" object for an entire generation).

Lester wound up his career by signing a number of box-office hits in Hollywood and then resuscitating the myth of the Beatles in "Get Back" (1991), a documentary on Paul McCartney's American tour.

RICHARD LESTER Y LOS BEATLES

El nombre de los Beatles en la gran pantalla está vinculado en gran manera a la figura de Richard Lester. Nace en Filadelfia, en Estados Unidos en 1932, terminados sus estudios emigra a Inglaterra, donde debuta primero en televisión y después en cine. Coetáneo de los jóvenes "airados" que estaban cambiando la historia de los modelos de comportamiento a nivel mundial, Lester muestra desde el principio talento y originalidad. Su estilo consiste en fundir el excéntrico sentido del humor británico con el "non sense" del "burlesque" americano, creando una discontinuidad del lenguaje narrativo, que se verá en toda su plenitud en "A Hard Day's Night", 1964, la primera película del grupo.

Con respecto a las películas musicales de los años 50 y 60, que utilizaban al cantante como figura dentro de un historia de género, Lester dirige a los Beatles con total libertad. Es decir, no les sofoca en un determinado papel o personaje, sino que los utiliza por lo que realmente son, unos jóvenes músicalmente dotados, libres, divertidos e irreverentes. Tanto en la primera como en la segunda película del grupo, "Help!", 1965, el director crea una estructura narrativa mediante bloques, dentro de los cuales los Beatles pueden seguir el guión "con sus propias palabras" e interviene después con un montaje sincopado que creará escuela. El periodo "Beatles" coincide con la revelación mundial de Lester, que en esos mismos años gana el Festival de Cannes con "The Knack... and How to get It", (The Knack... y cómo conseguirlo, 1965). El director acompañará al grupo hasta 1967, año en el que realizará "How I Won the War" (Cómo gané la guerra), una comedia antimilitarista surrealista, en la que John demuestra su talento como actor, y además, se separa del grupo creándose una imagen que no abandonará (el antimilitarismo, el espíritu lunático y sobre todo esas gafas redondas con armadura de hierro, que se convertirán en el objeto "cult" de una generación)

Lester terminará su carrera en Hollywood firmando algunas películas que tuvieron mucho éxito, antes de hacer revivir una vez más el mito de los Beatles con "Get Back" (1991), documental sobre la gira americana de Paul McCartney.

Partituras musicales
con textos italianos.
Sheet music with Italian texts.

Portada de *La Domenica del Corriere* diseñada por Walter Molino, 4 de julio de 1965.
La Domenica del Corriere *cover illustrated by Walter Molino, 4 July 1965.*

…ladà
…esto originale e Musica di
… LENNON - P. McCARTNEY
…dischi Parlophon)
…(DISCHI RICORDI S.p.A.)
RITMI E CANZONI - Milano

Un successo mondiale dei BEATLES - Dischi PARLOPHON
UN SOTTOMARINO GIALLO
(YELLOW SUBMARINE)
Testo italiano di MOGOL
Testo originale e Musica di
J. LENNON - P. McCARTNEY
edizioni musicali RITMI E CANZONI milano

File Under: The Beach Boys
T 2458
The Beach Boys
Pet Sounds
Sloop John B./Caroline No
Wouldn't It Be Nice/You Still Believe In Me
That's Not Me/Don't Talk (Put Your Head on My Shoulder)
I'm Waiting For The Day/Let's Go Away For Awhile
God Only Knows/I Know There's An Answer/Here Today
I Just Wasn't Made For These Times/Pet Sounds
Capitol
RECORDS
TO JOHN —
D. HALL

LP con dedicatoria que Brian Wilson regaló a John Lennon.
Lp with dedication from Brian Wilson to John Lennon.

Publicado en 1966, y todavía considerada la obra maestra de los Beach Boys, el álbum fue concebido por el líder del gupo Brian Wilson como una respuesta, en una especie de competición estimulante, al magnífico trabajo de los Beatles con *Rubber Soul.*

A su vez, los Beatles, especialmente John y Paul, no escondieron nunca su admiración por el trabajo de los colegas americanos, añadiendo en más de una ocasión haberse inspirado en *Pet Sounds* para crear su obra maestra: *Sgt. Pepper's.*

Las crónicas de la época añaden que una vez realizado *Sgt. Pepper's* por parte de los Beatles, Brian Wilson entró en una profunda y grave crisis depresiva considerando el trabajo de los *Fab Four* una meta inalcanzable para cualquiera.

En la exposición se encuentra la copia original del LP *Pet Sounds* con el autógrafo de Brian Wilson, regalada por él mismo a John Lennon en una ocasión que se vieron en Londres en 1966.

Pet Sounds

Released in 1996, and still considered the Beach Boys' masterpiece, *Pet Sounds* was composed by the group's leader, Brian Wilson, as an inspired response to the Beatles' magnificent *Rubber Soul*.

In their turn the Beatles, especially John and Paul, never hid the fact that they admired their American colleagues' work, saying on more than one occasion that they had found *Pet Sounds* stimulating when they were composing their own masterwork, *Sgt. Pepper's Lonely Hearts Club Band*.

News reports of the period tell us that Brian Wilson went into deep depression when the Beatles made *Sgt. Pepper's*, because he felt that it was impossible to better the work of the Fab Four.

Shown here is the copy of the lp *Pet Sounds* that Brian Wilson signed and personally gave to John Lennon when they met in London in 1966.

Klaatu
Con el nombre tomado de un extraterrestre en la película *The Day the Earth Stood Still* (Ultimátum a la Tierra), película de ciencia ficción de 1951, el grupo canadiense liderado por el batería y autor Terry Draper se hizo increíblemente famoso gracias al rumor muy difundido de que los Klaatu eran en realidad los Beatles que se habían vuelto a juntar. Artículos e informaciones no verificadas dieron más fuerza al rumor, hasta el punto de que se llegó a descubrir que la voz del solista era casi idéntica a la de Paul McCartney y que en una canción, si se escuchaba al revés, se podían oir mensajes reveladores. Y todo ello mientras su manager Frank Davies, no desmentía a propósito el equívoco.
Lo que es cierto es que el álbum homónimo, que salió en agosto de 1976, se vendió muy bien, mucho más que los otros que los Klaatu, que se separaron en 1981, hicieron en el resto de su carrera.

Leyendas metropolitanas

Masked Marauders
En 1969 se habló de un super grupo fantasma, una banda que contaba con la participación de célebres personajes del circuito pop-rock. En esta linea se tenían que imaginar nombres como John Lennon, Paul McCartney, George Harrison, Bob Dylan y Mick Jagger. Esta noticia adquirió más fuerza gracias la revista Rolling Stone que en el número del 18 de mayo hacía una crítica del disco, atribuyendo la producción a Al Kooper. Algunas canciones se transmitieron en emisoras de radio de San Francisco y Los Angeles. El juego, inventado con un sentido del humor sagaz por un crítico conocido, Greil Marcus, tuvo un eco formidable y el álbum, ejecutado en realidad por una banda semiprofesional de Berkeley, fue editado por la Warner Bros con buenas ventas y una colocación sorprendente en las listas de éxitos.
En el año 2002 la Rhine publicó una edición CD numerada: *The Masked Marauders – The Complete Deity Records.*

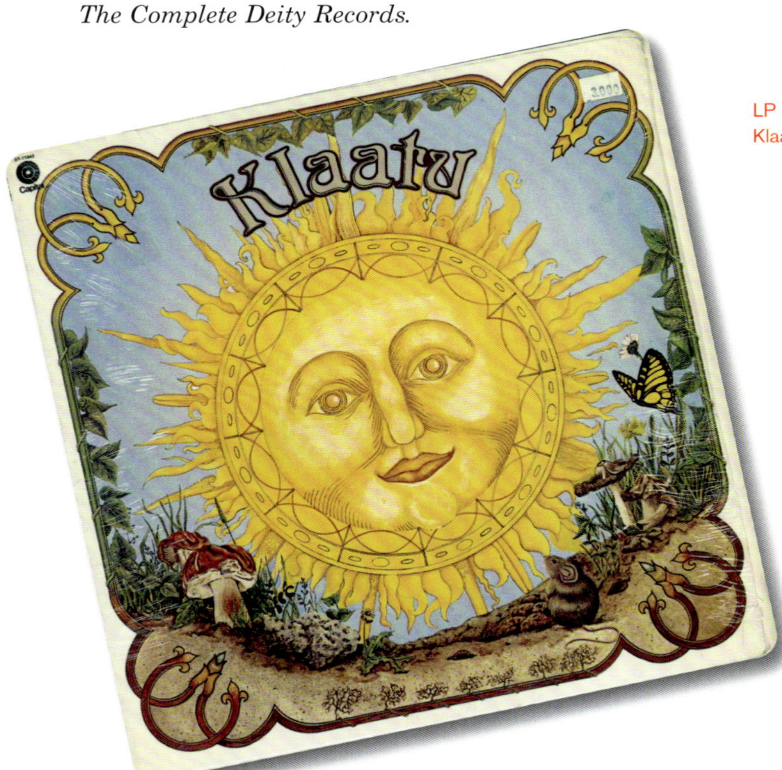

LP *Klaatu*
Klaatu *lp.*

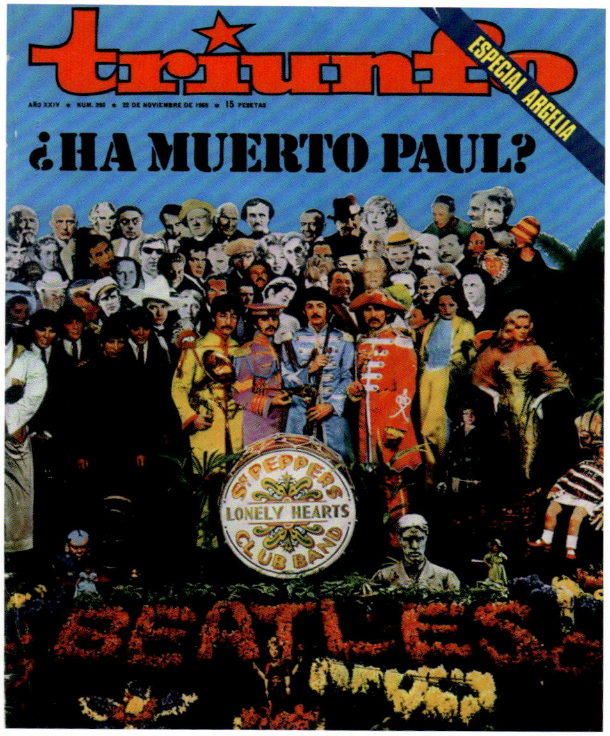

Revista española
Spanish magazine.

Paul is dead

Junto a muchas otras leyendas metropolitanas reservadas a los grandes del pop-rock, la de la presunta muerte de Paul es la más persistente. Según las tesis de los históricos, acumuladas pacientemente a lo largo de los años, McCartney habría muerto en un accidente de coche los primeros días de noviembre de 1966 y desde entonces lo habría sustituido un sosia, un tal William Campbell.

Para confirmar esta teoría se han hecho reconstrucciones minuciosas, con detalles relacionados en todas las portadas de los álbumes y singles publicados después del fúnebre evento. Encontramos varias "pruebas" también en canciones, grabaciones de video y aspectos diversos de la vida pública de los otros Beatles.

Se han llegado a contar hasta nuestros días más de 350 y, para la alegría de los conspiradores, siguen aumentando, como se señala con abundancia de detalles en el sitio www.paulisdead.co.uk y en parte recogidos de los varios textos publicados a lo largo de los años. En Italia también se ha publicado un libro en este sentido: *Il caso del doppio Beatle – Il dossier completo sulla "morte" di Paul McCartney*, de Glauco Cartocci, Robin Edizioni, 2005.

Citamos algunos de los indicios que consideramos más sugestivos: en la foto interna de *Sgt. Pepper's* en la chaqueta de Paul aparece una etiqueta con la sigla OPD, que significa "Officially Pronounced Dead" (oficialmente declarado muerto). Por otra parte, en la contraportada, Paul está de espaldas, casi como si ello indicara su ausencia.

En la portada de *Magical Mistery Tour* aparece una figura con una máscara oscura, de morsa, en una figura que recuerda la crucifixión: se trata de Paul y el león marino que en algunas culturas es un símbolo de muerte.

Pero es toda la canción *I Am the Walrus* la que está llena de referencias. La más clamorosa la encontramos en los últimos segundos de la canción donde los coros onomatopéyicos, escuchados al contrario, dejarían al descubierto una especie de letanía: "Paul is dead, Paul is dead" (Paul está muerto, Paul está muerto). También está llena de símbolos la foto de Abbey Road en la que Paul aparece descalzo, con los ojos cerrados, con el paso diferente de los otros, como si estuviera participando en una procesión fúnebre. Periódicamente, con buen ritmo, se añaden otras sugerencias: a cada cual la suya...

Miniaturas realizadas como homenaje a Abbey Road.
Statuettes inspired by Abbey Road.

Klaatu
Named after the alien in the sci-fi movie *The Day the Earth Stood Still* (1951), the Canadian group led by the drummer and songwriter Terry Draper achieved considerable fame thanks to the fast-spreading rumour that the Klaatu were in fact the Beatles who had reunited. A welter of unverified articles and news reports fired the gossip, and a number of checks were carried out. They revealed that the solo voice was almost identical to Paul McCartney's and that one track, if played backwards, revealed telling clues. The group's manager Frank Davies remained noncommittal.
The fact remains that the eponymous album, which came out in August 1976, sold very well, far better than all the other discs that the Klaatu, who disbanded in 1981, made during their career.

Metropolitan legends

Masked Marauders
In 1969 people were talking about a phantom supergroup whose line-up was said to be composed of stellar names on the pop-rock circuit: John Lennon, Paul McCartney, George Harrison, Bob Dylan and Mick Jagger. Its existence was given credibility by a review of *The Masked Marauders*, the album supposedly cut by the supergroup, in *Rolling Stone* of 18 May 1969, which named Al Kooper as the producer. Some of the tracks were broadcast prior to release on San Francisco and Los Angeles radio stations. The whole thing turned out to be a hoax, wittily concocted by the eminent critic Greil Marcus. Nonetheless it created a big stir and the album, which had actually been recorded by a semi-professional band from Berkeley, was released by Warner Bros., sold well and climbed surprisingly high in the charts.
In 2002, a limited cd edition, entitled *The Masked Marauders – The Complete Deity Recordings*, was released by Rhino.

Disco 45 revoluciones francés.
French single.

Paul is dead
Of the many metropolitan legends surrounding great pop-rock artists, the one about Paul's supposed death is, well, undying. According to theories painstakingly evolved over the years by those who are firmly convinced it is true, McCartney died in a car accident at the beginning of November 1966 and has been replaced by his double, a certain William Campbell, ever since.
These theories have been supported by meticulous reconstructions based on details culled from the covers of all the albums, single plays and extended plays released after the tragic event. Various pieces of 'evidence' are to be found in the songs, videos and certain aspects of the remaining Beatles' public life. More than 350 have emerged to date and continue to do so – to the delight of those intent on unravelling the plot. They are listed in full detail on www.paulisdead.co.uk, and some have been included in different texts published through the years. A book on the subject came out in Italy, entitled *Il caso del doppio Beatle – Il dossier completo sulla "morte" di Paul McCartney*, by Glauco Cartocci, Robin Edizioni, 2005.
Here are some of the most "revealing" clues: in the photo inside the *Sgt. Pepper's* sleeve,

Paul has a badge with the letters OPD, which stands for "Officially Pronounced Dead", on his jacket; on the back of the sleeve, he is seen from behind, as if to indicate his absence.
On the cover of *Magical Mystery Tour* there is a figure wearing a dark walrus mask, in a position reminiscent of the Crucifixion: it is Paul and in some cultures the walrus is a symbol of death.
But it is the song "I Am the Walrus" that is bursting with clues, the most "conclusive" appearing in the last few seconds of the song where the onomatopoeic backups, when played backwards, are transformed into a kind of litany: "Paul is dead, Paul is dead."
The *Abbey Road* sleeve photo is also highly symbolic: Paul is barefoot, has his eyes shut and walks differently from the others, as if taking part in a funeral procession.
Other hypotheses are regularly put forward: to each his own…

Doble EP, *Magical Mystery Tour*.
Magical Mystery Tour *double ep.*

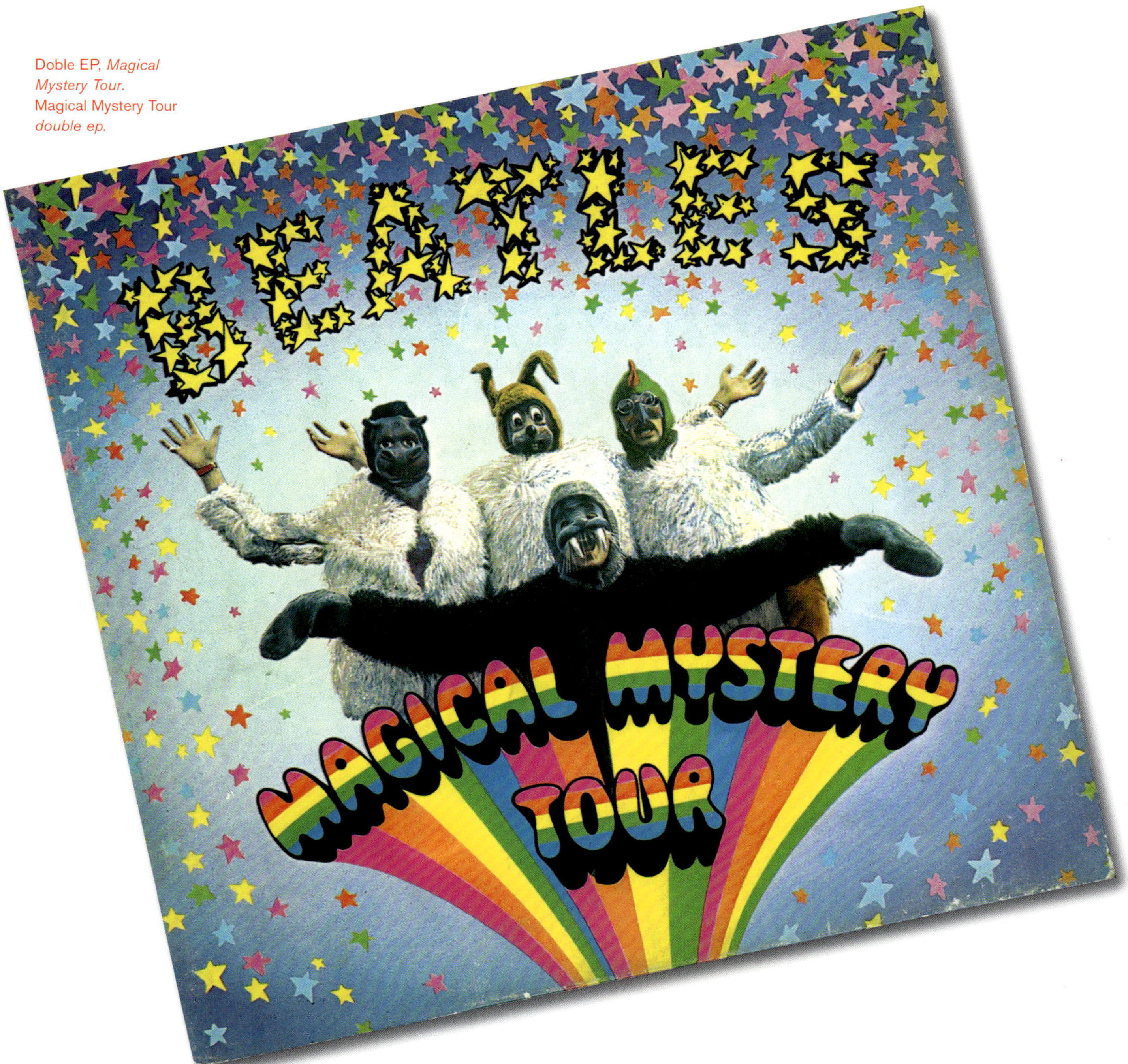

GABRIELE SALVATORES

ERA UN MUCHACHO COMO YO...

Me encantaban los Beatles, y me encantan todavía. Sin embargo, antes que ellos, eran los Rolling Stones los que colmaban mis fantasías cuando era un joven con corazón de músico que estaba descubriendo el rock. Por este proceso seguramente han pasado muchas otras personas, pero para mi fue algo lento y progresivo, algo de lo que tomé conciencia poco a poco después de un largo periodo de tiempo. Empecé a interesarme en el mundo de la música en los años 1963-64, y fue algo repentino y decisivo, una especie de ola impetuosa que cambió mi vida completamente. He oído decir que a un colega mío le pasó lo mismo, Wim Wenders. El rock le ha guiado e inspirado, como me ha ocurrido a mi. Sin la música, ese tipo de música que empecé a conocer cuando era un adolescente, ahora sería probablemente un abogado, la profesión de mi padre, que en ese momento parecía la alternativa más segura y razonable. Por una cuestión de tiempo y coincidencia, crecí con los grupos de la llamada "British Invasion", es decir, los grupos que salieron como setas en los años de mi formación. Era un periodo en el que escuchaba muchos discos y tocaba con mis amigos y compañeros del colegio. Tenía una guitarra maravillosa, una Fender Telecaster, y con ella me emergía totalmente en la canciones que más me gustaban, desde "Satisfaction" a "My generation", y en otras de grupos que seguía paso a paso, como Animals, Kinks, Yardbirds, además de Who y Rolling Stones. Por supuesto ya conocía a los Beatles entonces, pero su música me parecía más difícil de tocar. De una canción a otra cambiaban completamente, el lenguaje, el sonido, el clima y me costaba clasificarlos en una familia concreta, justamente donde los otros grupos mantenían bien claros los puntos de referencia del blues y el rock'n'roll.

Aquel periodo fue formidable porque la música, la energía que emanaba de ciertas canciones, los mensajes explícitos y con estos los más escondidos, subliminales, resultaron ser fundamentales para muchas personas. Antes de la política, de las ideologías, del contenido cultural que traería consigo el movimiento del 68, fue precisamente la música la que nos guió y nos ayudó a elegir, como si fuera una especie de camino maestro, sin regreso. Los sonidos así como las imágenes a las que estaban vinculados, tenían una fuerza increíble y la guitarra distorsionada de Richards fue para mi una de las principales sugestiones juveniles. "Sympathy for the Devil" es una especie de manifiesto, vi a los Stones en el Palalido de Milán, y entre las varias razones de fascinación indirecta, el hecho de que Godard y su cine se ocupara de ellos no me dejaba indiferente. Y además Keith tenía esa mirada dura, mordaz, belicosa, que daba por sí misma muchas respuestas. El repertorio de los grupos en los que militaba tenía como punto de referencia un tipo de rock donde las guitarras eran muy importantes, y esto es verdad hasta el punto de que la experiencia más importante, con una pequeña historia acumulada en los locales milaneses posteriormente, tenía un nombre que rendía homenaje a Frank Zappa, tomado de su canción: "Spontaneous Apple Creation". Un nombre que pensándolo bien, como una especie de sortilegio involuntario, contenía la palabra "apple", una señal del destino. Por otra parte en aquella época, estábamos en el 1967-68, aparecieron los primeros signos de psicodelia y todos probábamos a seguir, a intentar entender qué hacía la gente como Pink Floyd... La verdad es que a los Beat-

les los veía de un modo diferente, pero esta decisión de mantener un poco las distancias no tenía porqué existir realmente. Entonces, su primera versión, la de chicos pulcros y bien educados, estaba cambiando de un modo rápido y drástico y además acababa de salir un disco mágico, magnífico y misterioso que había que descifrar, "Sgt. Pepper's". Algunas personas estaban empezando a dudar que su obra no estuviera solo destinada a consistir en canciones sencillas y bonitas, buenas desde un punto de vista comercial. El trabajo de los Beatles miraba hacia delante y lo que componían era como un mundo aparte. Más tarde habría analizado esta cuestión para determinar lo importantes que eran desde un punto de vista musical, de arquitectura y contenidos, pero ya cuando tenía veinte años empecé a sospechar algo. Y estudiándolos, descubriré cuales son los tesoros auténticos que hay en sus composiciones, observados desde diferentes perspectivas, en la estructura armónica, melódica, en las letras y los efectos que aparecían en los discos de los Beatles antes que en los de los demás. Jagger y Richards supusieron el momento de cambio y aún hoy representan, mejor que todos, el espíritu del rock'n'roll, pero los Beatles transformaron totalmente la música del siglo XX, algo que también hizo a su manera Jimi Hendrix. No hay muchos artistas de los que podamos hablar de esta manera, por supuesto uno es Mozart, otro que me encanta por su fuerza visual y teatral es Rossini, pero los Beatles, en el contexto en el que funcionaron, los pondría a un nivel más alto. Basta pensar en cuanto han sido reinterpretados, como demuestra por ejemplo como se trataron sus canciones en Love, un disco ingenioso. Hay algunas canciones que, ahora que sigo tocando la guitarra por pasión, son un puro placer para los dedos y los oídos de quien las toca. Pienso en "Something" y en "While My Guitar Gently Weeps". Se trata de auténticas joyas, porque, contrariamente a lo que piensan muchos George también era un gran músico. Pero no cabe duda de que lo que hicieron Lennon y McCartney fue algo increíble, algo que no se ha vuelto a hacer en el campo del arte musical pop, donde una pieza de 3-4 acordes va seguida de otra con una construcción mucho más compleja, innovativa, inaudita. Todo esto lo digo de un modo frío y análitico, dejando de lado la cuestión emotiva que estaría influida por mi juventud, ya que se trata de auténtica Historia. Creo que algunas piezas de "Revolver", "Sgt. Pepper's" o del "White Album" son auténticas obras maestras, discos que no me canso de escuchar; una canción como "Dear Prudence" es un ejemplo de gran calidad de minimalismo contemporáneo. Además, habría que subrayar que la unión entre Paul y John ha enriquecido ulterior y recíprocamente sus propiedades y características. Por lo que a mi se refiere, he sido siempre más "lennoniano", pero sería un locura subestimar el genio de McCartney. El primero creaba un tipo de poesía menos convencional mientras al segundo no se le podía criticar y muchas veces era perfecto por lo que se refiere a las soluciones musicales que inventaba. Si puedo hacer una comparación con el cine, diría que existen directores que hasta en las películas menos conseguidas son perfectos, formalmente extraordinarios, como Spielberg, que veo siempre con gran placer. Sin embargo, si tengo que buscar una inspiración, aferrar una idea, tal vez me dirija hacia Cronenberg que es un irregular con ideas únicas y sorprendentes. En el periodo de oro Paul y John han unido sus mundos como ningún otro habría sabido hacerlo, y menos mal que los dos existieron y se conocieron. ¡Un auténtico milagro del que ha gozado la humanidad entera!

Por lo que a mi se refiere, desde que me he dedicado al cine, he intentado citar a los Beatles, y teniendo en cuenta que los derechos de autor para utilizar sus canciones son carísimos, he dejado a mis actores esta tarea: Paolo Rossi y Gigio Alberti que montados en una moto, viajando por Milán, en "Kamikazen" cantan "All My Loving", y Ian McNeice que en "Amnesia" hace el papel de un traficante de droga que, a punto de morir por un disparo, cae mientras canta el principio de "Strawberry Fields Forever", "...let me take you down..." Tal vez sea un modo un poco misterioso de proclamarmi condición de "beatlesiano", pero los modos de declarar el amor son infinitos.

GABRIELE SALVATORES
THERE WAS A KID LIKE ME WHO...

I was crazy about the Beatles, and I still am. Before them, however, it was the Rolling Stones who fired my imagination as a youth, and meant the most to me as a budding musician who was fast discovering rock. A lot of other people probably went through this transition, which for me was gradual and progressive, something I became conscious of step by step.

I first became interested in music in 1963–64. It had an immediate impact on me, an overwhelming effect that changed my whole life and turned everything upside down. I have heard fellow director Wim Wenders say the same thing. Rock has guided and inspired him, as it has me. Without music, especially the kind I became familiar with as teenager, I would probably be a lawyer now, like my father, since it appeared to be the safest and most logical path to follow then.

I happened to grow up with the groups of the so-called "British Invasion", those bands that sprang up like mushrooms when I was finding my feet.

During that period I listened to as many records as possible and played music with friends and schoolmates. I had a fantastic guitar, a Fender Telecaster, and used to lose myself completely in my favourite riffs, from "Satisfaction" to "My Generation", and the various songs of the groups I followed, such as the Animals, Kinks and Yardbirds and naturally the Who and the Rolling Stones.

I was already listening to the Beatles' music then, but it seemed trickier to play: the feeling, language, sound and atmosphere would change from one song to the next. I found it difficult to place the group in a specific category, while other bands were clearly rooted in the blues or rock 'n' roll.

It really was an extraordinary period, because the music, the energy generated by certain songs and the explicit, but also more hidden and subliminal messages, were so important for so many people. Prior to the politics, ideologies and cultural baggage that led to the 1968 protest movement, it was music that determined orientation and stance, like a highway with no way back.

The sounds, like the images indissolubly linked to them, had an explosive force, and Keith Richards' distorted guitar really drove me wild when I was young: "Sympathy for the Devil" is like a manifesto – I saw the Stones at the Palalido in Milan – and their multifaceted secondary appeal also derived from the fact that Godard had dealt with them in his movies, which certainly was not lost on me.

The repertoires of the bands in which I played centred on guitar rock, so much so that the most important one (we did a series of gigs in the Milanese clubs a few years later), was named after Frank Zappa's "Spontaneous Apple Creation". A name that contained the word "apple" by accident, but which proved to be a sign of destiny. Moreover, at that time – it was 1967–68 – the first signs of psychedelia were emerging and we were all following musicians like Pink Floyd and trying to understand what they were doing... In other words, I saw the Beatles as if they were on the opposite side, which was not at all the case. Their early image of clean-cut, well-mannered boys was changing rapidly, drastically, and their bril-

liant, magical and enigmatic album "Sgt. Pepper's Lonely Hearts Club Band", had just been released and still had to be deciphered.

In short, people had begun to realize that the group was destined to do more than create nice, simple commercial songs; in fact, the Beatles' research looked ahead and they were shaping a world in itself.

Later, I would analyze this further to determine how great they were on a strictly musical level, from the point of view of architecture and content, but at twenty I already had an idea of their stature. When I began to study them from different angles, I perceived the richness of their compositions, of their harmonic and melodic structures and of their lyrics and effects, which were way ahead of their time.

Jagger and Richards constituted a turning point and are still the standard bearers of rock 'n' roll, embodying its spirit better than anyone. But it was the Beatles who truly transformed twentieth-century pop music, rather like Jimi Hendrix did, but in another key and from a different perspective. There are not many musicians to whom such merits and characteristics can be attributed. I would certainly put Mozart in this class, and I admire Rossini for his visual and theatrical impact. But, considering the context in which the Beatles were active, I would put them at the top, also because their songs can be reinterpreted and reinvented, as can be seen from the way they are rendered on the ingenious album "Love".

I still like to play my guitar, and there are various pieces that are sheer joy to the fingers and the ears of a musician. I am thinking of "Something" and "While My Guitar Gently Weeps". These are absolute gems because, contrary to what most people think, George was also an amazing talent.

Clearly, the compositions by Lennon and McCartney have no parallel in the field of pop music; for example, a song based on 3-4 chords would be followed by one with a much more complex and innovative structure that was simply astounding. This is a part of music history and I have analyzed it objectively, rather than allowing it to be coloured by youthful emotions. I consider some tracks on "Revolver", "Sgt. Pepper's" and the "White Album" to be absolute masterpieces, and I never get tired of listening to these albums. "Dear Prudence", for instance, is a superb minimalist composition.

It is also important to stress how the partnership between Paul and John mutually enriched their particular talents. I always tended to be more of a Lennon person myself, but it would be absurd to even attempt to diminish McCartney's genius. John's gift for poetry was less conventional, while Paul could not be faulted and often came up with perfect musical solutions.

To draw a parallel with cinema, there are impeccable directors, like Spielberg, who come up with remarkable formal solutions even in their less successful films, and I always love to watch his movies. However, if I'm looking for inspiration or want to capture something new, I watch Cronenberg who is nonconformist, and always comes up with unique, innovative ideas.

During their golden period Paul and John combined their worlds in a way that no one else could: thank God they both existed and met. It was a real miracle from which all humanity benefited!

In my own small way, I have always sought to cite the Beatles in my films, but since the rights to use their songs cost the earth, I have always done it through my actors: in "Kamikazen", Paolo Rossi and Gigio Alberti sing "All My Loving" to themselves as they head towards Milan on a scooter, and in "Amnésia", when the drug dealer played by Ian McNeice is mortally wounded and collapses on the ground, he mutters "Let me take you down...", the beginning of "Strawberry Fields Forever".

Maybe this is a rather cryptic way of communicating my admiration for the Beatles, but there are countless ways of declaring love.

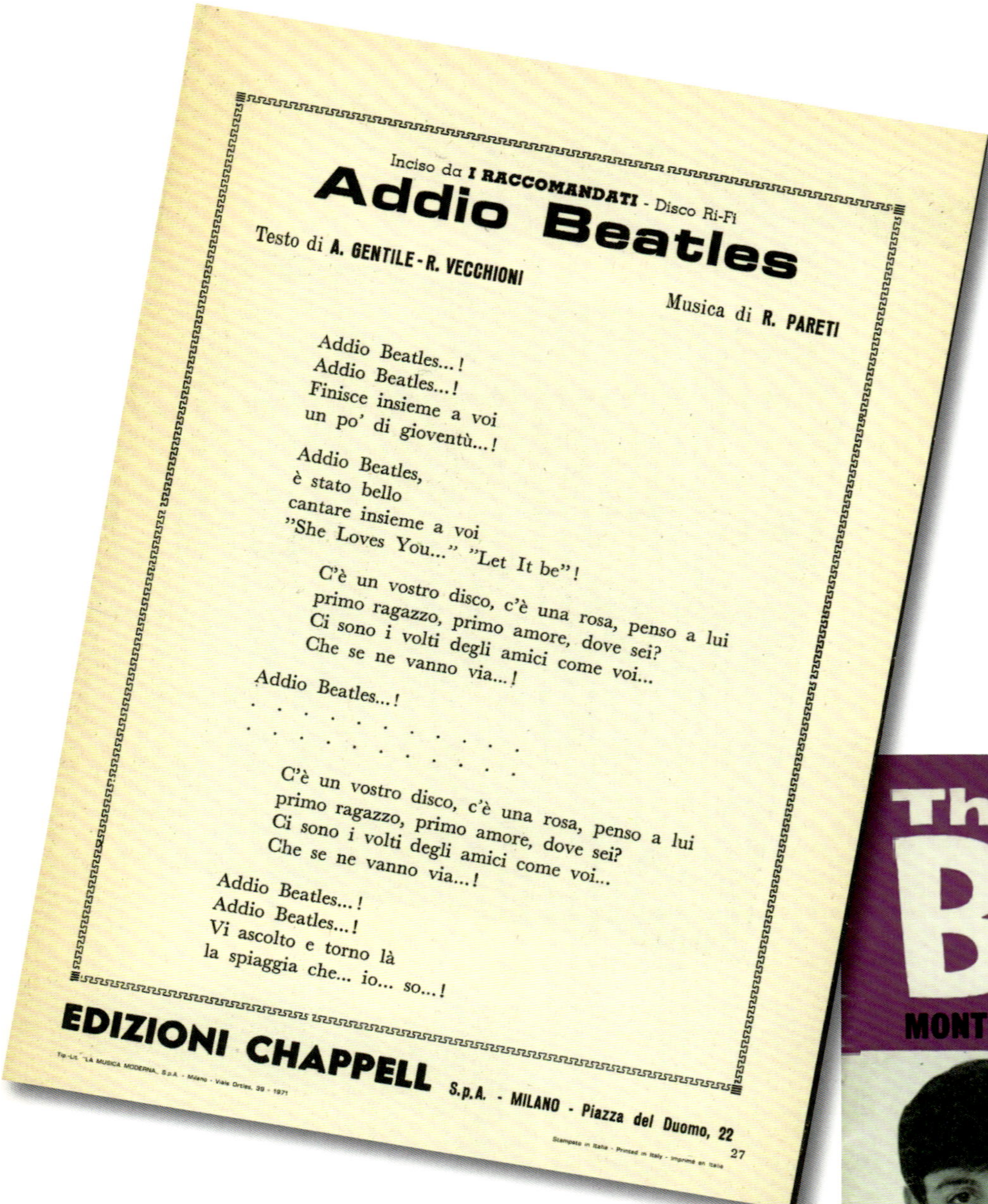

Inciso da **I RACCOMANDATI** - Disco Ri-Fi

Addio Beatles

Testo di **A. GENTILE - R. VECCHIONI**

Musica di **R. PARETI**

Addio Beatles...!
Addio Beatles...!
Finisce insieme a voi
un po' di gioventù...!

Addio Beatles,
è stato bello
cantare insieme a voi
"She Loves You..." "Let It be"!

C'è un vostro disco, c'è una rosa, penso a lui
primo ragazzo, primo amore, dove sei?
Ci sono i volti degli amici come voi...
Che se ne vanno via...!

Addio Beatles...!
. . . .
. . . .

C'è un vostro disco, c'è una rosa, penso a lui
primo ragazzo, primo amore, dove sei?
Ci sono i volti degli amici come voi...
Che se ne vanno via...!

Addio Beatles...!
Addio Beatles...!
Vi ascolto e torno là
la spiaggia che... io... so...!

EDIZIONI CHAPPELL S.p.A. - MILANO - Piazza del Duomo, 22

Tip.-Lit. "LA MUSICA MODERNA" S.p.A. - Milano - Viale Ortles, 39 - 1971

Stampato in Italia - Printed in Italy - Imprimé en Italie

27

Texto de canción
homenaje a los Beatles.
*Text of a song-tribute
to the Beatles.*

Primer número de la
revista *The Beatles Book*,
Reino Unido, agosto
1963.
*First issue of the
magazine* The Beatles
Book, *UK, August 1963.*

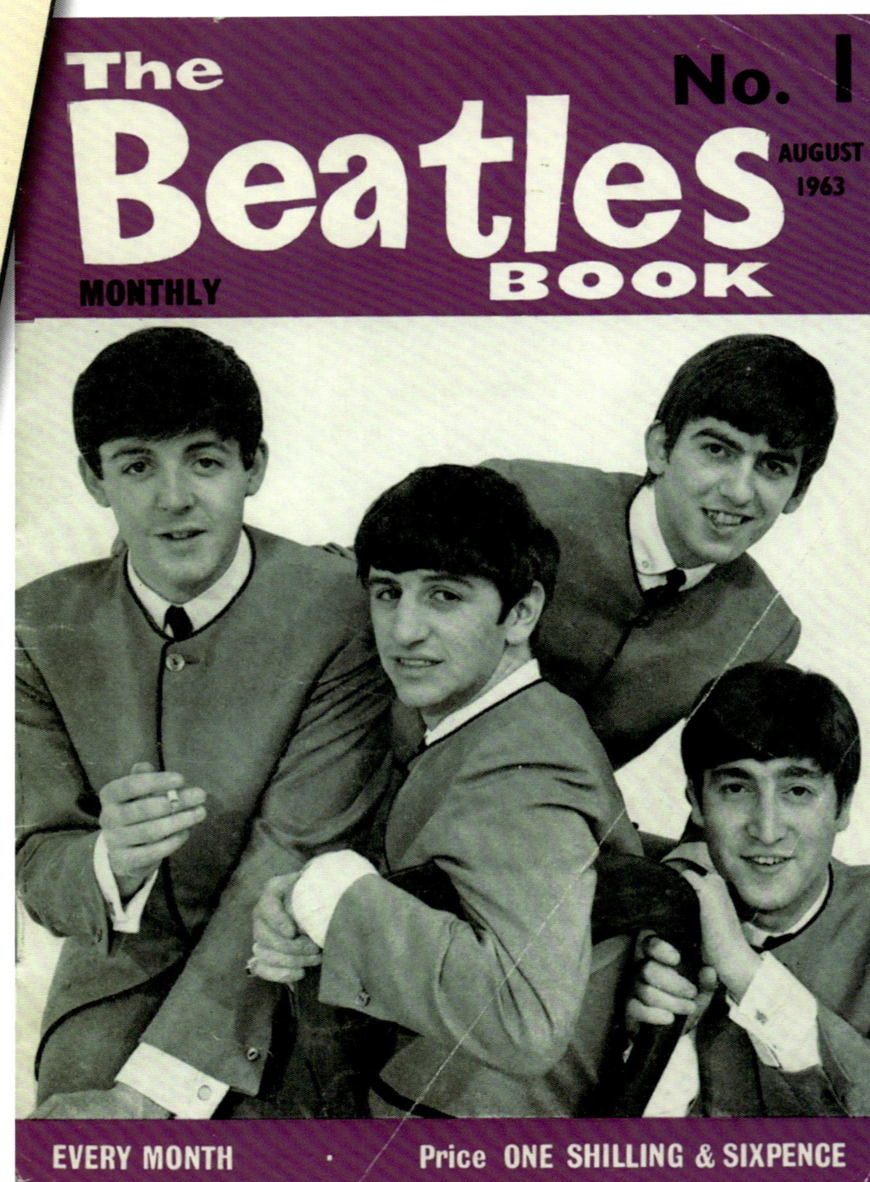

Cartel original inglés, marzo 1963.
Original English poster, March 1963.

Cartel italiano de la película *Magic Christian*.
Italian lobby poster of the film Magic Christian.

FILM TRIBUTES

The Beatle experience was so overwhelming that no one had the time to step back from it to consider the transition from obscurity to fame or to reflect on the reasons for the group's success.

It was only after they disbanded that biopics began to be made, and the group was placed in a historical context. The film industry adopted three approaches: the first was to recount particular aspects of the Beatles' lives, sometimes from wild angles; the second, to take a nostalgic look at the Fab Four's entire career through the lens of fiction or the documentary; the third, to show the impact of their music on the destinies of ordinary people.

The first is exemplified by films like "Sgt. Pepper's Lonely Hearts Club Band" (1978) by Michael Schultz, a musical comedy inspired by the famous album, featuring Peter Frampton and the Bee Gees, and "Backbeat" (1993) by Iain Softley, which explores the period before they became famous and the tragic life of the fifth Beatle, Stuart–"Stu"–Sutcliffe.

The second encompasses titles like "The Birth of the Beatles" (1979) by Richard Marquand and "Beatlemania: The Movie" (1981) by Joseph Manduke, two TV fiction films focusing on the group's career, and the far more interesting documentary "Imagine" by Steve Gebhardt, John Lennon and Yoko Ono.

The third embraces "I Wanna Hold Your Hand" (1978) by Robert Zemeckis, which takes an ironical look at the sentimental education of a group of teenagers during the Beatles' American tour; "Prick Up Your Ears" (1987) by Stephen Frears, in which the paths of the Beatles' and playwright Joe Orton cross; and the more recent "I Am Sam" (2001) by Jessie Nelson, and "Across The Universe" (2007) by Julie Taymor, which is characterized by fanciful contaminations between life and music.

PELÍCULA HOMENAJE

La aventura de los Beatles fue una experiencia tan cautivadora que no dejó que nadie tuviera el tiempo de tomar una cierta distancia, recordando los momentos que separan el anonimato de la gloria o reflexionando sobre los motivos que llevaron a los músicos al éxito. Solo años después de la separación del grupo, el cine empieza a ocuparse de los datos biográficos y de que pasen a formar parte de la historia. Lo que interesa a la industria del espectáculo es contar momentos concretos de su vida, partiendo a veces de ángulos excéntricos o recorrer nostálgicamente la leyenda profesional de los cuatro con el metro de la ficción o del documental; o también mostrar el impacto de su música en los destinos individuales de la gente normal.

"Sgt. Pepper's Lonely Hearts Club Band" (1978) de Michael Schultz, una comedia musical inspirada en el célebre álbum, en el que participaron Peter Frampton y los Bee Gees, y "Backbeat" (1993) de Iain Softley, que narra el periodo antes de la fama y la trágica vicisitud existencial del quinto Beatle, Stuart Sutcliffe, "Stu", pertenecen al mismo caso.

Al segundo caso pertenecen títolos como "The Birth of the Beatles" (1979) de Richard Marquand o "Beatlemania: The Movie" (1981) de Joseph Manduke, dos series televisivas que hablan de la carrera del grupo, además del mucho más interesante documental "Imagine" de Steve Gebhardt, John Lennon y Yoko Ono.

En el tercero se señalan "I Wanna Hold Your Hand", (Locos por ellos, 1978) de Robert Zemeckis, que cuenta con irónico placer la educación sentimental de un grupo de adolescentes durante la gira americana de los Beatles; "Prick Up Your Ears" (Abrete de orejas, 1987) de Stephen Frears, donde la historia del comediógrafo Joe Orton se cruza con la del grupo, y el más reciente "I am Sam" (Me llamo Sam, 2001) de Jessie Nelson y "Across The Universe" (2007) de Julie Taymor, donde la vida y la música se mezclan de un modo extravagante.

Portadiscos
de producción
estadounidense, 1964.
Original lp case, US,
1964.

Mimmo Franzinelli

El imperio de los cover: los Beatles en segunda edición

The empire of cover versions: the Beatles revised and improved

Disco 45 revoluciones
EP edición francesa.
45 ep, French edition.

The massive importance of the Beatles to contemporary music has somewhat eclipsed Lennon and McCartney's role as writers of songs sung by other performers. This is a pity, as picking out the best of the vast number of Fab Four covers is an interesting and novel exercise. If nothing else, the appeal of Paul and John's back catalogue – in practically every possible genre, from rhythm and blues to jazz and even classical – confirms what an exceptional body of work it is.

If it were possible to excise the Beatles from our memories and assess Lennon and McCartney solely as the writers of songs recorded by other artists, we might well agree with producer George Martin, who claimed that Paul and John were the Cole Porter and George Gershwin of their generation.

Before we take a look at the chameleon-like world of the cover – songs released either to compete with the original or to take the song in new directions – it is worth remembering that until mid-1965, like most of the new British groups, the Beatles were in the cover game as well. From the *Rubber Soul* album (released in late 1965) onwards, the Beatles recorded solely their own compositions.

Billy J. Kramer is generally acknowledged as the first artist to cover a Beatles song. His romantically-tinged version of "Do You Want to Know a Secret" with complex (for the time) harmonies made it to number two in the charts in the spring of 1963.

Two months later, the Rolling Stones released their second single, a distinctly harder-edged version of "I Wanna Be Your Man", which made it to number 12 in the charts.

Between 1963 and 1966, a generation of beat musicians learned their trade by practising Beatles songs over and over again in garages and cellars. These private gigs – the crucible of many a future musical great – produced, among others, a cover of "I Saw Her Standing There" by blues singer Duffy Power, with Graham Bond on keyboards, Jack Bruce (later of Cream) on bass, and John McLaughlin (later to play with Miles Davis and founder of the Mahavishnu Orchestra) on guitar. The unknown Paramounts recorded "It Won't Be Long" in 1964, not too long before they changed their name to Procol Harum.

Bands were covering Beatles songs in droves long before the group split up. By April 1968, the ten most popular Beatles songs had already been covered more than 500 times between them:

Yesterday	119
Michelle	80
A Hard Day's Night	57
Can't Buy Me Love	52
I Want to Hold Your Hand	46
All My Loving	43
And I Love Her	42
She Loves You	39
Help!	32
Please Please Me	28

"Yesterday" – a song that even Elvis Presley borrowed – is the world's most covered song, with almost 3,000 recordings and counting. Though the vast majority of covered "Yesterdays" are trite and pointless, there are exceptions: Ray Charles sings the song in his husky, life-weary voice, in a version released as a single in November 1967 (when it made to number 25 in the US, and number 44 in the UK); Marvin Gaye's "Yesterday" slows things right down, with a minimalist soul arrangement that allows his unaccompanied voice to wring all of the romantic potential he can from the piece; piano-player/singer Dr. John came up with a zany live voodoo funk version in an L.A. nightclub, complete with spoken word interludes, raucous female backing singers and a sax solo halfway through, which came out on his 1975 lp *Hollywood Be Thy Name*.

Another landmark Beatles song that has been covered umpteen times is "With a Little Help from My Friends". The most famous cover is Joe Cocker's UK no. 1 *tour de force* version that also found its way onto his live album *Mad Dogs & Englishmen*. Twenty

Partitura musical.
Sheet music.

El enorme relieve de los Beatles en la historia de la música contemporánea ha oscurecido el papel de Lennon y McCartney como autores prolíficos de canciones interpretadas por otros artistas. En su amplia producción, merecen mención las mejores melodías inmortalizadas por los *Fab Four* y reinterpretadas por diversos artistas. El extenso catálogo de *cover* o versiones de sus canciones, confirma la importancia del cancionero de Paul y John, adaptado a los géneros más diversos; diversidad que va desde el ritmo de los *blues* hasta el *jazz,* e incluso, hasta la melodía clásica. Si fuera posible borrar de la memoria a los Beatles y valorar a Lennon y McCartney, sólo como autores de piezas interpretadas por otros artistas, se podría confirmar el juicio del productor George Martin. En su opinión, Paul y John son los Col Poter o George Gershwin de su generación. Si nos introducimos en el camaleónico mundo de los *cover*, versiones comercializadas para competir con el original o simplemente calcos del modelo original, que capitalizaban su potencial, no podemos olvidar que los Beatles recurrieron a ellos hasta mitad de 1965, como hicieron, por otro lado, la mayoría de los nuevos grupos británicos. Sólo al final de 1965, a partir de la creación de *Rubber Soul* el famoso cuarteto se dedicaría exclusivamente a crear sus propias composiciones.

El papel precursor del éxito de estas versiones se debe a Billy J. Kramer que, en la primavera de 1963, sitúa en el segundo puesto de la clasificación británica la canción *Do You Want to Know a Secret*, en una versión romántica, recargada de sugerentes coros al gusto de la época. Mejor concebida surge a los pocos meses la grabación de *I Wanna Be Your Man* de los Rolling Stones, que con su segundo *single* asciende al puesto número 12 de la clasificación. Del 1963 al 66, una generación de músicos *beat* se nutre de las canciones de los Beatles ensayadas una y otra vez en garajes y sótanos. En aquellos estudios artesanales, fraguas de futuras tendencias musicales, surge el *cover* de la canción *I Saw Her Standing There*, grabada en 1963 por el cantante de blues Duffy Power, acompañado por el teclista Graham Bond, el bajista Jack Bruce (posteriormente del grupo *Cream*) y por el guitarrista John McLaughlin (futura pareja de Miles Davis y fundador de la Mahavishnu Orquesta). Los desconocidos Paramounts, que al poco tiempo se transforman en los Procol Harum, graban en 1964 *It Won't Be Long*.

Yesterday	119
Michelle	80
A Hard Day's Night	57
Can't Buy Me Love	52
I Want to Hold Your Hand	46
All My Loving	43
And I Love Her	42
She Loves You	39
Help!	32
Please Please Me	28

El fenómeno *cover* de los Beatles asume dimensiones exorbitantes mientras el famoso grupo aún sigue existiendo; ya en abril de 1968 las versiones de las diez piezas más reinterpretadas superan el medio millar. *Yesterday*, también ejecutada por Elvis Presley, bate el récord mundial superando la cifra de tres mil interpretaciones. Aunque casi todas son de escasa calidad, cabe destacar entre las excepciones la excelente versión de Ray Charles con su tono ronco y atormentado, un *single* lanzado al mercado en noviembre de 1967 (número 25 en Estados Unidos y 44 en el Reino Unido). Otra propuesta es la de Marvin Gaye, una versión muy lenta con un tímido arreglo *soul* que deja el campo libre a la voz solista y destaca el romanticismo de la pieza musical. Más lunática, en estilo *voodoo-funk* con cadencias recitadas sobre un fondo de coros femeninos y un solo de saxo central, es la interpretación del pianista-cantante Dr. John, grabada en directo en un *night-club* de Los Ángeles a las 33 revoluciones del LP *Hollywood Be Thy Name* (1975). Otra gran composición, interpretada en diversas ocasiones es *With a Little Help from My Friends* que, en 1968, llega al puesto número uno de la lista inglesa con la increíble interpretación de Joe Cocker (versión que retomara en

LP de Cathy Berberian interpretando a los Beatles.
Lp of Beatles' songs interpreted by Cathy Berberian.

years later, Scottish romantics Wet Wet Wet took the song back to the top in a version that despite a slightly updated arrangement stayed pretty faithful to the original. Curiously, the Fab Four never issued this song – nor any of the others on the *Sgt. Pepper's* album – as a single, which left the field a little more open for other singers. Among the Beatles' later songs, the melodious "Let It Be" has attracted scores of singers. Interesting versions range from Joan Baez's late summer 1971 single to a blues-inflected version by Clarence Carter, a blind guitarist from Alabama (on his 1970 lp *Patches*).
One would think that the UK market would be the toughest nut to crack for Beatles covers, and yet on the Beatles' home territory, where they notched up a staggering 17 number-one singles, the singles sales figures from 1963 to the early 1990s tell a different tale:

Song	Performer	Chart	Date
With a Little Help from My Friends	Joe Cocker	1	2 October 1968
	Wet Wet Wet	1	14 March 1988
	Young Idea	10	29 June 1967
	Joe Brown	32	29 June 1967
Yesterday	Matt Monro	8	21 October 1967
	Marianne Faithfull	36	4 November 1965
	Ray Charles	44	20 December 1967
We Can Work It Out	Stevie Wonder	27	15 May 1971
	Four Seasons	34	27 November 1976
	Brass Construction	70	16 July 1983
Michelle	Overlanders	1	13 January 1966
	David & Jonathan	11	13 January 1966
Ob-La-Di, Ob-La-Da	Marmalade	1	4 December 1968
	Bedrocks	20	18 December 1968
Help!	Tina Turner	40	25 February 1984
	Bananarama	89	25 February 1989
Let It Be	Ferry Aid	1	4 April 1987
Do You Want to Know a Secret	Billy Kramer & The Dakotas	2	2 May 1963
I Wanna Be Your Man	Rolling Stones	2	14 November 1963
Strawberry Fields Forever	Candy Flip	3	17 March 1990
Lucy in the Sky with Diamonds	Elton John	10	23 November 1974
Get Back	Rod Stewart	11	20 November 1976
A Hard Day's Night	Peter Sellers	14	23 December 1965
Hey Jude	Wilson Pickett	16	8 January 1969
Please Please Me	David Cassidy	16	27 July 1974
If I Needed Someone	Hollies	20	9 December 1965
All My Loving	Downlands	33	9 January 1964
Can't Buy Me Love	Ella Fitzgerald	34	30 April 1964
Eleanor Rigby	Ray Charles	36	21 July 1968
Day Tripper	Otis Redding	43	23 March 1967

It is particularly noteworthy that Beatles songs have appealed to all kinds of performers, from the big guns to one-hit wonders. Cover versions with a different arrangement for a new audience can turn a song back into a hit after a 0-year hiatus.

directo en su disco *Mad Dogs & Englishmen*) y, de nuevo, veinte años más tarde, el arreglo neoromántico de los escoceses Wet Wet Wet, una versión de peor calidad que la original y poco trabajada en los arreglos. Hace falta recordar por otro lado, que esta pieza, como el resto de las canciones contenidas en el álbum *Sgt. Pepper's*, nunca fue grabada en *single* por los *Fab Four*, factor que facilitó la labor a los demás intérpretes. La última producción, *Let It Be* encontró una gran cantidad de cantantes, propensos a interpretaciones acentuadamente melódicas. Entre las versiones más interesantes destaca la de Joan Baez, un *single* grabado a finales del verano de 71; merece la pena escuchar también el *blues* interpretado por Clarence Cárter, guitarrista ciego de Alabama que en 1970 incluye esta canción en su LP *Patches*. El mercado inglés es sólo en apariencia más difícil, puesto que los Beatles juegan en casa y se posicionan con 17 *singles* en el primer puesto, pero el

Canción	Cantante	Posición	Fecha
With a Little Help from My Friends	Joe Cocker	1	2 de Octubre 1968
	Wet Wet Wet	1	14 de Marzo 1988
	Young Idea	10	29 de Junio 1967
	Joe Brown	32	29 de Junio 1967
Yesterday	Matt Monro	8	21 de Octubre '67
	Marianne Faithfull	36	4 Noviembre '65
	Ray Charles	44	20 Diciembre '67
We Can Work It Out	Stevie Wonder	27	15 de Mayo 1971
	Four Seasons	34	27 Noviembre '76
	Brass Construction	70	16 de Julio 1983
Michelle	Overlanders	1	13 de Enero 1966
	David & Jonathan	11	13 de Enero 1966
Ob-La-Di, Ob-La-Da	Marmalade	1	4 Diciembre '68
	Bedrocks	20	18 Diciembre '68
Help!	Tina Turner	40	25 Febrero 1984
	Bananarama	89	25 Febrero 1989
Let It Be	Ferry Aid	1	4 de Abril 1987
Do You Want to Know a Secret	Billy Kramer & The Dakotas	2	2 de Mayo 1963
I Wanna Be Your Man	Rolling Stones	2	14 Noviembre '63
Strawberry Fields Forever	Candy Flip	3	17 de Marzo 1990
Lucy in the Sky with Diamonds	Elton John	10	23 Noviembre '74
Get Back	Rod Stewart	11	20 Noviembre '76
A Hard Day's Night	Peter Sellers	14	23 Diciembre '65
Hey Jude	Wilson Pickett	16	8 de Enero 1969
Please Please Me	David Cassidy	16	27 de Julio 1974
If I Needed Someone	Hollies	20	9 Diciembre '65
All My Loving	Downlands	33	9 de Enero 1964
Can't Buy Me Love	Ella Fitzgerald	34	30 de Abril 1964
Eleanor Rigby	Ray Charles	36	21 de Julio 1968
Day Tripper	Otis Redding	43	23 de Marzo 1967

escalafón de las ventas de las versiones de sencillos, desde el año 1963 al inicio de los noventa, alcanza un valor comercial considerable. La variedad de intérpretes es significativa. Los *cover* logran reconducir al éxito una canción de hace veinte años, optando por arreglos diferentes y dirigiéndola a nuevos sectores del público.

Un montón de interpretaciones

En las versiones en directo destaca entre los pioneros Johnny Rivers, animador con gran

A smattering of covers

Notable covers include a pioneering live performance by Johnny Rivers, an accomplished entertainer who began performing "A Hard Day's Night" when the Beatles single was still riding high in the charts. In the version that Rivers included on his lp *Whisky A Go-Go Revisited*, the audience can be heard clapping along and yelping their approval – beatlemania was a winner with middle-class white Americans in the mid-1960s.

Instrumental groups wasted no time in adding Beatles songs to their repertoire, generally drafting in electric guitars to stand in for the Beatles' lead vocals. A pair of wild, duelling lead guitars feature on US band The Ventures' version of "I Feel Fine" (from their late 1964 lp *The Ventures Knock Me Out!*). Local UK rivals The Shadows, led by Hank Marvin, were much slower off the mark; they did not get round to recording "Paperback Writer", "Get Back" and "Something" until their October 1970 album *Shades of Rock*. Steve Cropper, guitarist with Booker T. & The M.G.'s, created a well-received instrumental version of "With a Little Help from My Friends", which lent its name to an early 1970s lp of his.

Among the more rock-inspired versions, Jimi Hendrix stands head and shoulders above the rest with his "Day Tripper" and "Sgt. Pepper's". "Day Tripper" in particular (a gem hidden until the 1988 *Peel Sessions* release) is a rampant guitar and voice fest; it may start off slowly, but it soon jets off in a wild, trademark Hendrix solo, while the second half of the song is simply breathtaking. Hendrix's "Sgt. Pepper's" came out on his lp *Hendrix in the West*, a posthumous live album released in 1971.

LP, EE.UU.
American lp.

New York band Vanilla Fudge covered "Eleanor Rigby" and "Ticket to Ride" on their August 1967 debut album. Their "Eleanor Rigby" is particularly interesting: stretched to a gargantuan eight minutes in length, it features a long keyboard intro before the main motive kicks in, and then a whole psychedelic interlude. Five years later, the late-lamented Spirit guitarist Randy California followed a similar tack when he included "Day Tripper" and "Rain" on his debut solo lp – the weird and wacky *Kaptain Kopter & The (Fabulous) Twirly Birds* – in which he pushed the songs' rhythmic potential as far as it could go.

In the early 1970s, the enigmatic, emblematic and frankly disconcerting "I Am the Walrus", from *Magical Mystery Tour*, inspired a number of offbeat covers: a gloomy keyboards-and drums-dominated version by London-based band Spooky Tooth; Mike Harrison's sombre vocal rendition (on *The Last Puff*); and a playful version performed by a children's choir led by free jazz artist Lol Coxhill (on *Ear of Beholder*).

London prog-rock pioneers Yes released "Every Little Thing" as a single after it came out on their 1969 debut album, but Peter Banks' guitar solo and Jon Anderson's crystal-clear vocals failed to get the attention they deserved. Another classic British rock group,

LP, EE.UU., 1964.
American lp, 1964.

carisma, que se aventura con *A Hard Day's Night* al mismo tiempo que los *singles* de los Beatles dominan los primeros puestos. Rivers incluye la canción en el LP *Whisky A Go-Go Revisited*; el público participa entusiasmado en el concierto mostrando la expansión de la beatlemanía entre los jóvenes estadounidenses blancos de la clase media en los años sesenta. Los grupos instrumentales se apresuran en añadir a su repertorio canciones de los Beatles, supliendo la voz del solista con la guitarra eléctrica. Veloz y desatada, con dos guitarras solistas es la versión *I Feel Fine* en la ejecución de los americanos Ventures (LP *¡The Ventures Knock Yo Out!* de finales de 1964), mientras, sus rivales británicos, los Shadows de Hank Marvin, graban posteriormente *Paperback Writer*, *Get Back* y *Something* (incluidas en el álbum *Shades of Rock*, en octubre de 1970). También Steve Cropper, guitarrista del grupo Booker T. & The M.G's, firma una válida versión instrumental de *With a Little Help from My Friends*, en el LP del mismo nombre de principios de los años setenta. En el ámbito exclusivo del *rock* triunfa Jimi Hendrix, con *Day Tripper* y *Sgt. Pepper's*. La primera pieza, incluida en *Peel Sessions* y editada en 1988, es una versión donde guitarra y voz juegan un papel destacado; el inicio de la canción demasiado marcado se va transformando poco a poco, elevándose libremente en un alarde musical que sólo el valiente Hendrix sabía bordar. *Sgt. Pepper's* sale a 33 revoluciones en *Hendrix en the West*, versión póstuma de sus conciertos que se edita a finales de 1971. Los neoyorquinos Vanilla Fudge se lanzan con un disco homónimo a 33 revoluciones en agosto de 1967, incluyendo su *Eleanor Rigby* y *Ticket to Ride*; es notable la interpretación de la primera parte de ambas piezas, que se dilata hasta a los ocho minutos para dejar paso a un final cargado de arreglos psicodélicos; el inicio se afianza con el teclado eléctrico mientras el tema central se introduce de un modo sugestivo. Una versión parecida es interpretada cinco años más tarde por Randy California, el llorado guitarrista de los Spiri*t*, que incluye *Day Tripper* y *Rain* en su primer *LP* de solista, él excéntrico *Kaptain Kopter & The (Fabolous) Twirly Birds*, que destaca por sus matices rítmicos.
La enigmática *I Am the Walrus*, perla de *Magical Mystery Tour*, presenta, a principio de los años setenta, propuestas inusuales: de la ambientación *dark* de los londinenses Spooky Tooth, dominada por los teclados y percusiones acompañados por la voz oscura de Mike Harrison (en *The Last Puff*), pasa a la lúdica interpretación de un coro infantil dirigido por el músico de *jazz free* Lol Coxhill (en *Ear of Beholder*). El grupo londinense *Yes*, impulsor del "rock progresivo", edita por separado la versión de *Every Little Thing* a 45 revoluciones, extraída del LP de su debut en el verano de 1969, sin encontrar la atención merecida; destacan en la grabación la guitarra solista de Peter Banks y la voz cristalina de Jon Anderson. Otro grupo fundamental del rock británico, los Moody Blues, incluye en *Procol's Ninth*, de 1975, la canción *Eight Days a Week*, confiando la versión a la profunda voz de Gary Brooker y al mágico sonido de su teclado. James Taylor, debuta en 1968 en Londres con la firma *Apple*, veinte años después, con su versión de *Day Tripper* que se incluye en el álbum *Flag*; el inconfundible sello vocal desconsolado del artista de Boston otorga a la pieza acentos tristes que finalizan en una última estrofa cantada en falsete. Otra estrella estadounidense muy ligada a los Beatles es Melanie, intérprete de las canciones *We Can Work It Out* y de *Anytime at All* (incluidas respectivamente en los discos *Phonogenic*, 1978 y *Old Bitch Warrior*, 1978 y 1995) con su típico timbre infantil y las reminiscencias de la artista que más influyó en Melanie Safka, la gran Edith Piaf. En 1976 el ecléctico Todd Rundgren, mago de la electrónica y productor de éxito, graba a 33 revoluciones *Faithful*, homenaje a las canciones que marcaron su propuesta musical: junto a *Good Vibrations* de los Beach Boys, a *Most Likely You Go Your Way and I'll Go Mine* de Dylan y a *If Six Was Nine* de Hendrix comparecen *Strawberry Fields Forever* y *Rain*; falta en este caso cualquier variante interpretativa, ya que el artista reproduce

Sencillo.
Single.

the Moody Blues, slipped "Eight Days a Week" onto their 1975 album *Procol's Ninth*, in a version propelled by Gary Brooker's deep voice and magical keyboards.
Twenty years after James Taylor made his 1968 debut on the Apple label in London, he recorded "Day Tripper" for his album *Flag*. The Boston-born artist's trademark minimalist downbeat delivery lends great melancholy to the song, characterized by slow pacing and a final verse delivered in a falsetto.
Another American star who has drawn extensively on the Beatles' back catalogue is Melanie. She has covered "We Can Work It Out" and "Anytime at All" (respectively on 1978 album *Phonogenic* and 1995 album *Old Bitch Warrior*) in her typically girlish vocal style that has a hint of (her inspiration) the great Edith Piaf about it.
In 1976, the eclectic electronics wizard and successful producer Todd Rundgren brought out *Faithful*, a tribute lp to the songs that formed his musical education. He included "Strawberry Fields Forever" and "Rain" alongside the Beach Boys' "Good Vibrations", Dylan's "Most Likely You Go Your Way and I'll Go Mine", and Hendrix's "If Six Was Nine". In this case, the performer faithfully reproduces the originals note by note, in a deliberate homage to an era.
US guitarist Nils Lofgren – who played with Neil Young – takes on "Anytime at All" with a great deal of energy and a dream-led approach to the lyrics on his live double cd *Code of the Road* (1986).
The best intro to our new century was by a then-elderly Johnny Cash: he recorded a thrilling version of "In My Life" in 2002, mere months before his death. In his particularly poignant cover, Cash looks back over his own troubled life, his rough voice heavy with the sorrow of resignation, in a declaration of love to all of the things he was about to leave behind forever.

The "fondest" artists
A number of singers have had their finest hour covering Lennon/McCartney compositions in original and personal ways. Richie Havens, who first covered Beatles song "Eleanor Rigby" on his early 1967 lp *Mixed Bag*, shoehorned four Beatles covers onto his best-selling double album, *Richie P. Havens, 1983* (January 1969): "Strawberry Fields Forever", "Lady Madonna" (which also came out as a single) "She's Leaving Home" and "With a Little Help from My Friends", all of which he sings with commitment and feeling. Havens went on to release singles of "Rocky Raccoon" (July 1969, and later one of his live favourites; the song also appeared on *Richie Havens on Stage* in September 1972), and "Here Comes the Sun" (on 1971 album *Alarm Clock*). He put the seal on this

Sencillo con dos interpretaciones de los Beatles en versión china.
45 featuring two covers in Chinese.

intencionadamente, nota por nota, las piezas originales, en una operación de calco que concibe como homenaje a una época. Otra interpretación destacada de los Beatles es la que efectúa Nils Lofgren en una versión enérgica y al mismo tiempo líricamente onírica de la canción *Anytime at All*, que el guitarrista estadounidense, ya acompañado de Neil Young, incluye en el doble CD grabado en directo *Code of the Road*, 1986. Con excelente pie entra en el nuevo siglo la emocionante interpretación de la canción *In My Life* del viejo Johnny Cash, una grabación del 2002, realizada poco antes de su desaparición; una versión que tuvo mucho éxito en la que el músico, con voz ruda, jaspeada de resignada tristeza, parece trazar un balance de su atormentada existencia en una vehemente declaración de amor por todo aquello de lo que se nos separa definitivamente.

Los artistas "más aficionados"

Algunos cantantes han encontrado su dimensión más coherente reinterpretando las composiciones de Lennon y McCartney, con resultados originales y sello personal. Richie Havens hizo una versión de *Eleanor Rigby* incluida en el LP *Mixed Bag* a principios del 67. Su disco más famoso, el álbum doble, *Richie P. Havens, 1983* de enero de 1969, incluye cuatro *cover* de los Beatles que interpreta con un tono tenso y emotivo: *Strawberry Fields Forever*, *Lady Virgen* (lanzado también como *single*), *She's Leaving Home* y *With a Little Help from My Friends*. Posteriormente graba a 45 revoluciones *Rocky Raccoon* (en julio del 69, canción interpretada a menudo en sus conciertos e incluida en *Richie Havens on Stage* de septiembre de 1972) y *Here Comes the Sun* (extraído del álbum *Alarm Clock de* 1971). Como muestra de esta pasión llega en 1990 el CD *Sings Beatles & Dylan*, grabado en 1987. Al mismo tiempo, un Joe Cocker veinteañero debuta en 1964 con el *cover I'll Cry Instead*, editado por la *Decca*, fracasando estrepitosamente, a pesar de la interpretación decidida y el acompañamiento coral de los Ivy League; por aquellos *singles* el cantante de

Sencillo.
Single.

Sencillo, EE.UU., 1963: la primera publicación americana de una pieza de Lennon y McCartney.
American 45,1963: first Lennon and McCartney composition released in the US.

affair with his 1990 cd, *Sings Beatles & Dylan* (recorded in 1987). Joe Cocker was twenty when he made his debut in October 1964 with a cover of "I'll Cry Instead", a song that came out on Decca and sank without a trace, despite his trademark growl and backing vocals from The Ivy League. The Sheffield-born singer earned a derisory £10 in royalties for that single. He made up for it with his September 1968 single release of "With a Little Help from My Friends", which propelled Cocker to the top of the UK charts and provided the title track to his March 1969 debut album. Joe Cocker's titanic eight-minute performance of the song in August 1969 at the Woodstock festival was the showstopper at the world-famous event. Cocker included a powerful version of "She Came in through the Bathroom Window" on his November 1969 album *Joe Cocker!*. A live version of Cocker performing the song is on his double album *Mad Dogs & Englishmen*. Arguably Cocker's finest album, it features a stunning live performance and excellent musical backup from the band led by the ever-reliable Leon Russell. *Mad Dogs & English Men* made it to no. 2 in the USA and no. 16 in England following its September 1970 release. Beatles songs served up in a country-rock style have been a winning formula for the delicate voice of Mary McCaslin, an underrated Californian singer/songwriter who sings Western music and plenty of Lennon/McCartney. Acoustic instruments (banjo and violin), and her clear, unwavering delivery worked wonders on "Rain" and "I'm Looking through You" in July 1967 – though they were not released for decades, until they saw the light of day on *Rain - The Lost Album*, in 1999); "Things We Said Today" and "Blackbird", which came out on her third lp, *Old Friends*, in 1977, combine artistic maturity with playful musicality.

Memorabilia, EE.UU., 1964.
Memorabilia, US, 1964.

Sheffield gana la irrisoria suma de 10 chelines de derechos de autor. Un resultado tan frustrante es redimido por su versión de la canción *With a Little Help from My Friends*, sencillo grabado en septiembre de 1968, que rehabilita a Cocker situándolo en la cumbre de las listas británicas y da título a su primer disco a 33 revoluciones en marzo de 1969. Esa misma pieza, ejecutada en el festival de Woodstock en una versión de ocho minutos, se convierte en la protagonista del largometraje y el álbum triple derivado del célebre concierto que tuvo lugar a mediados de agosto del año 1969. Otro *cover* lanzado en *single* e integrado también en el álbum *Joe Cocker* de noviembre de 1969 es la canción *She Came In through the Bathroom Window*, grabada en directo durante la gira estadounidense e inmortalizada en el álbum doble *Mad Dogs & Englishmen* en septiembre de 1970 , que llegó a ser el número dos en Estados Unidos y y el dieciséis en Inglaterra. Se trata del mejor vinilo de Coker, ya sea por lo bien que sonaba en los conciertos que por la armonía que existía entre los numerosos músicos que la tocaban dirigidos por Leon Russell.
En el ámbito del *country-rock* se distingue por su delicadeza Mary McCaslin, desconocida cantautora californiana intérprete de música *western* y muy vinculada a las composiciones de Lennon-McCartney. Entre sus mejores éxitos, caracterizados por la acústica instrumental (banjo y violín) y su voz nítida y segura, destacan *Rain* y *I'm Looking through You*, grabadas en julio de 1967 y largo tiempo inéditas, (hasta la comercialización de *Rain* en *The Lost Álbum*, en 1999). Las canciones *Things We Said Today* y *Blackbird* (de su tercer *LP*, *Old Friends*, de 1977), denotan madurez artística y desprenden una alegre musicalidad.

Sencillo, edición japonesa.
Single released in Japan.

Los Beatles en
Hamburgo, 1961.
*The Beatles in Hamburg,
1961.*

Miniaturas de plomo
Help!.
*Lead figurines based
on* Help!.

Cartel inglés del
Christmas Show, 1963.
*English poster for the
"Christmas Show", 1963.*

Cartel japonés de *Help!*.
Japanese poster
of Help!.

Partitura musical italiana.
Italian sheet music.

REFERENCES TO THE BEATLES IN FILM

The Beatles hit the silver screen as actors, producers and composers of scores. But it didn't end there. Over the last fifty years, filmmakers have not only made direct references to them, but have also cited them in all kinds of ways in their movies, either to pay tribute to their times and or to enhance the credibility of a setting or an era.

The actual presence of the four or references to them in dialogue have served to characterize a scene with regard to lifestyle; to indicate psychological aspects of a character; or simply to create a knowing play on references that the audience shares, which places director and moviegoer on the same level, making them both fans. The references are endless, extending from those made by Roberto Benigni and Massimo Troisi while chatting in "Nothing Left to Do but Cry" (1984) to the digital manipulation that enables John Lennon to meet Forrest Gump in the eponymous film (1994) by Robert Zemeckis. From Nicolas Cage talking about a Beatles record in "The Rock" (1996) by Michael Bay to Johnny Depp's disguises in "The Chocolate Factory" (2005) by Tim Burton. From the Beatles' posters in youth-orientated films like "Love and Other Catastrophes" (1995) by the Australian director Emma-Kate Croghan to "Notte Prima degli Esami" (2006) by the Italian Fausto Brizzi. From the man who crosses Abbey Road in the Michael Moore film "Sicko" (2007) to the four's acrobatics during Bob Dylan's English tour (when he was played by Cate Blanchett) in "I'm Not There" by Todd Haynes (2007). The Beatles were world famous, and finding all the cinematic references to them in the last fifty years would have meant consulting film libraries all over the globe. So the curators have searched their memories to find the most fascinating ones.

LAS CITAS DE LOS BEATLES EN EL CINE

La irrupción de los Beatles en el mundo del celuloide ha llegado con el tiempo más allá de su participación directa como intérpretes, productores o autores de las bandas sonoras. Durante el último medio siglo, el cine les ha recordado no solo directamente, sino también introduciendo en las películas todo tipo de citas que tenían el doble fin de rendir homenaje a su época y de ser de alguna manera valoradas, por lo que se refiere a la credibilidad, representando un ambiente y un periodo.

La presencia visiva o en los diálogos del cuarteto de Liverpool unas veces servía para caracterizar una escena y adaptarla al momento, para introducir connotaciones psicológicas de un personaje y en otras se trataba de un sencillo juego con el público, creando una especie de complicidad que ponía al autor y al espectador al mismo nivel, según la común pertenencia al cub de fans del grupo. La lista de citas es inmensa: por ejemplo se va de las charlas entre Roberto Benigni y Massimo Troisi en "Non ci resta che piangere" (1984) a la manipulación digital que hace que John Lennon y Forrest Gump se encuentren virtualmente en la película del mismo nombre de Robert Zemeckis (1994), hasta Nicolas Cage que habla de un disco de los Beatles en "The Rock" (La Roca) de Michael Bay(1996) a los cambios de disfraces de Johnny Deep en "The Chocolate Factory" (Charlie y la fábrica de chocolate, 2005) de Tim Burton. También se pueden ver carteles de los Beatles en películas juveniles como "Love and Other Catastrophes" (El amor y otras catástrofes, 1995) de la australiana Emma-Kate Croghan y "Notte prima degli Esami" (2006) del italiano Fausto Brizzi, a los paseos de Michael Moore por los pasos de cebra de Abbey Rad en "Sicko" (2007) o a la desaparición del cuarteto durante la gira inglesa de Bob Dylan/Cate Blanchet en "I'm Not There" de Todd Haynes (2007). Teniendo en cuenta la fama mundial de los Beatles, encontrar todas las citas presentes en el cine de los últimos cincuenta años habría supuesto el estudio de las cinematografías nacionales de los cinco continentes. Los estudiosos se han divertido escarbando en su memoria y recordando, aquí, las más curiosas e interesantes.

In June 1966 Capitol Records (US) asked EMI (UK) for three new songs for an lp they were just about to release. They wanted new compositions because in the States albums had six tracks on each side while in England they had seven, and US lps also featured songs that had already been released in the UK but only as 45s. So after *Rubber Soul* came out (end of 1965), Capitol wanted to "even things up".
EMI sent them tapes of "I'm Only Sleeping", "And Your Bird Can Sing" and "Dr. Robert", which Capitol included – with a different mixage – on the album *Yesterday and Today*.

Butcher Cover

A sleeve photo was chosen (and approved in England) that featured the four Beatles wearing white overalls and holding joints of raw meat and broken dolls, which is why it was referred to as the "Butcher Cover".
The American market did not go for the crude image and retailers soon began to lodge complaints with Capitol, demanding that the sleeve be replaced with one bearing a different image. However, someone thought it would be more economical simply to print a new sleeve that could be glued onto the offending ones. And that's what happened.
The album was officially released on 3 August instead of in June, and *Revolver* came out in the UK two days later. Those who benefited most – and still do – were collectors, since only a very few copies of the original cover have survived.

Original del *Butcher Cover* en edición estéreo.
Original "Butcher" cover for the stereo version.

En junio de 1966 la compañía Capitol estadounidense solicitó a la Emi inglesa tres nuevas canciones para insertar en un LP de publicación inminente. La petición surgió como consecuencia de una diferencia en la producción de discos: en Estados Unidos los álbumes incluían seis piezas en cada cara del disco a diferencia de Inglaterra que incluía siete; teniendo cuenta que además los álbumes estadounidenses también contenían canciones editadas en el Reino Unido únicamente como *singles*, después de *Rubber Soul*, grabado a finales de 1965, la Capitol no estaba todavía en igualdad de condiciones.
La compañía Emi mandó las cintas de tres piezas: *I'm Only Sleeping*, *Dr. Robert*

"Butcher Cover"

y *And Your Bird Can Sing* que la Capitol incluyó en un álbum diferente, titulado *Yesterday and Today*.
Para la cubierta se eligió, con la aprobación de los ingleses, una fotografía en la que los Beatles habían sido retratados con batas blancas de carnicero, sujetando en las manos trozos de carne cruda y de muñecas, imagen que dio origen al título del disco *Butcher Cover*.
El mercado americano se dio cuenta enseguida del poco éxito de la imagen y poco después empezaron a llegarle a la Capitol las críticas de los comerciantes, de modo que se pensó en destruir todas las copias de las cubiertas y proceder a crear otras con una imagen diferente. Pero a alguien se le ocurrió que habría sido menos costoso económicamente imprimir una sobrecubierta y pegarla encima de las copias existentes. Los discos se recuperaron y fueron devueltos con la nueva imagen superpuesta. La publicación oficial del álbum se demoró, y en vez de salir al mercado en junio, tuvo que ser aplazada al tres de agosto, dos días después de que *Revolver* saliera en Inglaterra. El resultado de toda la operación fue en ese momento y sigue siendo todavía, una glotona ocasión para los coleccionistas, ya que han sobrevivido pocas copias de la primera impresión.

Revista americana, 1976.
American magazine, April 1976.

La edición definitiva de la cubierta.
Sleeve that replaced the Butcher cover.

Cartel alemán.
German poster.

Página de *Il Corriere della Sera*, 17 de noviembre de 1963.
Page of Corriere della Sera, *17 November 1963.*

CORRIERE DELLA SERA

Domenica 17 novembre 1963

GLI SPETTACOLI

QUATTRO MILIARDI DI LIRE

Nasce a Milano lo «show» più costoso del mondo

La «protesta» degli esercenti cinematografici

All'Armata Rossa applausi del «Tout Paris»

ECCO I QUATTRO SCATENATI "BEATLES"

UN COLLABORATORE INDISPENSABILE

I CANTANTI ITALIANI ESIGONO il suggeritore alla «Staatsoper»

«Mille e una notte»

Stravinski a Palermo

AL MISSORI

LE CITTÀ PROIBITE

CLEOPATRA

MANZONI

ARISTON

BUCCIA DI BANANA

MIGNON

le Vergini

APOLLO

LAWRENCE D'ARABIA

ARCOBALENO - ROMA - SPLENDOR - ZENIT

JOHN WAYNE

JOHN FORD

I TRE DELLA CROCE DEL SUD

ARLECCHINO

DANNY KAYE

Metropol

PICCOLO EDEN

ALLE DONNE CI PENSO IO

FRANK SINATRA

Excelsior

JACK LEMMON

SHIRLEY MacLAINE

IRMA LA DOLCE

Fuoco fatuo

I DUE CAPITANI

PASSIONI SEGRETE

Sencillo del grupo los *Soliti Ignoti*, entre los que se encuentran, Ricky Gianco y Massimo Boldi.
Single by I Soliti Ignoti, featuring, among others, Ricky Gianco and Massimo Boldi.

Cartel del concierto
en el *Shea Stadium*,
Nueva York, 1965.
*Poster for the concert
at Shea Stadium,
New York, 1965.*

Entrada de concierto
italiana.
*Ticket for an Italian
concert.*

FILMS FEATURING BEATLES' SONGS

Music is used in film to underscore a narrative moment and bring out its meaning emotively. Filmmakers have often incorporated Beatles' songs to accentuate the mood of an important sequence, or the opening or closing scene of a film. Their compositions may be adopted as an irreverent wink at the audience or to evoke an unrepeatable moment or painful memory, or may be chosen because of the powerful, militant lyrics. The Beatles were actually the first to use their music in film, sending themselves up in "Help!" by having the band in the indian restaurant play an arrangement of "A Hard Day's Night" for sitar and percussion instruments.

The citations of their music in cinema are endless: from the melodies that echo in Sean Penn's head in "I Am Sam" (2001) by Jessie Nelson, to John Belushi's sardonic reference to "Yellow Submarine" aboard his broken-down fighter plane in "1941" (1979) by Steven Spielberg; from the Sixties' dancers gliding to the notes of "Michelle" in "Ballando Ballando" by Ettore Scola, to "Give Peace A Chance" ringing out as the police charge to break up the 1968 student demonstrations 'The Strawberry Statement" (1970) by Stuart Hagmann; from "Imagine", which accompanies the main titles of "The Royal Tenenbaums" (2001) by Wes Anderson, to "Yesterday" that enhances the stirring images of "Once Upon a Time in America" (1984) by Sergio Leone. But it is Lynne Littman who makes the most unforgettable use of a Beatles' song in the film "Testament" (1983) where, in the wake of a nuclear catastrophe, the inhabitants of a small town in California that has remained cut off from the rest of the world, are dying slowly from the effects of radiation. There is only one moment in the film when the tension lessens and memories of happy times eclipse the tragedy of silent death: a boy, the only child left, dances with his mother as "All My Loving" is played on a tape recorder.

PELÍCULAS CON CANCIONES DE LOS BEATLES

La intervención de la música en la escena de una película sugiere una lectura concreta del momento narrativo, connotando el sentido de la misma desde un punto de vista emocional. El cine ha utilizado a menudo las canciones de los Beatles para subrayar el clima de una secuencia importante, el inicio o el final de la película. La señal de estas intervenciones varía desde el guiño irreverente a la nostalgia de un momento irrepetible, de la constatación dolorosa de la memoria a la carga militante del texto. Hasta los Beatles se hacían guiños a sí mismos en "Help!", en la escena en la que el grupo se encuentra en un restaurante de comida india y se pone a tocar "A Hard Day's Night" con una instrumentación a base de sitar y percusiones.

Los ejemplos posteriores podrían ser infinitos: desde la evocación de los motivos musicales que resuenan en la mente de Sean Penn en "Me llamo Sam" (2001) de Jessie Nelson, a la sardónica sonrisa de John Belushi, que montado en un viejo avión de combate se refiere a "Yellow Submarine" en "1941" (1979) de Steven Spielberg; desde las evoluciones de los bailarines de los años 60, con las notas de "Michelle" en "Le bal" de Ettore Scola, a las de "Give Peace a Chance", que suena encima de las cargas de la polícía en las manifestaciones estudiantiles del 68 en "The Strawberry Statement" (Las fresas de la amargura, 1970) de Stuart Hagmann; desde "Imagine", que escuchamos junto a los títulos de crédito iniciales de "The Royal Tenenbaums" (La familia Tenebaums, 2001) de Wes Anderson, a "Yesterday" que acompaña las dramáticas imágenes de "C'era una volta in America" (Erase una vez en América, 1984) de Sergio Leone. Aunque el uso más célebre es el que hizo Lynne Littman en "Testament" (Testamento final, 1983), donde, después de una catástrofe nuclear, los habitantes de una ciudad de California que se ha quedado aislada del resto del mundo, mueren lentamente bajo el efecto de las radiaciones. Hay un único momento en la película en el que la tensión disminuye y los recuerdos de los momentos felices se sobraponen a la tragedia de la muerte silenciosa. La música que sale de una grabadora es "All my loving" y con sus notas el único hijo que no ha muerto baila lentamente con su madre.

During their career, and especially at the beginning, the McCartney-Lennon duo wrote many compositions which were assigned to other artists, including those who recorded for the same label. Some of them appear in the anthological album *The Songs Lennon and McCartney Gave Away*, released by EMI in April 1979. Generally speaking, these songs were never performed by the group (other than as demos), with the sole exception of "I Wanna Be Your Man", which was written for the Rolling Stones who released it as a single and included it on an lp, and afterwards recorded by the Fab Four.*

Giveaways: pieces written for others

Dos sencillos, edición italiana.
Two singles, Italian edition.

• Bad to Me	Billy J. Kramer & The Dakotas
• That Means a Lot	P.J. Proby
• Step Inside Love	Cilla Black
• It's for You	Cilla Black
• Love of the Loved	Cilla Black
• I'll Be on My Way	Billy J. Kramer & The Dakotas
• I'll Keep You Satisfied	Billy J. Kramer & The Dakotas
• From a Window	Billy J. Kramer & The Dakotas
• Like Dreamers Do	The Applejacks
• Hello Little Girl	The Fourmost
• I'm in Love	The Fourmost
• Tip of My Tongue	Tommy Quickly
• Goodbye	Mary Hopkins
• Fame	David Bowie
• I Don't Want to See You Again	Peter & Gordon
• World Without Love	Peter & Gordon
• Nobody I Know	Peter & Gordon
• Woman	Peter & Gordon
(a song Paul wrote under the pseudonym of Richard Webb)	
• Let's Love	Brenda Lee
• 4th of May (Paul)	John Christie
• Penina (Paul)	Carlos Mendez
• Cat Call (Paul)	Chris Barber Band
• Thingummybob	Black Dyke Mills Band
• One and One Is Two	Mike Sheridan
• Sour Milk Sea	Jacky Lomax
• Ain't That Cute	Doris Troy
• Badge	Cream
• Those Were the Days	Mary Hopkins (prod. Paul)

* The Stones returned the favour by writing a piece for the Beatles, which was recorded by neither group.

En el curso de su carrera, sobre todo en los primeros años, el dúo McCartney-Lennon escribiría numerosas canciones que, por encargo de las compañías discográficas, son también confiadas a otros artistas. Una selección de las mismas están incluidas en un álbum antológico lanzado por la Emi en el abril de 1979, *The Songs Lennon and McCartney Gave Away*. En general estas canciones nunca son interpretadas por conjuntos (solo como *demo tapes*), con la única excepción de *I Wanna Be Your Man*, escrita para los Rolling Stones, que fue grabada tanto en *single* como en LP y posteriormente interpretada también por los *Fab Four* *

Ofertas especiales: canciones escritas para otros artistas

LP con colección de piezas escritas por otros artistas.
Lp featuring a collection of songs composed by the Beatles for other artists.

Partitura original inglesa, 1963.
Original English sheet music, 1963.

• Bad to Me	Billy J. Kramer & The Dakotas
• That Means a Lot	P.J. Proby
• Step Inside Love	Cilla Black
• It's for You	Cilla Black
• Love of the Loved	Cilla Black
• I'll Be on My Way	Billy J. Kramer & The Dakotas
• I'll Keep You Satisfied	Billy J. Kramer & The Dakotas
• From a Window	Billy J. Kramer & The Dakotas
• Like Dreamers Do	The Applejacks
• Hello Little Girl	The Fourmost
• I'm in Love	The Fourmost
• Tip of My Tongue	Tommy Quickly
• Goodbye	Mary Hopkins
• Fame	David Bowie
• I Don't Want to See You Again	Peter & Gordon
• World Without Love	Peter & Gordon
• Nobody I Know	Peter & Gordon
• Woman	Peter & Gordon
(escrita por Paul con el seudónimo de Richard Webb)	
• Let's Love	Brenda Lee
• 4th of May (Paul)	John Christie
• Penina (Paul)	Carlos Mendez
• Cat Call (Paul)	Chris Barber Band
• Thingummybob	Black Dyke Mills Band
• One and One Is Two	Mike Sheridan
• Sour Milk Sea	Jacky Lomax
• Ain't That Cute	Doris Troy
• Badge	Cream
• Those Were the Days	Mary Hopkins (producida por Paul)

* Los Stones correspondieron después escribiendo una pieza para los Beatles que ninguno de los dos grupos grabó después.

MOVIE STARS SING THE BEATLES

Hollywood stars do not limit themselves to playing characters in films. Sometimes, they prefer to live the part instead of just acting. They can often do this through music. A lot of actors play an instrument or sing, as a kind of secret passion, and occasionally perform as singers, revealing a fine voice and the right intonation.

Over the years, some of them have sung – maybe in a recording studio or actually on the set – the most famous Beatles' songs, to pay tribute to the four and, at the same time, to put their talents to the test. The list of records they've made is never-ending, and this exhibition does not claim to be exhaustive. The curators would like to acknowledge the following:

Mae West's "Day Tripper" and "Twist and Shout".
George Hamilton's "World Without Love".
Telly Savalas' "Something".
Bill Cosby's "Sgt. Pepper's Lonely Hearts Club Band".
Sigourney Weaver's "Back In the U.S.S.R." (in "Heartbreakers" by David Mirkin, 2001).
John Travolta's "All You Need Is Love" (in "Michael" by Nora Ephron, 1996).
David McCallum's "Yesterday" and "Michelle".
Peter Sellers' "A Hard Day's Night", "Help!", "Can't Buy Me Love" and "She Loves You".

LAS ESTRELLAS CANTAN A LOS BEATLES

Los divos de Hollywood no se limitan a interpretar los personajes en la pantalla. A veces en lugar de fingir que son otra persona, prefieren "ser" esa persona. Estas ocasiones se presentan muchas veces a través de la música. Non son raros los casos de actores que practican, como una especie de pasión secreta, la música y a veces actuan como cantantes, demostrando que poseen una bonita voz y la entonación adecuada. A lo largo de los años, algunos de ellos han cantado, unas veces en estudios de sonido, otras en el set de una película, las canciones más famosas de los Beatles, como una especie de homenaje y al mismo tiempo desafiándose a sí mismos. La lista de discos producidos en tales ocasiones es larga, de modo que la siguiente no pretende ser exhaustiva.

Los estudiosos recuerdan:

Mae West con "Day Tripper" y "Twist and Shout".
George Hamilton con "World Without Love".
Telly Savallas con "Something".
Bill Cosby con "Sgt. Pepper's Lonely Hearts Club Band".
Sigourney Weaver con "Back In the U.S.S.R." (en "Heartbreakers Las rompecorazones" de David Mirkin, 2001).
John Travolta con "All You Need Is Love" (en "Michael" de Nora Ephron, 1996).
David McCallum con "Yesterday" and "Michelle".
Peter Sellers con "A Hard Day's Night", "Help!", "Can't Buy Me Love" y "She Loves You".

Memorabilia, EE.UU.
Memorabilia, US.

Memorabilia, EE.UU.
Memorabilia, US.

Revista alemana, junio de 1965.
German magazine, June 1965.

Detalle de la batería usada por Ringo Starr en la primera gira estadounidense, febrero de 1964.
Detail of the drum kit used by Ringo Starr on the first US tour, February 1964.

Memorabilia, EE.UU.
Memorabilia, US.

Cartel de la película *A Hard Day's Night.*
Poster of the film A Hard Day's Night.

FILM SCORES

The Beatles, and more precisely Paul McCartney and George Harrison, made a further contribution to cinema by composing original scores for a number of films. Over forty years, the former has composed the music for six movies.

Paul:
"The Family Way", John and Roy Boulting, 1966.
"Live and let die", Guy Hamilton, 1973.
"The Honorary Consul", John Mackenzie, 1983.
"Give My Regards to Broad Street", Peter Webb, 1984.
"Spies like us", John Landis, 1985.
"Vanilla Sky", Cameron Crowe, 2001.

George:
"Wonderwall", Joe Massot, 1968.

The music they created for these movies did not reflect the group's trademark style, but was characterized by a strong individual imprint that they would develop as they followed their separate careers. Paul surrendered to his romantic vein, while George pursued his passion for technique and the spiritual, for electronic sounds and Oriental mysticism.

BANDAS SONORAS

Paul y George compusieron las bandas sonoras de algunas películas.

Paul:
"The Family Way" (Luna de miel en familia, 1966), John y Roy Boulting.
"Live and let die" (Vive y deja morir, 1973), Guy Hamilton.
"The Honorary Consul" (El cónsul honorario, 1983), John Mackenzie.
"Give My Regards to Broad Street", Peter Webb, 1984.
"Spies like us" (Espías como nosotros, 1985), John Landis.
"Vanilla Sky", Cameron Crowe, 2001.

George:
"Wonderwall", Joe Massot, 1968.

La música que realizan en estas ocasiones no recuerda el estilo del grupo, sino que más bien resalta el sello individual, que después se desarrolló en las carreras como solistas de Paul y George. El primero se abandona a su vena romántica mientras el segundo insiste en sus pasiones técnicas y espirituales, la música electrónica y el misticismo oriental.

- Canciones de los Beatles que tienen un nombre de mujer en el título: 18
- Número de *yeah* en *She Loves You*: 24
- Horas que duró la grabación de *Please Please Me*: 12
- Tiempo empleado por John para escribir *Strawberry Fields Forever*: 6 semanas
- Tiempo que empleó el fotógrafo Ian Macmillan en disparar la imagen de la cubierta de *Abbey Road*: 10 minutos
- *Grammy* ganados por los Beatles: 14
- Discos de oro: 42
- Canciones editadas: 183
- Compuestas por John: 73
- Por Paul: 69
- Por Paul y John juntos: 17
- Por George: 22
- Por Ringo: 2

Los números de Federico Bini

- Duración en segundos de la canción más corta (*Her Majesty* incluida en *Abbey Road*): 23 segundos
- La más larga (*Revolution 9*, *White Album*): 4'95"
- Copias de la película *A Hard Day's Night* efectuadas para su distribución internacional (récord en aquella época): 15.000
- Beatles presentes en el estreno de la película *Let It Be* en Londres: 0
- Nombres descartados antes de elegir "The Beatles": 7
- Número de veces que Brian Epstein fue testigo de boda en los matrimonios de los Beatles: 3
- Carteles publicitarios impresos por la Capitol en la primera gira estadounidense de 1964: 5.000.000
- Audiencia televisiva en la primera aparición en *Ed Sullivan Show*: 73.000.000
- Audiencia en la primera transmisión en mundovisión, donde los Beatles

Serie de relojes americanos, años ochenta.
Series of American watches from the 1980s.

Puzzle producido en Gran Bretaña, 1965.
Jigsaw puzzle manufactured in the UK, 1965.

Expositor completo de broches, EE.UU., 1964.
Display filled with pins, US, 1964.

aparecieron cantando *All You Need Is Love*: 400.000.000
- Espectadores del concierto en el *Shea Stadium* de 1965: 55.600
- Recaudación: 304.000 dólares
- Multa en caso de anulación de la gira estadounidense de 1966: 1.000.000 dólares
- Referencias en Google, si se teclea Beatles: 62.500.000
- En italiano: 2.040.000
- El precio más alto pagado en una subasta por un objeto de los Beatles (el *Psychedelic Rolls* de John): 2,29 millones de dólares
- Personas que aparecen en la cubierta de *Sgt. Pepper's*: 69
- Elegidas por Ringo: 0
- Objetos relacionados con los Beatles en la subasta de EBay a finales de octubre de 2007: 42.510
- Día del mes en que John nació, encontró a Brian Epstein, conoció a Yoko Ono y murió según el calendario inglés: 9
- Beatles zurdos: 2
- En la realización de los dibujos animados del *King Features Syndicate*, indicaciones específicas para dibujar el personaje de George: 8
- Para Ringo: 7
- Para Paul y John, cada uno: 5
- Porciones de pizza usadas por Ringo en el *spot* de *Pizza Hut*: 12
- Precio de la entrada del concierto al aire libre de los Beatles en el Vigorelli de Milán (1965): 2000 liras
- Coste de un día de estancia, en agosto de 1965, en el hotel Touring de Cesenatico: 2000 liras
- Personas sobre la Tierra que han nacido después de que los Beatles se separaron: 3.740.000.000
- Canciones que John Lennon y Paul McCartney pasaron a otros músicos entre 1963 y 1969: 27
- Artistas diferentes que han interpretado *Yesterday*: más de 2900
- Miembros de *The Official Beatles Fan Club* en 1965: 80.000
- Precio más alto en la subasta de EBay a finales de febrero del 2006 (un *Happy Birthday* grabado en estudio el 18 del 9 del 1968): 9700 dólares
- Gastos de promoción y publicidad de la primera gira americana: 50.000 dólares
- Horas de permanencia en avión en la segunda gira americana de agosto-septiembre de 1964: 60,5
- Policías de servicio en el concierto de Vigorelli: 1300

Barajas de variada producción.
Packs of cards produced by various manufacturers.

• Beatles' songs with a woman's name in the title: 18
• Number of yeahs in "She Loves You": 24
• Hours it took to record *Please Please Me*: 12
• Time it took John to write "Strawberry Fields Forever": 6 weeks
• How long photographer Ian Macmillan had to shoot the image for the *Abbey Road* sleeve: 10 minutes
• Grammies won by the Beatles: 14
• Gold records: 42
• Songs published: 183
• By John: 73
• By Paul: 69

Numbers by Federico Bini

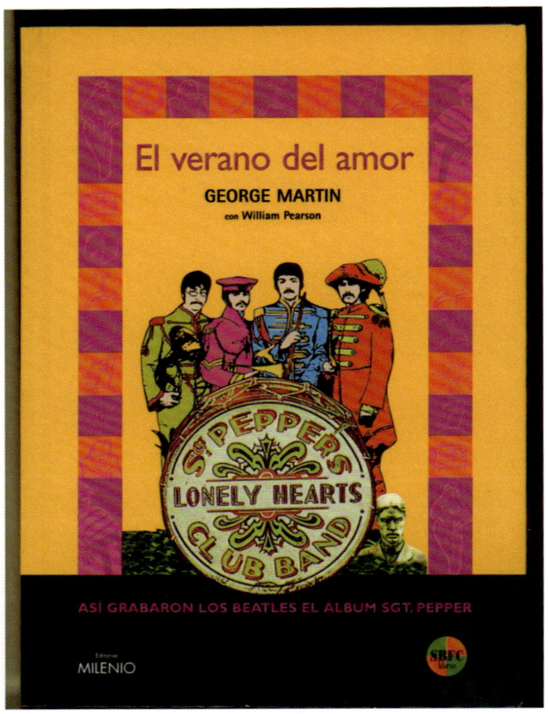

Libro publicado en España.
Book published in Spain.

• By Paul and John together: 17
• By George: 22
• By Ringo: 2
• Shortest song ("Her Majesty", *Abbey Road*): 23 seconds
• Longest song ("Revolution 9", *White Album*): 4'95"
• Number of copies of *A Hard Day's Night* struck for international distribution (a record at the time): 15,000
• Beatles present at the London premiere of *Let It Be*: 0
• Names rejected before The Beatles was chosen: 7
• Number of times Brian Epstein was a witness at a Beatle wedding: 3
• Posters printed by Capitol for the Beatles' first US tour in 1964: 5,000,000
• Number of viewers who watched the group's first appearance on the "Ed Sullivan Show": 73,000,000
• Number of viewers who watched the first worldvision broadcast in which the Beatles sang "All You Need is love": 400,000,000
• Spectators at the Shea Stadium concert in 1965: 55,600
• Takings: $ 304,000
• Penalty for cancellation of 1966 US tour: $ 1,000,000
• References to Beatles on Google: 62,500,000
• In Italian: 2,040,000
• Highest price paid at auction for Beatles' memorabilia (John's psychedelic Rolls-Royce): $ 2,290,000
• Number of people on the *Sgt. Pepper's* sleeve: 69
• Those chosen by Ringo: 0
• Beatles-related objects auctioned on EBay as of end of October 2007: 42,510
• Day of the month that John was born, met Brian Epstein, met Yoko Ono, and died: 9
• Left-handed Beatles: 2
• In the creation of the animated cartoons produced by King Features Syndicate, specific indications for drawing George: 8
• Ringo: 7
• Paul and John, each: 5
• Slices of pizza used by Ringo for the Pizza Hut commercial: 12

- Cost of ticket for a place on the grass at the Beatles concert at the Vigorelli in Milan (1965): 2000 liras
- Day rate – full board – at the Hotel Touring in Cesenatico in August 1965: 2000 liras
- People in the world born AFTER the Beatles broke up: 3,740,000,000
- Songs that John Lennon and Paul McCartney passed on to other artists between 1963 and 1969: 27
- Other performers who have recorded "Yesterday": over 2,900
- Members of the Official Beatles Fan Club in 1965: 80,000
- Highest price paid at an EBay auction as at end of February 2006 (a studio recording of "Happy Birthday" made on 18 September 1968): $ 9,700
- Cost of promoting and advertising the first American tour: $ 50,000
- Hours spent on a plane during the second American tour in August and September 1964: 60.5
- Police on duty at the Vigorelli concert: 1,300

Fragmento de asiento de un estadio dónde se ha tenido un concierto de los *Beatles*.
Fragment of a seat from a stadium where a Beatles concert was held.

Serie de chicles que reproducen en su envoltorio a los Beatles, EE.UU., años sesenta.
Chewing-gum wrappers with Beatles' album covers, US, the 1960s.

- Gasto de los jóvenes en discos durante el 1964 (de *Época*, el 27 de junio de 1965): 50 mil millones de liras
- Grupos *beat* existentes sólo en *Liverpool* en 1967: 400
- Personas que permanecieron a lo largo de los canales de Amsterdam para verlos mientras hicieron una excursión en una lancha: 150.000
- Firmantes de una petición que solicitaba su actuación en directo en Australia: 80.000
- Personas que permanecieron a lo largo del trayecto entre el aeropuerto de Adelaide y el centro de la ciudad: 300.000
- Líneas de autobús que tuvieron que variar su recorrido con ocasión de un concierto en Edimburgo: 18
- Discos de los Beatles vendidos en todo el mundo: más de 1.000.000.000
- Copias vendidas del *CD* doble asociado a *Anthology* en 1996: 89.000.000
- Espectadores de 94 países de la serie televisiva *Anthology*: 420.000.000
- La revista *Variety* en noviembre del 2005 declara que los Beatles están en el primer puesto de la clasificación *Iconos del siglo* por lo que se refiere al mundo del espectáculo
- Fans procedentes de todo el mundo que se reunieron a Liverpool

Otros números

con ocasión de la celebración anual del grupo: 350.000
- Años pasados entre la grabación de *Love Me Do* y la de *Strawberry Fields Forever*: 4
- Número de veces que *Yesterday* ha sido retransmitida solo en las radios americanas: 6.000.000.000
- Resultado de la búsqueda en Yahoo datada el 1 de enero del 2006 al introducir la palabra *Beatles*: 41.300.000
- Conciertos dados por los Beatles entre 1960 y 1966, a una media de 233 al año: 1631
- Kilómetros recorridos durante el segundo *tour* estadounidense, entre agosto y septiembre de 1964: 36.000
- Horas de grabación empleadas en el álbum *Sgt. Pepper's*, 318 veces el tiempo utilizado en grabar su primer *LP Please Please Me*: 700
- Copias vendidas en el mundo de "1°" en el 2000: 30.000.000
- Sencillos vendidos sólo en Inglaterra: 21.000.000
- *Singles* de los *Beatles* que han alcanzado el primer puesto en las clasificaciones de venta en el Reino Unido: 25
- *Singles* de los Beatles que han alcanzado el primer puesto en las clasificaciones de venta en EE.UU.: 23
- Policías requeridos a cada concierto para garantizar la seguridad de los Beatles: 100
- *Fans* que cada año visita en Liverpool los lugares relacionados con los Beatles: 500.000
- Horas pasadas sobre el escenario del *Star Club* de Hamburgo: 800
- Sencillos, entre los 22 comercializados, que han alcanzado el primer puesto en las clasificaciones de venta en UK: 19
- Sencillos, entre los 32 comercializados, que han alcanzado el primer puesto en las listas de ventas en EE.UU.: 25
- Usuarios de la retransmisión en directo ofrecida en la red de internet por la MPL (productora de Paul) de un concierto del mismo en el *Cavern Club* de Liverpool en el noviembre de 1999: 50.000.000
- Preguntas llegadas por correo electrónico durante el primer chat line organizado por

Juego de la oca.
The Game of the Goose.

Confección de papel
de paquete.
Wrapping paper set.

Yahoo, que había programado hacer solo 10 preguntas a Paul, en el noviembre de 1999: 1.000.000

- Copias vendidas en EE.UU. de *I Want to Hold Your Hand* reservadas con anticipación antes de ser editadas: 1.000.000
- Canciones vendidas en más de un millón de ejemplares por parte de Paul, sea como Beatles que en su carrera siguiente, con los Wings o solo: 43
- Discos de oro otorgados a los Beatles: 42
- Copias vendidas de *Sgt. Pepper's* en el 2000: 24.000.000
- Número de veces que *Michelle* ha sido retransmitada a la radio, al 1998: 1.000.000
- Reservas del sencillo *Can't Buy Me Love* salido en EE.UU. en marzo de 1964: 2.000.000
- Copias vendidas entre abril, fecha de publicación y el final de 1968 del *single Hey Jude*: 5.000.000
- Entradas vendidas para los conciertos durante la gira en Australia de 1964: 200.000
- Fans en la plaza delante del hotel dónde se alojaron a Melbourne, Australia: 250.000
- Ocupan las seis primeras posiciones de las listas australianas en el mayo de 1964
- Cifra que ofreció el presidente de un equipo de baloncesto de Kansas City para que dieran un concierto en su ciudad: 150.000 dólares
- Peticiones para asistir a un concierto (su último concierto en Liverpool el 5 de diciembre de 1965) en un teatro que tenía 2500 asientos: 40.000
- Sacos de correo depositados delante de la casa de George el día en que cumplió veintiún años, lunes 24 de marzo de 1964: 52
- Clientes que invadieron las tiendas de discos de Tokio el primero día de venta de *Anthology*, otoño 2001: 400.000
- Cover band existentes solo en Inglaterra a mediados de los años noventa: 200

Chicles con cromos
de los *Beatles*, EE.UU.,
1964.
*Chewing-gum packs with
cards, US, 1964.*

Juego de mesa, EE.UU., 1964.
Table game, US, 1964.

- Spent on records by youth in Italy, in 1964 (from *Epoca*, 27 June 1965): 50 billion liras
- Beat groups present in Liverpool alone in 1967: 400
- People who watched from the canal banks in Amsterdam when the Beatles took a boat trip: 150,000
- Number of people who signed a petition asking the Beatles to perform in Australia: 80,000
- Number of people who lined the route from Adelaide airport to the city centre: 300,000
- Buses re-routed for a Beatles concert in Edinburgh: 18
- Beatles records sold worldwide: over 1,000,000,000
- Copies sold of the double cd released together with the "Anthology" tv series, in 1996: 89,000,000
- Number of viewers in 94 countries who watched the "Anthology" tv series: 420,000,000 liras
- The November 2005 issue of *Variety* magazine named the Beatles the number one "Icons of the Century" in the world of showbiz
- Fans from all over the world who gathered in Liverpool for the group's annual celebration: 350,000

More numbers

- "Strawberry Fields Forever" was recorded 4 years after "Love Me Do"
- Single broadcasts of "Yesterday" on American radio networks alone: 6,000,000,000
- Covers of "Yesterday" by other artists: at least 2,500
- References to the Beatles on Yahoo as of January 2006: 41,300,000
- Concerts given by the Beatles between 1960 and 1966, an average of 233 a year: 1,631

Serie de muñecas rusas.
Russian Matryoska dolls.

- 36,000 km covered on their second US tour, between August and September 1964
- Hours to complete the recording of *Sgt. Pepper's*, 318 times as long as it took to cut their first lp *Please Please Me*: 700
- Copies of *The Beatles – 1* sold worldwide in 2000: 30,000,000
- Beatles 45s sold in England alone: 21,000,000
- Beatles singles that reached number one in the UK charts: 25
- Beatles singles that topped the US charts: 23
- Police offices required at each concert to guarantee the Beatles' safety: 100
- Fans visiting places associated with the Beatles in Liverpool every year: 500,000
- Hours spent on the Star Club stage in Hamburg: 800
- 45s, out of the 22 released, that topped the UK charts: 19
- 45s, out of the 32 released, that made number one in the US charts: 25
- Number of users who plugged in to the live transmission on the MPL site (Paul's music publishing company) of a performance given by Paul himself at the Cavern Club in Liverpool in November 1999: 50,000,000
- Questions submitted by e-mail during the first chat organized by Yahoo (who had planned to ask Paul only 10 questions) in November 1999: 1,000,000
- Advance copies of "I Want to Hold Your Hand" sold in the US: 1,000,000

Serie de casetes de música.
Set of music cassettes.

- Paul's songs selling over a million copies, while he was part of the Beatles and during his subsequent career (with Wings or as a solo performer): 43
- Gold records awarded to the Beatles: 42
- Copies of *Sgt. Pepper's* sold by 2000: 24,000,000
- Radio broadcasts of "Michelle" (as at 1998): 3,000,000
- Covers of "Yesterday" to date: over 3,000
- Advances sales for the single "Can't Buy Me Love" released in the US in March 1964: 2,000,000
- Copies of the single "Hey Jude" sold between April (release date) and the end of 1968: 5,000,000
- Tickets sold for the 1964 Australia tour: 200,000
- Fans who filled the square outside the hotel where the Beatles stayed in Melbourne: 250,000
- The top 6 slots of the Australian charts were occupied by Beatles' songs in May 1964
- $ 150,000 were offered to the Beatles by the President of the Kansas City basket ball team to perform in his city
- Number of requests to attend the Beatles last concert in Liverpool on 5 December 1965, held in a theatre with only 2,500 seats available: 40,000
- Mailbags filled with greetings left outside George's door on his 21st birthday on 24 March 1964: 52
- Customers who invaded the record stores in Tokyo the day "Anthology" went on sale in autumn 2001: 400,000
- Cover bands in England alone in the mid-1990s: 200

Emisiones filatélicas en homenaje a los *Beatles*.
Stamp issues celebrating the Beatles.

Miniaturas de plomo.
Lead miniatures.

RINGO STARR'S MOVIES

Ringo Starr was certainly not the most photogenic of the Beatles. But it was evident from his very first film that he had the best physique du rôle. John Lennon also had a good screen presence, which comes across in the five films featuring the group, and especially in "How I Won the War" by Richard Lester. Ringo's irregular, quirky features, his acrobatics and bemused expression, gave him something special. This could already be seen in "A Hard Day's Night" and "Help!", where Lester made him the character that drove the action (in the former he gets lost and introduces the element of fiction into what is basically a documentary; in the latter he is the cause of, and link between, the various adventures). Ringo really showed what he could do as a movie actor when he struck out on his own, making films that were emblematic of their time, reflecting the period and preserving it for posterity. This is well evident in "Candy" (1967), a hippie spoof by Richard Marquand, in which – possibly thanks to his slightly droopy moustache – Ringo is cast as a Mexican gardener who – like all the other male characters in the film – tries to seduce the naive young protagonist. In "The Magic Christian" (1969) by Joseph McGrath, where he plays a gullible Candide-like layabout who is indoctrinated by a clever millionaire, and in "Blindman" (1971), a 'spaghetti' Western by Ferdinando Baldi, in which he is a gunslinger – a Mexican again. Ringo appeared in another five films in the Seventies: "200 Motels" (1971) by Tony Palmer, "That'll Be the Day" (1973) by Claude Whatham, "Son of Dracula" (1974) by Freddie Francis, "Sextette" (1978) by Ken Hughes, and "The Last Waltz" (1978) by Martin Scorsese. He took his final bow in the Eighties, his last films being "Caveman" (1981), by Carl Gotlieb, a farce set in the prehistoric age, and the evocative "Give My Regards to Broad Street" (1984) by Peter Webb.

LAS PELÍCULAS INTERPRETADAS POR RINGO STARR

Ringo Starr no era seguramente el más fotogénico de los Beatles. Sin embargo desde la primera película estuvo claro que era el que más se prestaba a ser actor. John Lennon también quedaba muy bien en la gran pantalla, como se ve en las cinco películas del grupo y sobre todo en "Como gané la guerra" de Richard Lester. Sin embargo, el rostro irregular y curioso de Ringo, su cuerpo de equilibrista y distraído, lo colocaban en una posición especial, como se ve ya en los papeles que le da Lester en "A Hard Day's Night" y "Help!", como el elemento cómico del cuarteto (en la primera se pierde e instaura el elemento de ficción dentro de una forma casi documental mientras en la segunda es el detonante y el elemento de unión de todas las aventuras). Es sin embargo como intérprete por su cuenta cuando Ringo asume el rango de actor de cine, en películas que hicieron historia en su época. Como se puede ver bien "Candy" (1967), una parodia hippie de Richard Marquand, donde Starr, tal vez gracias a un bigote ridículo, interpreta el papel de un jardinero mejicano que intenta seducir, como todos los otros personajes de la película, a la ingenua protagonista; o también en "The Magic Christian" (1969) de Joseph McGrath, donde el actor es una especie di Cándido, ingenuo y desarraigado, educado por un sabio millonario; o también en "Blindman" (1971) western italiano de Ferdinando Baldi, en el que hace el papel de un pistolero, mejicano también. Además, Ringo Starr interpretó en los años 70 otras cinco películas: "200 Motels" (1971) de Tony Palmer, "That'll Be the Day" (1973) de Claude Whatham, "Son of Dracula" (1974) de Freddie Francis, "Sextette" (1978) de Ken Hughes y "The Last Waltz" (El último wals, 1978) de Martin Scorsese. Su carrera de actor terminó en los años 80 con "Caveman" (El cavernícola, 1981), farsa prehistórica de Carl Gotlieb y la evocadora "Give My Regards to Broad Street" (1984) de Peter Webb.

Cartel del *Kaiserkeller* de Hamburgo.
Poster announcing the Beatles at the Kaiserkeller in Hamburg.

Enzo Gentile

Entrevista a Shel Shapiro. Una fiebre "made in England"

An interview with Shel Shapiro A fever made in Egland

Shel Shapiro found fame and success in Italy with his group the Rokes. He came to Italy as a 20-year-old in 1963, and has stayed on ever since, keeping on touring in his unmistakable British accent.
The Shel Shapiro story started out no differently to that of many British kids who decided to pick up a musical instrument and form a band.

Sharing the same dreams and aspirations as John, Paul and the others in Liverpool (and with a similar sound and background), Shel put his band together in London.
Like the Beatles, we spent a spell in Hamburg, in the red light district where all the clubs were. Germany was almost an obligatory stop for new English rock 'n' roll, skiffle and rhythm 'n' blues bands, because they offered us decent pay, and above all, a chance to perform.

Shel Shapiro took his Combo to a city where, musically-speaking, it was all happening.
It was a really big deal for us. The Second World War and Nazism were still fresh in our minds. Germany was in the middle of a huge reconstruction programme. In Hamburg, I was surprised to find so much prostitution and music, all day and all night, in the district where we stayed. It really was an incredible place to learn the ropes. We were on stage the whole time, seven days a week. When you play that much, that intensely, you get good pretty fast. We were all doing the same thing: loads of songs by top American artists, with a little of our own stuff thrown in.

You were there at the same time as the Beatles, right?
Yeah, I was in Hamburg from September '62 to early '63. I knew about the Beatles, they were tipped as one of the hottest new prospects. They played at the Star Club; we were at the Top Ten, not even 100 yards away, but we didn't go and listen to other groups, we didn't have time. Nobody did: you had to be on stage at your own club and get it right, or you'd be out on your ear and somebody else was ready to take your place. Tony Sheridan was the big star at the time, he and his quartet sounded like they were from another planet. He really was a great musician.

Ediciones americanas y británicas en casete de varios *LP*.
Series of English and American audio tapes.

Shel Shapiro permanece en Italia; es aquí, con los Rokes donde ha encontrado el éxito y su carrera profesional ha alcanzado su cima. Desde que llegó en 1963, hace ya veinte años, no ha dejado el país y ha continuando tocando y cantando con su inconfundible acento británico. Pero su historia se inicia junto a la de muchos otros chicos que atraviesan el Canal de la Mancha cargando sus instrumentos musicales con la ilusión de dedicar sus esfuerzos a formar una banda.

Tanto Shel en Londres como John, Paul y tantos otros jóvenes de Liverpool mezclan melodías, sueños y aspiraciones, con una trayectoria artística y humana con muchas semejanzas entre sí.

También nosotros como los Beatles, pasamos por Hamburgo, por aquellos barrios porno en donde surgieron los principales locales de música. Escuchábamos a los grupos ingleses que se formaban en torno a la pasión por el *rock 'n' roll*, el *skiffle*, el *rhythm and blues*, fue casi una etapa obligada. Entonces funcionaba una especie de emigración hacia Alemania, nos llamaban ofreciéndonos contratos discretos y sobre todo la posibilidad de tocar.

FRA I ROKES E I BEATLES
sfida all'ultimo urlo

I quattro "scarafaggi" di Liverpool, che sono attesi in Italia a giugno, sono stati sfidati dai Rokes a un confronto diretto davanti a una platea che sarà chiamata a decidere quale dei due "complessi" va piú forte. La rivalità tra i due quartetti inglesi risale a qualche anno fa: i Rokes, infatti, hanno iniziato ad esibirsi prima dei Beatles, e ci tengono quindi a ribadire in pubblico questa ambitissima "anzianità".

Se non ci saranno altre manifestazioni in programma a metà giugno, il Palazzo dello Sport all'EUR sarà teatro di una manifestazione canora destinata a rimanere « storica ». E' da tempo, infatti, che è nell'aria una sfida « all'ultima nota » fra i « Rokes » ed i « Beatles », il cui arrivo è annunciato in Italia già da qualche tempo: sfida senza dubbio sensazionale, e della quale in verità si parla più all'estero che qui da noi. Le ragioni? Le abbiamo comprese chiacchierando con gli zazzeruti ragazzi di Londra che da un paio di mesi allietano con i loro infernali strumenti l'enorme sala sotterranea di Via Tagliamento dove sorge, in quello che è un cinema mancato, il « Piper Club », cioè a dire il luogo di riunione di migliaia di ragazzi « yé-yé » romani.

Questa sfida, o meglio, la voce di questa sfida, ha una storia che è tutta da raccontare e che si riallaccia ad una serie di interviste serie e semi-serie che i Rokes hanno rilasciato a decine di giornalisti, dal giorno del loro ingresso in Italia. Non è un mistero per nessuno che il complesso attualmente affidato alle cure organizzative di Teddy Reno ha un'anzianità artistica superiore almeno di un paio d'anni a quello dei più celebri « scarafaggi » con frangetta che rispondono ai nomi di John Lennon, Paul Mac Cartney, George Harrison e Ringo Star.

Ora i Rokes, pur riconoscendo che i loro colleghi ed avversari hanno avuto una maggiore fortuna della loro (fra le quotazioni rispettive c'è una differenza da otto ad uno) non sono disposti a transigere quando si tratta di stabilire un'anzianità che costituisce indubbiamente, a suo modo, un titolo di merito nei confronti dei Beatles. Ed è stato proprio il concetto di un'indubbia priorità professionale — sul quale i Rokes hanno sempre insistito con giustificato orgoglio — che ha fatto nascere le voci di una sfida fra i due complessi da attuarsi, se le parti si troveranno d'accordo, non appena i Beatles, dopo le esibizioni del nord-Italia (due: a Milano e Torino), verranno a Roma.

Li accusano di essere "provinciali"

Teddy Reno da noi intervistato negli studi della nota casa discografica per la quale lavora, ci ha detto: « E' vero: alcuni miei amici provenienti dalla Germania e dall'Inghilterra mi hanno detto che là si parla da parecchio di questa sfida. Cosa ne penso personalmente? Ma è chiaro: al di là di un naturale senso agonistico fra due complessi che all'incirca praticano lo stesso genere, ed al di fuori delle sorprendenti affinità che esistono fra i componenti dei due quartetti (sono tutti inglesi, tutti giovanissimi, trascinano entrambi le folle, sono letteralmente inseguiti dagli ammiratori e contesi dalle ammiratrici, sono in medesima misura odiati o vilipesi dai "benpensanti" della musica leggera, hanno tutti e due i capelli... strani ed altre mode eccentriche) al di fuori di tutto questo, io vedrei molto bene un incontro fra i miei ragazzi ed i simpatici e bravissimi "scarafaggi" ».

Continua il Teddy: « Il fatto è che io sono rimasto un artista anche dopo essere di-

Una divertente immagine dei Rokes fotografati attraverso il buco di una serratura. I Rokes, che da qualche tempo si sono stabiliti in Italia, e che attualmente si esibiscono in un locale romano, si sono stancati di essere tacciati di copiare i Beatles, il che non corrisponde a verità: infatti il loro quartetto si è formato prima di quello dei più celebri colleghi. I loro nomi sono: Johnny Charlton, Bobby Powel, Shel Carson, Mike Rogers, ed hanno, rispettivamente 20, 21, 21 e 20 anni.

10

Articulo aparecido en una revista italiana, 1965.
Article that appeared in an Italian magazine, 1965.

También Shel Shapiro, guiando su grupo, en esa época, los Combo, desembarca en esa ciudad tan rica en actividad musical. ¿Qué ocurrió en Hamburgo?

Fue algo muy fuerte. Todo ocurrió poco después del final de la segunda guerra mundial. El nazismo todavía era un espectro, Alemania se encontraba metida de lleno en su reconstrucción, y sorprendía que en la zona que frecuentábamos hubiese tanta la prostitución y tanta música circulara a todas horas del día y de la noche. Todo esto fue para nosotros un entrenamiento extraordinario; recuerdo que siempre íbamos a tocar, siete días a la semana. Con aquellos ritmos y aquella intensidad, aprendimos por fuerza, todos tuvimos los mismos puntos de referencia: un gran repertorio de artistas americanos y un poco de material propio.

Vosotros vivisteis el mismo ambiente que fue testigo de la explosión de los Beatles...

Para ser exactos, yo estuve en Hamburgo desde septiembre de 1962 hasta los primeros meses de 1963. Oí hablar de los Beatles, alguien los citó como uno de los mejores grupos emergentes. Ellos tocaban en el *Star Club*, nosotros en el *Top Ten*, que se hallaba a pocos metros de distancia, pero no podíamos ir a escuchar a otros grupos, no teníamos tiempo. Teníamos que defender la audiencia de nuestros propios clubs, espabilar si no queríamos ser despedidos y reemplazados por otros. El más cotizado de esa época fue Tony Sheridan, parecía provenir de otro planeta con su cuarteto, fue realmente un músico potente.

So the Beatles weren't any kind of model for you?
We'd heard about this really promising band, but back then the Beatles were just one of any. There was so much bubbling up through the music underground. By the spring of 1963, though, people were sitting up and taking special notice of the Beatles. The first time I saw them live a few months later, everyone knew they were going places. George was a great guitarist, John and Paul were phenomenal singers, and their songs, "Please Please Me" and "She Loves You", put them on a different level.

You decided to try your luck on the Italian market rather than go back home...
While we were still in Hamburg I got a call offering a four-week gig in Italy. A good job none of us wanted to turn down. That's how it all started. England seemed a long, long way away. The Beatles were striking it big worldwide, and Italy welcomed the Rokes with open arms the minute we arrived. We got a tremendous reception when we played the songs we loved, Jerry Lee Lewis, Ray Charles, Otis Spann, rock'n'roll and blues… things just really took off.

How did you handle competing with the local Italian groups? And what about the lure of the English music scene, the place you came from?
Well, the Rokes made it to no. 1 on the Italian charts in 1965, not long after attending the launch of the Piper Club in Rome. We were up against Equipe 84 for the top spot – they were a great band, but they had a more Italian sound; we were exotic, we had the added appeal of outsiders riding an exciting new trend. That gave us more credibility, and the Italian public couldn't get enough of this sort of music. We were big right from the start. "C'è una strana espressione nei tuoi occhi" did really well, and so did the songs that came after.

The Rokes were in all the youth magazines that began to appear at in Italy. Many of the articles focused on your rivalry with the Beatles; in Italy, you really were at a similar level of popularity.
We were, yes, but with hindsight it seems like heresy to say so. Back then, the idea that we were on parallel paths didn't seem so crazy. For an Italian audience, it was easier to buy our records. The Italian market was ripe for our kind of music. Sixty-six and sixty-seven were great years for us. We outsold Gianni Morandi and Caterina Caselli, who were right at the top; we were outselling foreign groups too. It sounds funny now, but that's the way it was. Kids were rushed away from our gigs in ambulances because they fainted, there were huge crushes… it was natural for the newspapers to compare us with the Beatles. Personally, I thought a better comparison was the Rolling Stones, but merely being associated with the Beatles was terrific for us, a real honour. Of course, it was madness even to imagine competing with them. The Beatles had an incredible machine behind them, a machine I'm sure made all the difference. Brian Epstein and George Martin were indispensable to the Beatles' success.

Cartel conmemorativo del *Star Club*.
Star Club commemorative poster.

Sin embargo, ¿no fueron los Beatles proclamados como el modelo de aquella época?
Se sabía que este grupo de Liverpool era muy prometedor, pero en aquel momento no eran los únicos. Aquel *underground* se nutría de muchos más músicos. Pero ya en la primavera de 1963 comenzaron a sobresalir entre todos y cuando los vimos en directo la primera vez, unos meses después, todos nos dimos cuenta de que eran especiales. George era un gran guitarrista, John y Paul cantaban como los mismos dioses, y con *Please Please Me* y *She Loves You* dieron un gran paso adelante.

Mientras tanto, en vez de lanzaros al éxito en vuestra patria escogisteis Italia.
Mientras estábamos en Hamburgo, recibimos una oferta para tocar cuatro semanas en Italia. Era una buena oportunidad que no nos apetecía desperdiciar así que decidimos aceptar. En aquel momento Inglaterra, nuestra casa, estaba lejana: los Beatles tenían éxito en todo el mundo y los Rokes tuvieron aquí, entre vosotros, inmediatamente, una excelente respuesta. Con el *background* madurado en aquellos años, tocando a nuestros queridos Jerry Lee Lewis, Ray Charles, Otis Spann, *rock 'n' roll* y *blues*, obtuvimos una repercusión a lo grande: teníamos la sensación de que verdaderamente estaba sucediendo algo.

¿Cómo llevasteis la competencia con los grupos italianos dado también el continuo reclamo de la música inglesa, de la que proveníais?
En 1965, justo después de haber participado en la inauguración del *Piper* de Roma, los Rokes acabaron a la cabeza de las listas. Nosotros competíamos con Equipo 84, buenos, pero más hogareños, mientras que nosotros en cambio teníamos un atractivo más exótico, típico de los extranjeros que asimilan una nueva cultura. Como consecuencia resultamos más creíbles y el público acogió con entusiasmo la novedad, premiándonos desde el primer momento: la canción *C'è una strana espressione nei tuoi occhi* fue un triunfo al que siguieron muchos otros éxitos.

Efectivamente, en las revistas juveniles de aquellos años, los Rokes eran una presencia fija,

Portadiscos original,
EE.UU., 1964.
Lp case made
in the US,1964.

What did the Beatles mean to your generation?
There were so many great performers around during the mid 1960s. The Animals, The Hollies, The Mamas & Papas, the Beach Boys, the Bee Gees, every one of them turned the music business upside down. It still gives me goose pimples just thinking about it. But the Beatles were the biggest and best of them all. Their career is like some huge multiethnic smorgasbord: there's something for everyone, every taste, ingredient and type of food. Their records are full of music that knew no bounds, they churned through ideas and creativity so quickly and continuously it's almost suspect. Whatever they wanted to do, they could do it. They had unlimited power, and no barriers. They were the slogan, the monument and the symbol of pop culture.

You played in a group with the same number of bandmembers, a quartet. Did that give you any insight into how the different characters in the Beatles jelled?
John always seemed to me to be incredibly unselfish. He was quick to stand up and be counted. He seemed truly like a man who was pure, authentic to his inner self.
George was the most thoughtful and spiritual of the bunch. He was looking for his own inner world, a clean world, full of hope. George knew how to look after himself.
Paul has always seen the world from another angle. He's a brilliant writer, truly gifted, but he's always been a bit too calculating, a bit lacking in charisma.
Ringo was a guy who was in the right place at the right time. It's such a miracle, it's almost funny. He's confirmation that in this world every now and then someone makes it really big against the odds.
The Beatles' strength was what they accomplished as a unit. They were bursting with life, a conduit of imagination and energy that took them right to the top, way, way ahead of anyone else.

Serie de banderines y banderas.
Series of pennants and flags.

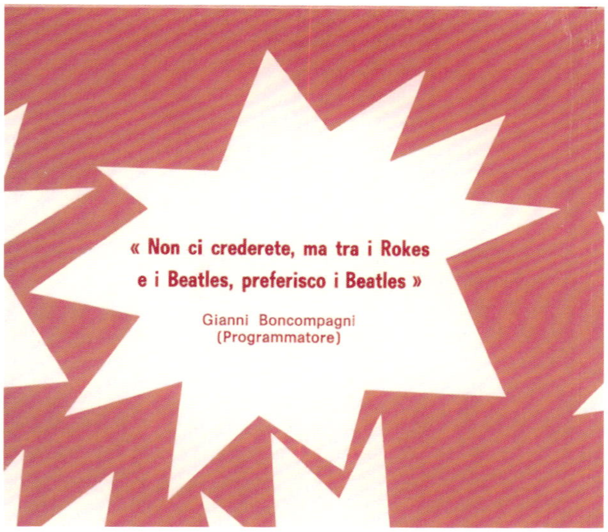

Interior de cubierta
del *LP* de los *Rokes*.
The Rokes' lp album liner.

indiscutible, y en muchos casos se subrayó el dualismo con los Beatles, señal que vuestros niveles de popularidad no eran muy diferentes.
Es verdad, ahora podría parecer una herejía. Pero entonces esta carrera en paralelo no parecía fuera de lugar y para el público era además más fácil comprar nuestros discos. El terreno era fértil para las novedades que invadieron el mercado y los años 1966-67 fueron una época formidable: vendíamos mejor que Gianni Morandi y Caterina Casillas, que fueron el *top*, y también más que los grupos extranjeros. Hoy la cosa nos hace sonreír, pero fue así. De nuestros conciertos salieron muchos jóvenes en ambulancia, por los soponcios, la muchedumbre… y en los periódicos la comparación con los Beatles se hizo natural. Debido a mis gustos de entonces hubiese preferido que nos compararan con los Rolling Stones, pero la mera asociación con los Beatles nos dio más fama, fue un verdadero honor. Sólo pensar en competir con ellos era una locura total; el equipo de los Beatles funcionaba muy bien y estoy convencido que Brian Epstein y George Martin fueron fundamentales para que el grupo lograra el éxito.

¿Qué representaron los Beatles para vuestra generación?
Durante los años sesenta pudimos disfrutar de muchos artistas de calidad como los Animals, Hollies, Mamas & Papas, Beach Boys, Bee Gees, grupos que cambiaron el modo de componer música y que todavía me ponen la carne de gallina. Pero los Beatles fueron los más grandes de todos. Su carrera se puede comparar con un restaurante multiétnico, dónde encontrar cada tipo de sabor de ingrediente. En sus discos han tocado y producido música sin barreras, derrochando ideas y creatividad, a un ritmo y una continuidad que llegan a levantar sospechas, pudieron permitirse cualquier cosa. Tuvieron a su disposición un poder inmenso, sin fronteras. Se convirtieron en el *slogan*, el monumento simbólico de la cultura Pop.

Siendo parte de un grupo con el mismo número de músicos que los Beatles, y en comparación con ellos ¿qué idea se ha podido hacer de sus relaciones y sus caracteres?
John siempre me ha parecido muy generoso, directo a la hora de definirse y de tomar posiciones, una persona pura y auténtica. George era el más reflexivo y espiritual, cultivaba más su mundo interior, limpio y lleno de esperanza, era más sólido. Paul siempre ha visto el mundo desde otra perspectiva: era un autor genial, inmenso, pero tenía un carácter más práctico, con poco carisma. Ringo apareció allí por casualidad, absolutamente de milagro, era un personaje divertido; confirmaba, sin embargo, la teoría de que en este mundo, de vez en cuando, algunas personas consiguen tener éxito sin tener nada especial. La unión significaba para ellos verdaderamente la fuerza; representaba la vida, mostraba la fantasía y la energía que los sustentaba y los hacía elevarse a la cima por delante de todos.

• La revista *Variety* declara en noviembre del 2005 que los Beatles están en el primer puesto de la clasificación "iconos del siglo" por lo que se refiere al mundo del espectáculo.
• Primer puesto sin discusión de la música de los Beatles en los *download* de internet.
• Primeros artistas que editaron un LP sin incluir singles anteriores.
• Su rechazo de efectuar, después de las versiones alemanas de *I Want to Hold Your Hand* y *She Loves You*, posteriores versiones en diversas lenguas provocó el fin de esta práctica en el mundo discográfico.

Los récords

• Primeros intérpretes en realizar las cubiertas de los discos sin su propio nombre.
• *I Feel Fine*: primera grabación que utiliza *feedback*.
• *Hey Jude*: primer *single* que dura más de 7 minutos, 7' 11".
• *Eight Days a Week*: primera canción que se inicia con un *fade-in* (el *fade-in* no es un arranque brusco, sino matizado, donde el nivel de lo sonoro crece poco a poco).
• *Ticket to Ride*: primera canción que no se cierra con el estribillo.
• *Sgt. Pepper's...*: primeros LP que contienen los textos completos de las canciones.
• *Sgt. Pepper's...*: primeros LP de estudio sin interrupción entre una pieza y otra.
• *Sgt. Pepper's...*: primer concepto de álbum en la historia del rock.
• *Yesterday*: primera pieza *pop* acompañada por un cuarteto de instrumentos de cuerda.
• *I'm Only Sleeping*: primera pieza de guitarra donde las notas suenan en sentido contrario.
• *Rain*: primera pieza donde todos los instrumentos suenan al revés, efecto conseguido haciendo sonar la cinta hacia atrás.
• Una clasificación aparecida en la revista *Rolling Stone* en el 2003, coloca *Sgt. Pepper's* al primer puesto entre los 500 álbumes más grandes de todos los tiempos.
• Primer grupo *pop* que realiza *vídeo clips* promocionales de sus piezas: en 1965 con *We Can Work It Out* y *Day Tripper*.
• Primer grupo que produce *audio clip* para la red radiofónica incluyendo "entrevistas" con

Cartel publicitario, EE.UU., 1965.
Advertising poster, US, 1965.

Paquetes de chicles, EE.UU., 1964.
Chewing-gum packs, US, 1964.

los Beatles que sólo contienen respuestas, estas grabaciones permitían a los *disc jockey* insertar en directo las preguntas, consiguiendo así el efecto de que ambos dialogaban en directo.

- Primer experimento **unplugged* con el álbum *Let It Be*, 1969. Aunque en su época el disco fue posteriormente reproducido por *Phil Spector* con la inclusión de coros y arreglos orquestales. El original ha sido publicado en el 2003 como *Let It Be… Naked*.
- *Yesterday*: la canción más difundida de todos los tiempos en las radios americanas (de una búsqueda del *BMI* en 1990).
- *Something*: está en el segundo puesto de la misma clasificación.
- *Michelle*: está en el tercer puesto.
- *Michelle*: primera canción que llega al primer puesto de las listas (27 de enero de 1966, UK) interpretado por otro artista (*The Overlanders*) después de haber estado a la cabeza de las mismas con la interpretación de sus autores.
- Los álbumes *Please Please Me* y *With the Beatles* obtendrán el primer puesto en ventas en el Reino Unido durante un año entero consecutivo: el primero durante treinta semanas y el segundo veintidós.
- *Yesterday*: primera canción que ha tenido más de tres mil interpretaciones diferentes.

Expositor lleno de monederos, EE.UU., 1964.
Display filled with purses, US, 1964.

- Primer (y único) grupo que ha colocado cinco *singles* en los primeros cinco puestos de las listas de éxito estadounidenses (abril de 1964) *(Can't Buy Me Love, Twist and Shout, She Loves You, I Want to Hold Your Hand* y *Please Please Me*).
- En una lista *Guinness Book* del 2002, *Imagine* ocupa el primer puesto entre los singles preferidos por los ingleses; el tercer puesto, después de *Bohemian Rhapsody*, *Hey Jude*.
- El álbum *Sgt. Pepper's* es el que ha vendido el mayor número de copias en Inglaterra: 8 millones.
- Primeros en editar un doble EP, completamente compuesto, además, por nuevas piezas.
- Primeros (y únicos) artistas que ocuparon al mismo tiempo en el mismo día, en EE.UU., los siguientes puestos de las listas de ventas en discos a 45 revoluciones en 1964, el *top 100*: 1, 2, 3, 4, 5, 31, 41, 46, 58, 65, 68, 79.
- Primeros artistas que ocuparon simultáneamente dos puestos de ventas de LP.

*Nota del traductor: unplugged *(desenchufado) se refiere a los conciertos retransmitidos por la cadena de televisión MTV con grandes arreglos musicales pero generalmente sin instrumentos eléctricos*

LP promocional holandés retirado al poco tiempo del mercado, 1981.
Dutch promotional lp that was soon withdrawn from the market.

LP inglés de *covers.*
British lp of covers.

- The November 2005 issue of *Variety* magazine named the Beatles the top Icons of the Century in the world of showbiz
- The Beatles compositions are the most downloaded music from the Internet
- The first artists to release an lp without including an already published single on it
- The Beatles' refusal to do other versions in a different language after "I Want to Hold Your Hand" and "She Loves You" were recorded in German, marked the end of this practice in the recording business
- First artists to create album sleeves that did not feature their name
- "I Feel Fine": first recording to use feedback
- "Hey Jude": first single ever to last more than 7 minutes (7' 11")
- "Eight Days a Week": first song to begin with a fade-in
- "Ticket to Ride": first song that did not end with a refrain

Records

LP americano autografiado por todo el grupo.
American lp signed by all the members of the band.

- *Sgt. Pepper's Lonely Hearts Club Band*: first lp to include lyrics of all the songs on the cover; first lp to be recorded in a studio without breaks between the songs; first concept album in the history of rock
- "Yesterday": first pop song with string quartet accompaniment
- "I'm Only Sleeping": first piece for guitar with the notes played backwards
- "Rain": first composition in which the music is played backwards – an effect obtained by playing the tape in reverse
- In 2003 *Rolling Stone* places *Sgt. Pepper's* at the top of its list of the 500 greatest albums of all time
- First pop group to do promo videos of their songs: "We Can Work It Out" and "Day Tripper", in 1965
- First group to produce for radio networks audioclips containing "interviews with the artists" consisting of answers only, so that the dj could insert the questions on the air, creating the effect of a live interview with the Beatles
- First "unplugged" experiment: the album *Let It Be* (1969), although the disc was then post-produced by Phil Spector who added backup singers and orchestral arrangements. The original was released as *Let It Be… Naked* in 2003
- "Yesterday": the most widely played song on American radio (from a 1990 BMI poll), with "Something" in second place and "Michelle" third

Marco con foto autografiada.
Signed photo in a frame.

- "Michelle": first song to top the hit parade (27 January 1966, UK) interpreted by other artists (The Overlanders) after the Beatles' original version made number one.

The albums *Please Please Me* and *With the Beatles* were the top selling lps in the UK, the first for 30 weeks and the second for 22 weeks, making a year all together

- "Yesterday": first song to be interpreted by over 3,000 different artists
- First and only artists to have 5 singles in the top 5 slots of the US charts (April 1964): "Can't Buy Me Love", "Twist and Shout", "She Loves You", "I Want to Hold Your Hand", "Please Please Me"

The 2002 Guinness Book of Records lists "Imagine" as the British public's favourite single, and "Hey Jude" as their third favourite – after "Bohemian Rhapsody"

- *Sgt. Pepper's* is the best-selling album in England: 8 million copies
- The Beatles were the first to release a double ep composed of new songs
- First and only artists to date to occupy the following slots in the US top one hundred 45s on the same day in 1964: 1, 2, 3, 4, 5, 31, 41, 46, 58, 65, 68, 79
- First artists to occupy first and second place on lp chart

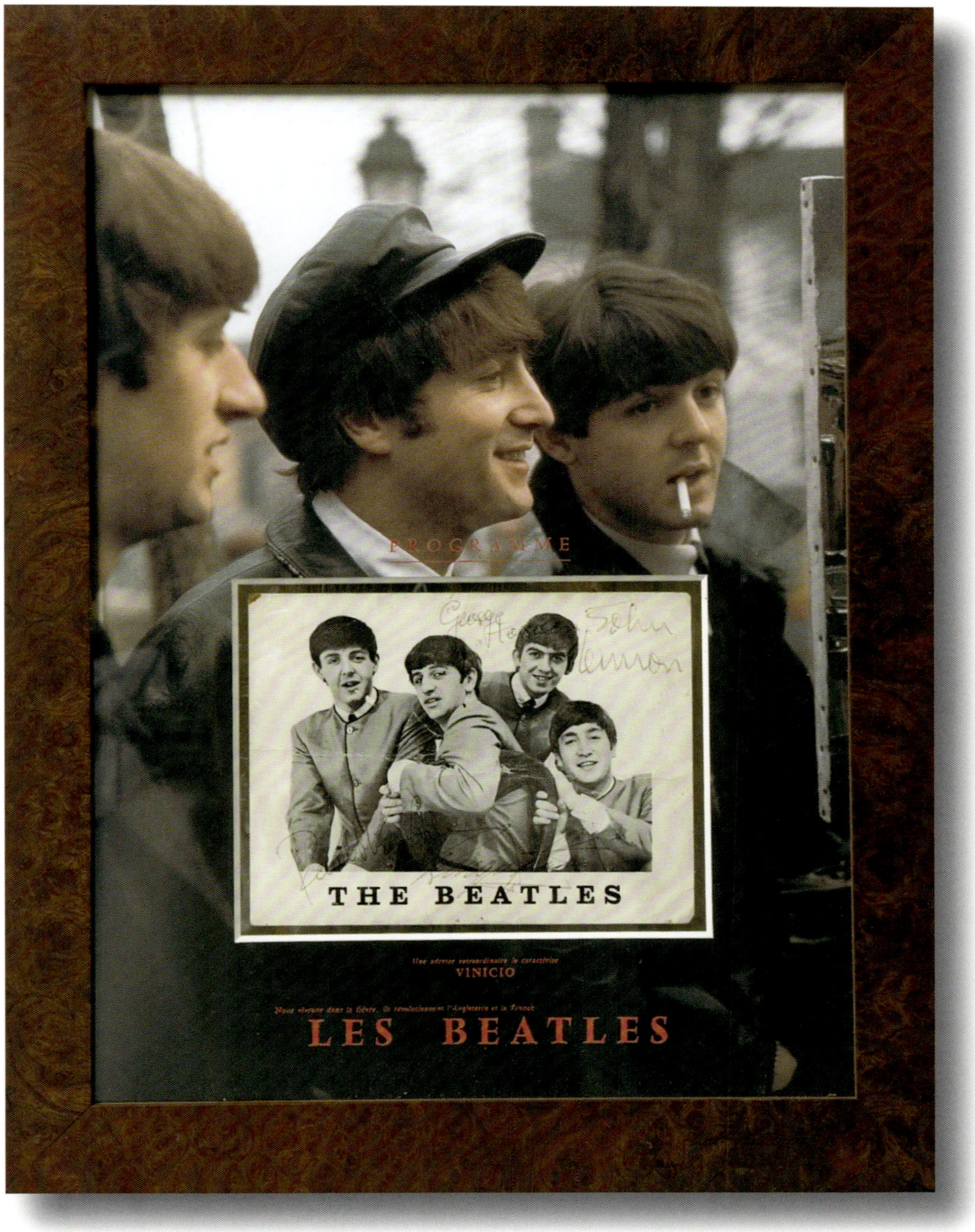

The explosion of beatlemania in the United Kingdom in 1963 and in the States at the beginning of 1964, and its spread throughout the world, was inevitably exploited by the record business. Every disc by the Fab Four sold millions of copies in the space of a few weeks, so why not cash in on the "collective madness" by releasing records that either referred to the Beatles or were associated with their music? During that period the word "Beatles" was synonymous with success, and that's what produced the dozens and dozens of Beatle relateds through which other record companies – often minor – sought to capitalize on the group's success.

Spin-offs and tributes

Cartel italiano de la pelicula de George Zemeckis.
Italian lobby poster of the film by George Zemeckis.

In the US, where beatlemania was actually a mass phenomenon, lps containing interviews with the four were released, and even an lp featuring an interview with George Harrison's sister. In England, someone had the idea of making John Lennon's father Fred sing, and a 45 was released for which he wrote the lyrics.
Catchy tunes of all kinds were released: the most important thing was that the word "Beatles" or the name of one of the group was featured in the title or in the actual name of the artists.
The phenomenon continued after the Fab Four broke up, assuming the form of a nostalgic tribute as their myth gradually became established.

LP americano.
American lp.

El estallido de la beatlemania, en 1963 en el Reino Unido y a principios de 1964 en Estados Unidos, que luego se extendió por todo el mundo, también fue explotada por el mercado discográfico. ¿Si cada disco de los *Fab Four* vendía millones de copias en cosa de pocas semanas, por qué no aprovechar tal "locura colectiva" para hacer dinero lanzando al mercado discos que de algún modo hablaran o se refirieran a su música? En aquellos años la sola palabra Beatles quería decir éxito… el tirón hizo aparecer decenas y decenas de discos relacionados con los Beatles, con los que también otras casas discográficas, a menudo menores, trataron de sacar provecho.
En EE.UU., dónde la beatlemania fue realmente un fenómeno de masas, además de lanzar al mercado algunos LP con entrevistas a los cuatro, llegaron al extremo

Homenajes y tributos

de publicar otro LP con entrevistas a la hermana de George Harrison. En Inglaterra alguien tuvo la idea de hacer cantar al padre de John Lennon, Fred, que editó un single cuya letra había sido sido escrita por él mismo. Seguían apareciendo, por todos lados, canciones pegadizas de todos los géneros... lo único importante era que apareciera el nombre de los Beatles o de uno de los miembros del grupo, ya fuera en el título de la canción o nombrando a alguno de sus intérpretes. El fenómeno, por así llamarlo, continuó también en los años siguientes después de que el grupo se separara; de este modo el mito se consolidaba comercialmente, asumiendo un carácter de homenaje nostálgico.

Cartel de la pelicula interpretada por los Bee Gees.
Lobby poster of the film starring the Bee Gees.

Sencillo de los Carefrees.
Single by the Carefrees.

HANDMADE FILM

El interés de George Harrison por el cine, propiciado por la simpatía y amistad que le unían con el grupo Monty Python, le llevó a que se involucrara directamente en la producción de numerosas películas, a través de la sociedad que él mismo creó, la HandMade Film. En la cinematografía inglesa de los últimos treinta años las producciones de la HandMade, activa en el mercado desde el año 1979 hasta el 1990, han adquirido una gran importancia en el circuito de los apasionados, hasta convertirse en objeto de culto. Produjo películas irreverentes y locas como "Life of Brian" (La vida de Brian) de Terry Jones, sátira feroz con muchos tópicos de nuestra época, o "A private function" (Una función privada) de Malcolm Mowbray, grotesca narración del robo de un cerdo destinado a una comida en honor de la Reina. Pero también colaboró en la realización de creaciones fantasiosas como "Time Bandits" (Los héroes del tiempo) de Terry Gilliam, viaje visionario a través de las épocas del mundo, o policiacas llenas de citas como "Mona Lisa" de Neil Jordan, que narra el amor desafortunado de un ex preso por una prostituta, o "Five Corners" (Cinco esquinas) de Tony Bill, thriller tragicómico en el Bronx de los años 60. Esta es la lista de las películas producidas por la HandMade Film.

"Monty Python's Life of Brian" (La vida de Brian) 1979, Terry Jones, 93´. "The Long Good Friday" 1980, John Mackenzie, 105´. "Time Bandits" (Los héroes del tiempo) 1981, Terry Gilliam, 110´. "Monty Python Live at the Hollywood Bowl" 1982, Terry Hughes, 77´. "Private on Parade" 1982, Michael Blakemore, 113´. "Scrubbers" 1983, Mai Zetterling, 90´. "The Missionary" (El misionero) 1983, Richard Loncraine, 90´. "Bullshot" 1983, Dick Clement, 88´. "A Private Function" (Una función privada) 1984, Malcolm Mowbray, 93´. "Water" 1985, Dick Clement, 95´. "Mona Lisa" 1986, Neil Jordan, 104´. "Shanghai Surprise" 1986, Jim Goddard, 97´. "Withnail & I" 1987, Bruce Robinson, 105´. "Bellman and True" 1987, Richard Loncraine, 112´. "The Lonely Passion of Judith Hearne" (La solitaria pasión de Judith Hearne) 1987, Jack Clayton, 116´. "Track 29" 1988, Nicolas Roeg, 90´. "The Raggedy Rawney" 1988, Bob Hoskins, 103´. "Five Corners" (Cinco esquinas) 1988, Tony Bill, 92´. "Powwow Highway" 1988, Jonathan Wacks, 91´. "Checking Out" 1988, David Leland, 95´. "How to Get Ahead in Advertising" 1989, Bruce Robinson, 94. "Cold Dog Soup" 1989, Alan Metter, 88´. "Nuns on the Run" (Monjas a la carrera) 1990, Jonathan Lynn, 90´.

HANDMADE FILM

George Harrison developed an interest in cinema because he was friendly with the Monty Python group, whom he really rated. This led him to set up his own company, HandMade Films, which produced many movies. In British cinema of the last thirty years, pictures made by Harrison's company – active from 1979 to 1990 – have achieved considerable status on film buff circuits, sometimes becoming actual cult movies. These include irreverent films like "Monty Python's Life of Brian" by Terry Jones, a biting satire on the truisms of our time; bizarre projects such as "A Private Function" by Malcolm Mowbray, the grotesque tale of a stolen pig destined to be served at a lunch in honour of the future Queen of England; fantasies like "Time Bandits" by Terry Gilliam, a visionary journey through the different ages of the world; noirs dense with social comment, like "Mona Lisa" by Neil Jordan, the story of an ex-con's ill-fated love for a prostitute; and "Five Corners" by Tony Bill, a tragicomic thriller set in the Bronx in the Sixties. The following is a list of the movies produced by HandMade Films.

"Monty Python's Life of Brian" 1979, Terry Jones, 93'. "The Long Good Friday" 1980, John Mackenzie, 105'. "Time Bandits" 1981, Terry Gilliam, 110'. "Monty Python Live at the Hollywood Bowl" 1982, Terry Hughes, 77'. "Private on Parade" 1982, Michael Blakemore, 113'. "Scrubbers" 1983, Mai Zetterling, 90'. "The Missionary" 1983, Richard Loncraine, 90'. "Bullshot" 1983, Dick Clement, 88'. "A Private Function" 1984, Malcolm Mowbray; 93'. "Water" 1985, Dick Clement, 95'. "Mona Lisa" 1986, Neil Jordan, 104'. "Shangai Surprise" 1986, Jim Goddard, 97'. "Withnail & I" 1987, Bruce Robinson, 105'. "Bellman and True" 1987, Richard Loncraine, 112'. "The Lonley Passion of Juduth Hearne" 1987, Jack Clayton, 116'. "Track 29" 1988, Nicolas Roeg, 90'. "The Raggedy Rawney" 1988, Bob Hoskins; durata: 103'. "Five Corners" 1988, Tony Bill, 92'. "Powwow Highway" 1988, Jonathan Wacks, 91'. "Checking Out" 1988, David Leland, 95'. "How to Get Ahead in Advertising" 1989, Bruce Robinson, 94'. "Cold Dog Soup" 1989, Alan Metter; 88'. "Nuns on the Run" 1990, Jonathan Lynn, 90'.

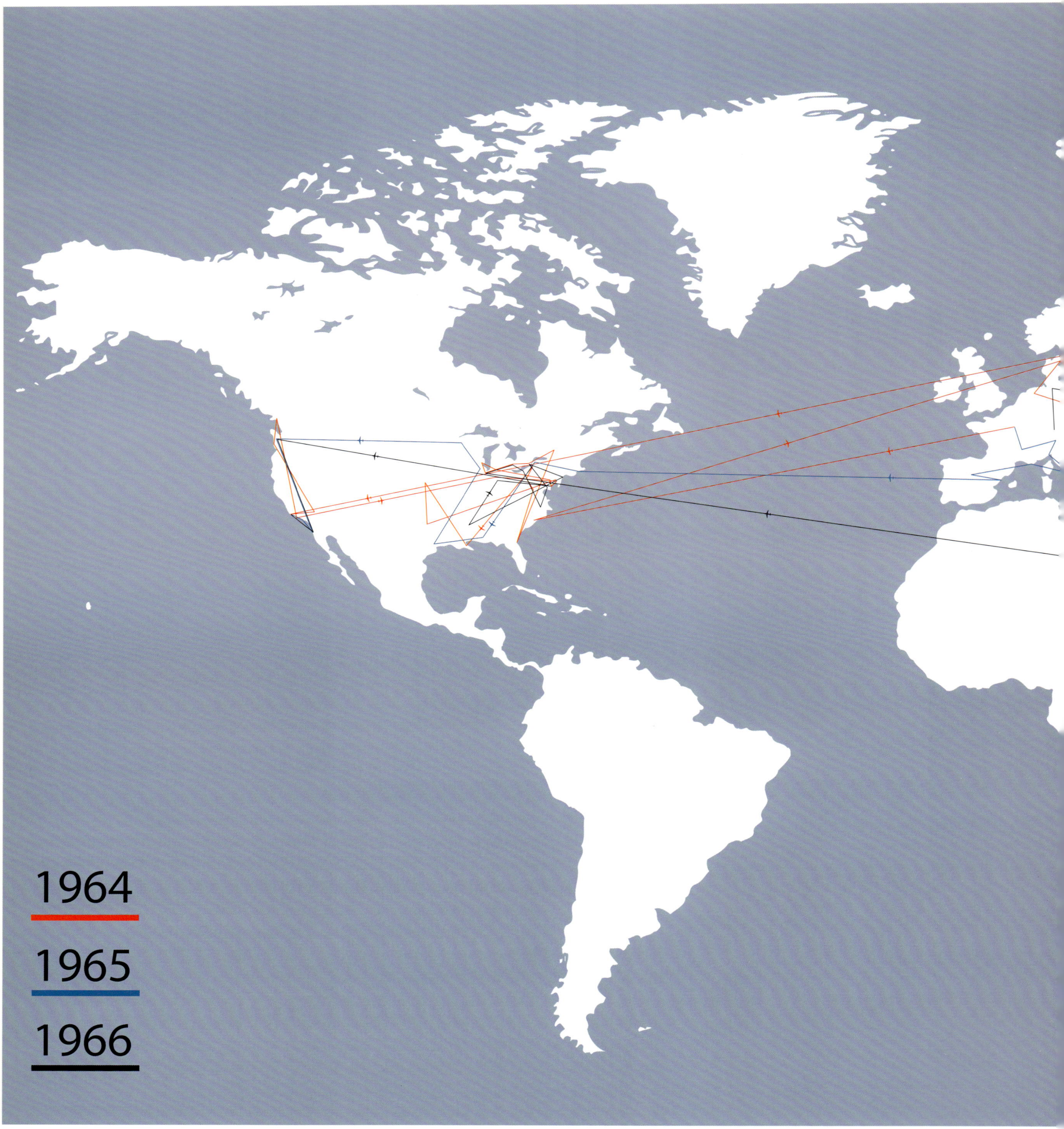

1964
1965
1966

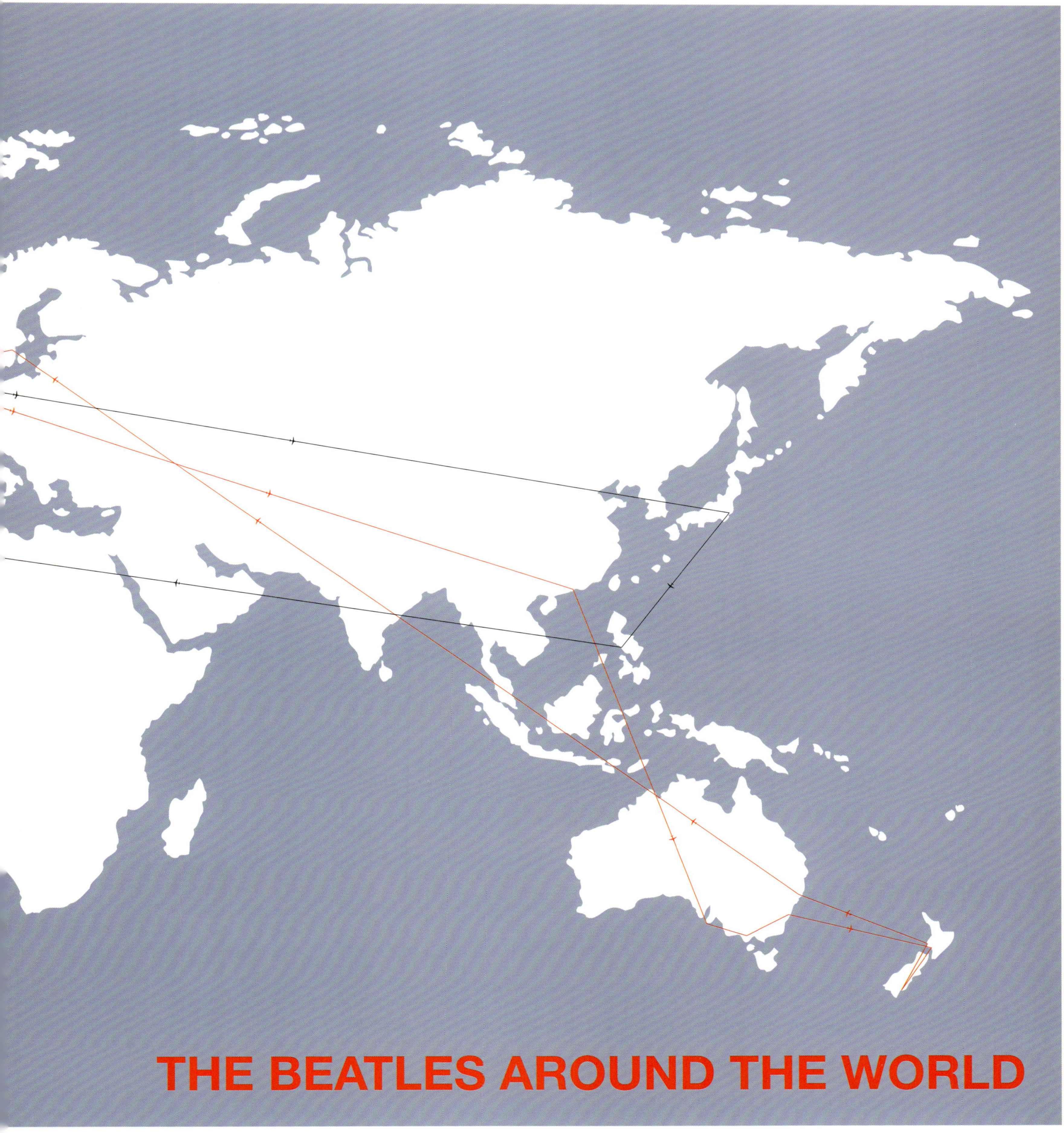
THE BEATLES AROUND THE WORLD

1964-1966
World Tour

Towards the end of 1963, at the height of their success in England, The Beatles embarked on their first tour abroad (apart from their performances in Hamburg in previous years). It started with a 5-day blitz in Sweden, where they gave the following concerts:

25 October – Karlstad
26 October – Stockholm
27 October – Göteborg
28 October – Boras
29 October – Eskilstuna

After hundreds of concerts in the UK in 1962-63 and a 5 day lightning tour in Sweden at the end of 1963, in January 1964 The Beatles set off on a world tour that last from 1964 to 1966 and covered five continents. The Beatles were actually the first to organize actual world tours, and the demand for tickets was so high that the showbiz entrepreneurs had to transfer the concerts from theatres to stadiums.
From the first concert in Paris on 15 January 1964 to the farewell performance on 29 August 1966 at Candlestick Park, at least a million and a half people (an incredible figure for the time) were able to see the Beatles "live on stage".

1964

January 15
Versailles, Cinema Cyrano 2.000
January 26/February 4
concerts in Paris (2-3 per day) dnd
February 11
Washington, Coliseum 5.800
June 4
Copenaghen, K.B. Hallen 8.800
June 6
Blokker (Olanda), Veilinghal 12.000
June 9
Hong Kong, Princess Theatre 3.400
June 12-13
Adelaide (Australia), Centennial Hall 48.000
June 15-17
Melbourne, Festival Hall 45.000
June 18-20
Sydney, Stadium 72.000
June 22-23
Wellington (New Zealand), Town Hall 10.000
June 24-25
Auckland, Town Hall 10.000
June 26
Dunedin, Town Hall 8.000
June 29-30
Brisbane (Australia), Festival Hall 22.000
July 28-29
Stockholm, Hockey Arena 26.500
August 19
San Francisco (Usa), Cow Palace dnd
August 20
Las Vegas, Convention Center 16.000
August 21
Seattle, Coliseum 14.720
August 22
Vancouver, Empire Stadium 20.261
August 23
Los Angeles, Red Rock amphitheatre 7.000
August 27
Cincinnati, Cincinnati Gardens 14.000
August 28-29
N.Y. City, Forest Hill Tennis Stadium 32.000
August 30
Atlantic City, Convention Hall 18.000
September 2
Philadelphia, Convention Hall 13.000
September 3
Indianapolis, State Fair Coliseum 29.337
September 4
Milwaukee, Arena dnd
September 5
Chicago, International Amphitheatre dnd
September 6
Detroit, Olympia Stadium dnd
September 7
Toronto (Canada), Maple Leaf Gardens 35.522
September 8
Montreal, Forum 21.000
September 11
Jacksonville, Gator Bowl 21.000
September 13
Baltimore, Civic Center 28.000
September 14
Pittsburg, Civic Arena 12.603
September 15
Cleveland, Public Auditorium dnd
September 16
New Orleans, City Park Stadium 12.000
September 17
Kansas City, Municipal Stadium dnd
September 18
Dallas, Memorial Auditorium dnd
September 20
New York City, Paramount Theatre 3.682

1965

June 20
Paris, Palais des Sports dnd
June 22
Lyon, Palais d'Hiver 7.000
June 24
Milano, Velodromo Vigorelli 27.000
June 25
Genova, Palazzo dello Sport 15.000
June 27-28
Roma, Teatro Adriano dnd
June 30
Nizza, Palais des Fètes dnd
July 2
Madrid, Plaza de Toros 8.000
July 3
Barcelona, Plaza de Toros 18.000
August 15
New York City, Shea Stadium 55.600
August 17
Toronto (Canada), Maple Leaf Gardens 32.000
August 18
Atlanta, Stadium 30.000
August 19
Houston, Coliseum 24.000
August 20
Chicago, White Sox Park 62.000
August 21
Minneapolis, Twin Cities Stadium 25.000
August 22
Portland, Memorial Coliseum 20.000
August 28
San Diego, Balboa Stadium dnd
August 29-30
Los Angeles, Hollywood Bowl dnd
August 31
San Francisco, Cow palace 28.700

1966

June 24
Munich (Germany), Circus Krone dnd
June 26
Hamburg, Ernst Merck Halle 11.200
June 30/July 2
Tokyo, Nippon Budokan Hall 50.000
July 4
Manila (Philippines), Rizal Memorial 80.000
August 12
Chicago, International Amphitheatre 26.000
August 13
Detroit, Olympia Stadium 28.000
August 14
Cleveland, Stadium 20.000
August 15
Washington, DC Stadium 32.164
August 16
Philadelphia, Stadium 21.000
August 17
Toronto (Canada), Maple Leaf Gardens 32.000
August 18
Boston, Suffolk Downs 25.000
August 19
Memphis, Mid-South Coliseum 22.500
August 21
Cincinnati, Crosley Field 23.000
August 23
New York City, Shea Stadium 44.600
August 25
Seattle, Coliseum 23.000
August 28
Los Angeles, Dodger Stadium 45.000
August 29
San Francisco, Candlestick Park 25.000

1964-1966
La vuelta al mundo

A finales del año 1963, cuando estaban en el ápice del éxito, los Beatles realizan su primera gira en el extranjero (aparte de sus conciertos en Hamburgo en los años precedentes). Empiezan con un verdadero *tour de force* de cinco dias en Suecia donde actuan:
25 octubre – Karlstad
26 octubre – Stockholm
27 octubre – Göteborg
28 octubre – Boras
29 octubre – Eskilstuna
Después de un centenar de actuaciones en Inglaterra durante los años 1962-63 y una breve gira de cinco días en Suecia a finales del 63, a partir de enero de 1964 los Beatles empiezan una auténtica vuelta al mundo que les llevará, entre 1964 y 1966, a tocar en todos los continentes. De hecho, los Beatles fueron el primer grupo que organizó verdaderas giras mundiales, obligando al mundo del espectáculo a desplazar los conciertos de los teatros a los estadios, debido a la gran demanda de entradas. Empiezan en París el 25 de enero de 1964 y terminan en 29 de agosto de 1966 en el Candlestick Park. Los verán "live on stage" casi un millón y medio de personas, cifra impresionante para aquellos años.

1964
enero 15
Versailles, Cinema Cyrano 2.000
enero 26/febrero
4 serie de conciertos e París (2-3 al día) dnd
febrero 11
Washington, Coliseum 5.800
junio 4
Copenaghen, K.B. Hallen 8.800
junio 6
Blokker (Holanda), Veilinghal 12.000
junio 9
Hong Kong, Princess Theatre 3.400
junio 12-13
Adelaide (Australia), Centennial Hall 48.000
junio 15-17
Melbourne, Festival Hall 45.000
junio 18-20
Sydney, Stadium 72.000
junio 22-23
Wellington (Nueva Zelanda), Town Hall 10.000
junio 24-25
Auckland, Town Hall 10.000
junio 26
Dunedin, Town Hall 8.000
junio 29-30
Brisbane (Australia), Festival Hall 22.000
julio 28-29
Stockholm, Hockey Arena 26.500
agosto 19
San Francisco (EE.UU.), Cow Palace dnd
agosto 20
Las Vegas, Convention Center 16.000
agosto 21
Seattle, Coliseum 14.720
agosto 22
Vancouver, Empire Stadium 20.261
agosto 23
Los Angeles, Red Rock amphitheatre 7.000
agosto 27
Cincinnati, Cincinnati Gardens 14.000
agosto 28-29
New York City, Forest Hill Tennis Stadium 32.000
agosto 30
Atlantic City, Convention Hall 18.000
septiembre 2
Philadelphia, Convention Hall 13.000
septiembre 3
Indianapolis, State Fair Coliseum 29.337
septiembre 4
Milwaukee, Arena dnd
septiembre 5
Chicago, International Amphitheatre dnd
septiembre 6
Detroit, Olympia Stadium dnd
septiembre 7
Toronto (Canadá), Maple Leaf Gardens 35.522
septiembre 8
Montreal, Forum 21.000
septiembre 11
Jacksonville, Gator Bowl 21.000
septiembre 13
Baltimore, Civic Center 28.000
septiembre 14
Pittsburg, Civic Arena 12.603
septiembre 15
Cleveland, Public Auditorium dnd
septiembre 16
New Orleans, City Park Stadium 12.000
septiembre 17
Kansas City, Municipal Stadium dnd
septiembre 18
Dallas, Memorial Auditorium dnd
septiembre 20
New York City, Paramount Theatre 3.682

1965
junio 20
Paris, Palais des Sports dnd
junio 22
Lyon, Palais d'Hiver 7.000
junio 24
Milano, Velodromo Vigorelli 27.000
junio 25
Genova, Palazzo dello Sport 15.000
junio 27-28
Roma, Teatro Adriano dnd
junio 30
Nizza, Palais des Fètes dnd
julio 2
Madrid, Plaza de Toros 8.000
julio 3
Barcelona, Plaza de Toros 18.000
agosto 15
New York City, Shea Stadium 55.600
agosto 17
Toronto (Canadá), Maple Leaf Gardens 32.000
agosto 18
Atlanta, Stadium 30.000
agosto 19
Houston, Coliseum 24.000
agosto 20
Chicago, White Sox Park 62.000
agosto 21
Minneapolis, Twin Cities Stadium 25.000
agosto 22
Portland, Memorial Coliseum 20.000
agosto 28
San Diego, Balboa Stadium dnd
agosto 29-30
Los Angeles, Hollywood Bowl dnd
agosto 31
San Francisco, Cow palace 28.700

1966
junio 24
Munich (Alemania), Circus Krone dnd
junio 26
Hamburg, Ernst Merck Halle 11.200
junio 30/julio 2
Tokyo, Nippon Budokan Hall 50.000
julio 4
Manila (Filipinas), Rizal Memorial 80.000
agosto 12
Chicago, International Amphitheatre 26.000
agosto 13
Detroit, Olympia Stadium 28.000
agosto 14
Cleveland, Stadium 20.000
agosto 15
Washington, DC Stadium 32.164
agosto 16
Philadelphia, Stadium 21.000
agosto 17
Toronto (Canadá), Maple Leaf Gardens 32.000
agosto 18
Boston, Suffolk Downs 25.000
agosto 19
Memphis, Mid-South Coliseum 22.500
agosto 21
Cincinnati, Crosley Field 23.000
agosto 23
New York City, Shea Stadium 44.600
agosto 25
Seattle, Coliseum 23.000
agosto 28
Los Angeles, Dodger Stadium 45.000
agosto 29
San Francisco, Candlestick Park 25.000

INCHIESTE - VIAGGI - VARIETA'

Durante le trasferte in treno, giocano a carte e bevono il vino...

I Beatles viaggiano come i calciatori

La moda yé-yé è semplice, pratica: si ispira all'aria aperta ma va bene in città in qualsiasi ora del giorno

Di sportivo ha solo il nome

La nostra inviata Natalia Aspesi li ha osservati durante il viaggio: Paul predica sulla felicità, George dice "ciao" al vuoto, John sta sempre zitto e Ringo pensa

«Signora, pensi a me»

Ora tocca alle ragazze

Artículo escrito por Natalia Aspesi en junio de 1965.
The article written by Natalia Aspesi in june 1965.

Los Beatles en el Palasport de Génova, el 25 de junio de 1965.
The Beatles at the Palasport, Genoa, 25 June 1965.

Bandeja original, EE.UU., años sesenta.
Original 1960s tray, US.

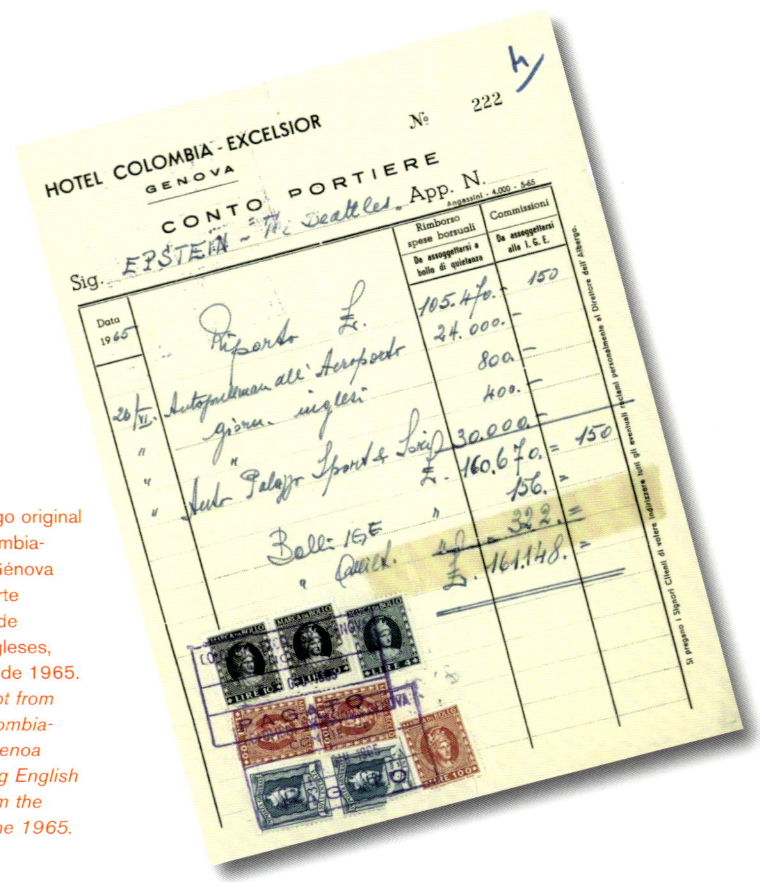
HOTEL COLOMBIA - EXCELSIOR
GENOVA
№ 222
CONTO PORTIERE App. N.
Sig. EPSTEIN - The Beatles

Data 1965		Rimborso spese borsuali	Commissioni
	Riporto £.	105.470	150
		24.000	
		800	
		400	
26/VI.	Autopullman all'Aeroporto giorn. inglesi	30.000	150
"	Aut. Palazzo Sport e Sais	£. 160.670	
		156	
	Bolli IGE	322	
	Quietz.	£. 161.148	

PAGATO

Recibo de pago original del hotel Colombia-Excelsior de Génova por el transporte al aeropuerto de periodistas ingleses, el 26 de junio de 1965.
Original receipt from the Hotel Colombia-Excelsior in Genoa for transporting English journalists from the airport, 26 June 1965.

Leo Wachter, el
empresario que llevó
los Beatles en Italia.
*Leo Wachter, the
impresario who brought
the Beatles to Italy.*

Los Beatles desembarcan
en Roma, el 26 de junio
de 1965.
*The Beatles arriving
in Rome, 26 June 1965.*

Sobre promocional distribuido
en el concierto milanés,
el 25 de junio de 1965.
*Promotional envelope
distributed at Milan concert,
25 June 1965.*

Discografía inglesa
UK discography

sp = single-playing
lp = long-playing
ep = extended-playing

Marco Lodola, *Amarillo en el fondo del mar*, 2007. Perspex y neon, 78 x 128 cm.
Marco Lodola, *Yellow deep in the sea, 2007.* Perspex and neon, 78 x 128 cm.

1962

05.01.1962
sp – My Bonnie / The Saints

05.10.1962
sp – Love Me Do / P.S. I Love You

1963

11.01.1963
sp – Please Please Me / Ask Me Why

22.03.1963
lp – *Please Please Me*

11.04.1963
sp – From Me to You / Thank You Girl

12.07.1963
ep – *Twist and Shout*

23.08.1963
sp – She Loves You / I'll Get You

06.09.1963
ep – *Beatles' Hits*

01.11.1963
ep – *Beatles no. 1*

22.11.1963
lp – *With the Beatles*

29.11.1963
sp – I Want to Hold Your Hand / This Boy

1964

07.02.1964
ep – *All My Loving*

20.03.1964
sp – Can't Buy Me Love / You Can't Do That

19.06.1964
ep – *Long Tall Sally*

10.07.1964
lp – *A Hard Day's Night*

10.07.1964
sp – A Hard Day's Night / Things We Said Today

06.11.1964
ep – Extracts from the film "A Hard Day's Night" nn. 1 e 2

27.11.1964
sp – I Feel Fine / She's a Woman

11.12.1964
lp – *Beatles for Sale*

1965

06.04.1965
ep – *Beatles for Sale*

09.04.1965
sp – Ticket to Ride / Yes It Is

10.06.1965
sp – Paperback Writer / Rain

23.07.1965
sp – Help! / I'm Down

05.08.1965
sp – Yellow Submarine – Eleanor Rigby

06.08.1965
lp – *Help!*

03.12.1965
lp – *Rubber Soul*

03.12.1965
sp – We Can Work It Out / Day Tripper

06.12.1965
ep – *Beatles Million Sellers*

1966

04.03.1966
ep – *Yesterday*

08.07.1966
ep – *Nowhere Man*

05.08.1966
lp – *Revolver*

09.12.1966
lp – *Oldies But Goldies*

1967

17.02.1967
sp – Strawberry Fields Forever / Penny Lane

01.05.1967
lp – *Sgt. Pepper's Lonely Hearts Club Band*

07.07.1967
sp – All You Need Is Love / Baby You're a Rich Man

24.11.1967
sp – Hello Goodbye / I Am the Walrus

08.12.1967
2 ep – *Magical Mystery Tour*

1968

15.03.1968
sp – Lady Madonna / The Inner Light

30.08.1968
sp – Hey Jude / Revolution

22.11.1968
lp – *The Beatles (White Album)* – Numerado / *Limited edition*

1969

17.01.1969
lp – *Yellow Submarine*

11.04.1969
sp – Get Back / Don't Let Me Down

30.05.1969
sp – The Ballad of John and Yoko / Come Together

26.09.1969
lp – *Abbey Road*

11.10.1969
sp – Something / Come Together

12.12.1969
lp – Compilation *No One's Gonna Change Our World* para el WWF con una versión diferente de "Across the Universe" / *WWF Compilation* No One's Gonna Change Our World – *different version of "Across the Universe"*

1970

06.03.1970
sp – Let It Be / You Know My Name

08.05.1970
lp – *Let It Be*

Filmography

A Hard Day's Night
1964; UK; directed by Richard Lester; length: 85'; black and white; musical.

Help!
1965; UK; directed by Richard Lester; length: 92'; colour; comedy.

Magical Mystery Tour
1967; UK; directed by Bernard Knowles, John Lennon, Paul McCartney, George Harrison, Ringo Starr; length: 55'; colour; BBC tv film.

Yellow Submarine
1968; UK; directed by George Dunning; length: 87'; colour; animation.

Let It Be
1970; UK; directed by Michael Lindsay-Hogg; length: 80'; colour; musical.

Films in which they acted individually

How I Won the War
1967; UK; directed by Richard Lester; length: 110'; colour; comedy.
Featuring John

Candy
1968; France-Italy-US; directed by Christian Marquand; length: 127'; colour; comedy.
Featuring Ringo

Magic Christian
1969; UK; directed by Joseph McGrath; length: 93'; colour; comedy.

Blindman
1971; Italy-US; directed by Ferdinando Baldi; length: 102'; colour; western.
Featuring Ringo

200 Motels
1971; US; directed by Tony Palmer, Charles Swenson, Frank Zappa; length: 99'; colour; documentary, comedy, fantasy, musical.
Featuring Ringo

That'll Be the Days
1973; UK; directed by Claude Whatham; length: 91'; colour; drama.
Featuring Ringo

Son of Dracula
1974; UK; directed by Freddie Francis; length: 90'; colour; comedy, horror, musical.

Sextette
1978; US; directed by Ken Hughes; length: 85'; colour; musical.
Featuring Ringo

The Last Waltz
1978; US; directed by Martin Scorsese; length: 117'; colour; documentary.
Featuring Ringo

Caveman
1981; US; directed by Carl Gottlieb; length: 92'; colour; comedy.
Featuring Ringo

Give My Regards to Broad Street
1984; UK; directed by Peter Webb; length: 108'; colour; musical.
Featuring Paul and Ringo

Films for which the Beatles composed the score as a group or individually

The Family Way
1966; UK; directed by Roy Boulting; length: 115'; colour; comedy.
Original score by Paul

Wonderwall
1968; UK; directed by Joe Massot; length: 89'; colour; comedy.
Original score by George

Live and Let Die
1973; UK; directed by Guy Hamilton; length: 121'; colour; spy story.
Original score by Paul

Time Bandits
1981; UK; directed by Terry Gilliam; length: 110'; colour; fantasy.
Original score by George

The Honorary Consul
1983; UK; directed by John Mackenzie; length: 103'; colour; drama.
Original score by Paul

Rupert and the Frog Song
1985; UK; directed by Geoff Dunbar; length: 13'; colour; animation.
Original score by Paul

Spies Like Us
1985; US; directed by John Landis; length: 109'; colour; thriller.
Original score by Paul

Everest
1998; US; directed by David Breashears, Stephen Judson, Greg MacGillivray; length: 44'; colour; documentary.
Original score by George

Vanilla Sky
2001; US; directed by Cameron Crowe; length: 136'; colour; thriller.
Original score by Paul

Films about or inspired by the Beatles

Imagine
1972; US; directed by Steve Gebhardt, John Lennon, Yoko Ono; length: 70'; colour; documentary.

I Want to Hold Your Hand
1978; US; directed by Robert Zemeckis; length: 104'; colour; comedy.

Sgt. Pepper's Lonely Hearts Club Band
1978; US; directed by Michael Schultz; length: 113'; colour; adventure, musical.

The Birth of the Beatles
1979; US; directed by Richard Marquand; length: 100'; colour; biographical.

Beatlemania: The Movie
1981; US; directed by Joseph Manduke; length: 86'; colour; musical.

Prick Up Your Ears
1987; UK; directed by Stephen Frears; length: 108'; colour; drama.

Backbeat
1993; UK; directed by Iain Softley; length: 100'; colour; biographical.

I Am Sam
2001; US; directed by Jessie Nelson; length: 130'; colour; sentimental.

The US vs John Lennon
2006; US; directed by David Leaf, John Scheinfeld; length: 99'; colour; documentary.

Film scores featuring songs composed by the Beatles as a group or individually

The Strawberry Statement
1970; US; directed by Stuart Hagmann; length: 103'; colour; drama.
"Give Peace a Chance" by John

All This and World War II
1976; US; directed by Susan Winslow; length: 88'; colour; animation, documentary, war, musical.

Coming Home
1978; US; directed by Hal Ashby; length: 127'; colour; drama.
"Strawberry Fields Forever"

Superman 3
1983; UK; directed by Richard Lester; length: 123'; colour; fantasy.
"Roll over Beethoven"

Testament
1983; US; directed by Lynne Littman; length: 90'; colour; drama.
"All My Loving"

Ballando ballando (Le Bal)
1983; Italy-Algeria-France; directed by Ettore Scola; length: 100'; colour; comedy.
"Michelle"

Once upon a Time in America
1984; US; directed by Sergio Leone; length: 218'; colour; gangster.
"Yesterday"

Withnail & I
1987; UK; directed by Bruce Robinson; length: 105'; colour; comedy.

Nuns on the Run
1990; UK; directed by Jonathan Lynn; length: 90'; colour; comedy.

Michael
1996; US; directed by Nora Ephron; length: 105'; fantasy comedy.
"All You Need Is Love" sung by John Travolta

Everest
1998; US; directed by David Breashears, Stephen Judson, Greg MacGillivray; length: 44'; colour; documentary.

Heartbreakers
2001; US; directed by David Mirkin; length: 123'; colour; comedy.
"Back in the USSR" sung by Sigourney Weaver

The Royal Tenenbaums
2001; US; directed by Wes Anderson; length: 108'; colour; comedy.

I Am Sam
2001; US; directed by Jessie Nelson; length: 130'; colour; sentimental.
The entire soundtrack is composed of covers

Happy Feet
2006; US; directed by George Miller; length: 104'; colour; comedy, animation.

Across the Universe
2007; US; directed by Julie Taymor; length: 131'; drama, musical.
The entire soundtrack is composed of covers

Filmed concerts

The Last Waltz
1978; US; directed by Martin Scorsese; length: 117'; colour; documentary.

The Concert for Bangladesh
1972; US; directed by Saul Swimmer; length: 103'; documentary.

Concert of Bangladesh Revisited with George Harrison and Friends
2005; UK; directed by Claire Ferguson; length: 47'; film tv; documentary.

Films with visual or verbal references to the Beatles

Head
1968; US; directed by Bob Rafelson; length: 86', 110' (director's cut); colour; musical comedy.

Romanzo popolare
1974; Italy-France; directed by Mario Monicelli; length: 102'; colour; comedy.

1941
1979; US; directed by Steven Spielberg; length: 118'; colour; comedy.

Segni particolari: bellissimo
1983; Italy; directed by Castellano & Pipolo; length: 90'; colour; comedy.

Non ci resta che piangere
1984; Italy; directed by Massimo Troisi, Roberto Benigni; length: 111'; colour; comedy.

Forrest Gump
1994; US; directed by Robert Zemeckis; length: 142'; colour; comedy.

Love and Other Catastrophes
1996; Australia; directed by Emma-Kate Croghan; length: 74'; colour; comedy.

Independence Day
1996; US; directed by Roland Emmerich; length: 144'; colour; sci-fi.

The Rock
1996; US; directed by Michael Bay; length: 136'; colour; action.

Men in Black
1997; US; directed by Barry Sonnenfeld; length: 97'; colour; sci-fi.

Anni 60 (tv fiction)
1999; Italy; directed by Carlo Vanzina; length: 4 episodes; colour; comedy.

The Family Man
2000; US; directed by Brett Ratner; length: 125'; colour; fantasy.

High Fidelity
2000; US; directed by Stephen Frears; length: 113'; colour; comedy.

America's Sweethearts
2001; US; directed by Joe Roth; length: 102'; colour; comedy.

Amnesia
2002; Italy-Spain; directed by Gabriele Salvatores; length: 114'; colour; dramatic comedy.

Hitch
2004; US; directed by Andy Tennant; length: 118'; colour; comedy.

Romanzo criminale
2005; Italy-France-UK; directed by Michele Placido; length: 154'; colour; drama.

Charlie and the Chocolate Factory
2005; US-UK-Australia; directed by Tim Burton; length: 114'; colour; fantasy.

Anche libero va bene
2005; Italia; directed by Kim Rossi Stuart; length: 108'; colour; drama.

Incontrolable
2006; France; directed by Rarry Shart; length: 88'; colour; comedy.

Notte prima degli esami
2006; Italy; directed by Fausto Brizzi; length: 100'; colour; comedy.

Xxy
2007; Argentina-France-Spain; directed by Lucía Puenzo; length: 86'; colour; drama.

Sicko
2007; US; directed by Michael Moore; length: 113'; colour; documentary.

Music and Lyrics
2007; US; directed by Marc Lawrence; length: 96'; comedy.

I'm Not There
2007; US-Germany; directed by Todd Haynes; length: 135'; colour; drama.

Across the Universe
2007; US; directed by Julie Taymor; length: 131'; drama, musical.

Filmografía

A Hard Day's Night
(¡Qué noche la de aquel día¡)
1964; Gran Bretaña; director: Richard Lester; duración: 85´; blanco y negro; musical.

Help!
1965; Gran Bretaña; director: Richard Lester; duración: 92´; color; comedia.

Magical Mystery Tour
1967; Gran Bretaña; directores: Bernard Knowles, John Lennon, Paul McCartney, George Harrison, Ringo Starr; duración: 55´; color; película para la tv BBC.

Yellow Submarine
(El submarino amarillo)
1968; Gran Bretaña; director: George Dunning; duración: 87´; color; animación.

Let It Be
1970; Gran Bretaña; director: Michael Lindsay-Hogg; duración: 80´; color; musical.

Películas donde los Beatles actuan individualmente

How I won the war
(Cómo gané la guerra)
1967; Gran Bretaña; director: Richard Lester; duración: 110´; color; comedia. Intérprete John.

Candy
1968; Francia-Italia-EE.UU.; director: Christian Marquand; duración: 127´; color; comedia. Intérprete Ringo.

Magic Christian
1969; Gran Bretaña; director: Joseph McGrath; duración: 93´; color; comedia.

Blindman
1971; Italia-EE.UU.; director: Ferdinando Baldi; duración: 102´; color; western. Intérprete Ringo

200 Motels
1971; EE.UU.; directores: Tony Palmer, Charles Swenson, Frank Zappa; duración: 99´; color; documental, comedia, fantástico, musical. Intérprete Ringo

That'll Be the Days
1973; Gran Bretaña; director: Claude Whatham; duración: 91´; color; drama. Intérprete Ringo

Son of Dracula
1973; Gran Bretaña; director: Freddie Francis; duración: 90´; color; comedia, terror, musical.

Sextette
1978; EE.UU.; director: Ken Hughes; duración: 85´; color; comedia musical. Intérprete Ringo

The Last Waltz
(El último vals)
1978; EE.UU.; director: Martin Scorsese; duración: 117´; color; documental. Intérprete Ringo

Caveman
(El cavernícola)
1981; EE.UU.; director: Carl Gottlieb; duración: 92´; color; comedia. Intérprete Ringo

Give My Regards to Broad Street
1984; Gran Bretaña; director: Peter Webb; duración: 108´; color; musical. Intérpretes Paul y Ringo

Películas donde el grupo o uno de sus componentes ha compuesto la banda sonora

The Family Way
(Luna de miel en familia)
1966; Gran Bretaña; director: Roy Boulting; duración: 115´; color; comedia. Banda sonora de Paul

Wonderball
1968; Gran Bretaña; director: Joe Massot; duración: 89´; color; comedia. Banda sonora de George

Live and Let Die
(Vive y deja morir)
1973; Gran Bretaña; director: Guy Hamilton; duración: 121´; color; espionaje. Banda sonora de Paul

Time Bandits
(Los héroes del tiempo)
1981; Gran Bretaña; director: Terry Gilliam; duración: 110´; color; fantástico. Banda sonora de George

The Honorary Consul
(El cónsul honorario)
1983; Gran Bretaña; director: John Mackenzie; duración: 103´; color; drama. Banda sonora de Paul

Rupert and the Frog Song
1985; Gran Bretaña; director: Geoff Dunbar; duración: 13´; color; animación. Banda sonora de Paul

Spies Like Us
(Espías como nosotros)
1985; EE.UU.; director: John Landis; duración: 109´; color; policiaca. Banda sonora de Paul

Everest
1998; EE.UU.; directores: David Breashears, Stephen Judson, Greg MacGillivray Freeman; duración: 44´; color; documental. Banda sonora de George

Vanilla Sky
2001; EE.UU.; director: Cameron Crowe; duración: 136´; color; thriller. Banda sonora de Paul

Películas sobre los Beatles o inspiradas en sus vidas

Imagine
1972; EE.UU.; directores: Steve Gebhardt, John Lennon, Yoko Ono; duración: 70´; color; documental.

I Want to Hold Your Hand
(Locos por ellos)
1978; EE.UU.; director: Robert Zemeckis; duración: 104´; color; comedia.

Sgt. Pepper's Lonely Hearts Club Band
1978; EE.UU.; director: Michael Schultz; duración: 113´; color; aventura, musical.

The Birth of the Beatles
1979; EE.UU.; director: Richard Marquand; duración: 100´; color; biográfico.

Beatlemania: The Movie
1981; EE.UU.; director: Joseph Manduke; duración: 86´; color; musical.

Prick Up Your Ears
(Abrete de orejas)
1987; Gran Bretaña; director: Stephen Frears; duración: 108´; color; drama.

Backbeat
1993; Gran Bretaña; director: Iaian Softley; duración: 108´; color; biográfico.

I am Sam
(Me llamo Sam)
2001; EE.UU.; director: Jessie Nelson; duración: 130´; color; drama.

The US vs John Lennon
2006; EE.UU.; directores: David Leaf, John Scheinfeld; duración: 99´; color; documental.

Películas que utilizan las canciones de los Beatles (o de uno de ellos) en la banda sonora

The Stawberry Statement
(Las fresas de la amargura)
1970; EE.UU.; director: Stuart Hagmann; duración: 103´; color; drama. "Give Peace a Chance" de John

All This and World War II
1976; EE.UU.; director: Susan Winslow; duración: 88´; color; animación, documental, guerra, musical.

Coming Home
(El regreso)
1978; EE.UU.; director: Hal Ashby; duración: 127´; color; drama. "Strawberry Fields Forever"

Superman 3
1983; Gran Bretaña; director: Richard Lester; duración: 123´; color; fantástico. "Roll over Beethoven"

Testament
(Testamento final)
1983; EE.UU.; director: Lynne Littman; duración: 90´; color; drama.
"All my loving"

Ballando ballando
Le bal
1983; Italia-Algeria-Francia; director: Ettore Scola; duración: 100´; color; comedia. "Michelle"

Once upon a Time in America
(Erase una vez en América)
1984; EE.UU.; director: Sergio Leone; duración: 218´; color; ganster.
"Yesterday"

Withnail & I
1987; Gran Bretaña; director: Bruce Robinson; duración: 105´; color; comedia.

Nuns on the Run
(Monjas a la carrera)
1990; Gran Bretaña; director: Jonathan Lynn; duración: 90´; color; comedia.

Michael
1996; EE.UU.; director: Nora Ephron; duración: 105´; comedia fantástica.
"All you need is love" cantada por John Travolta

Everest
1998; EE.UU.; directores: David Breashears, Stephen Judson, Greg Mac Gillivray Freeman; duración: 44´; color; documental.

Heartbreakers
(Los rompecorazones)
2001; EE.UU.; director: David Mirkin; duración: 123´; color; comedia.
"Back in the USSR" cantada por Sigourney Weaver

The Royal Tenenbaums
(La familia Tenenbaums)
2001; EE.UU.; director: Wes Anderson; duración: 108´; color; comedia.

I am Sam
(Me llamo Sam)
2001; EE.UU.; director: Jessie Nelson; duración: 130´; color; drama.
La banda sonora está compuesta de *covers*.

Happy Feet
2006; EE.UU.; director: George Miller; duración: 104´; color; comedia animación.

Across the Universe
2007; EE.UU.; director: Julie Taymor; duración: 131´; color; drama, musical.
La banda sonora está compuesta de *covers*.

Películas de conciertos

The Last Waltz
(El último vals)
1978; EE.UU.; director: Martin Scorsese; duración: 117´; color; documental.

The Concert for Bangladesh
1972; EE.UU.; director: Saul Swimmer; duración: 103´; documental.

Concert of Bangladesh Revisited with George Harrison and Friends
2005; Gran Bretaña; director: Claire Ferguson; duración: 47´; película para la televisión; documental

Películas con citas visuales o en el texto

Head
1968; EE.UU.; director: Bob Rafelson; duración: 86´, 110 (corte del director); color; comedia musical.

Romanzo popolare
1974; Italia-Francia; director: Mario Monicelli; duración: 102´; color; comedia.

1941
1979; EE.UU.; director: Steven Spielberg; duración: 118´; color; comedia.

Segni particolari: bellissimo
1983; Italia; directores: Castellano & Pipolo; duración: 90´; color; comedia.

Non ci resta che piangere
1984; Italia; directores: Massimo Troisi, Roberto Benigni; duración: 111´; color; comedia.

Forrest Gump
1994; EE.UU.; director: Robert Zemeckis; duración: 142´; color; comedia.

Love and Other Catastrophes
(El amor y otras catástrofes)
1996; Australia; director: Emma-Kate Croghan; duración: 74´; color; comedia.

Independence Day
1996; EE.UU.; director: Roland Emmerich duración: 144´; color; ciencia ficción.

The Rock
(La Roca)
1996; EE.UU.; director: Michael Bay duración: 136´; color; acción.

Men in Black
1997; EE.UU.; director: Barry Sonnenfeld duración: 97´; color; ciencia ficción.

Anni 60 (ficción para la televisión)
1999; Italia; director: Carlo Vanzina; duración 4 capítulos; color; comedia.

The Family Man
2000; EE.UU; director: Brett Ratner; duración: 125´; color; fantástico.

High Fidelity
(Alta fidelidad)
2000; EE.UU; director: Stephen Frears; duración: 113´; color; comedia.

America's Sweethearts
(La pareja del año)
2001; EE.UU; director: Joe Roth; duración: 102´; color; comedia.

Amnesia
2002; Italia-España; director: Gabriele Salvatores; duración: 114´; color; comedia dramática.

Hitch
(Hitch. Especialista en ligues)
2004; EE.UU; director: Andy Tennant; duración: 118´; color; comedia.

Romanzo criminale
(Seducidos por el mal)
2005; Italia-Francia-Gran Bretaña; director: Michele Placido; duración: 154´; color; drama.

Charlie and the Chocolate Factory
(Charlie y la fábrica de chocolate)
2005; EE.UU.-Gran Bretaña-Australia; director: Tim Burton; duración: 114´; color; fantástico.

Anche Libero va bene
(Líbero)
2005; Italia; director: Kim Rossi Stuart; duración: 108´; color; drama.

Incontrolable
2006; Francia; director: Rarry Shart; duración: 88´; color; comedia.

Notte prima degli esami
2006; Italia; director: Fausto Brizzi; duración: 100´; color; comedia.

Xxy
2007; Argentina-Francia-España; directora: Lucia Puenzo; duración: 86´; color; drama

Sicko
2007; EE.UU; director: Michael Moore; duración: 113´; color; documental.

Music and Lyrics
2007; EE.UU; director: Marc Lawrence; duración: 96´; comedia.

I'm Not There
2007; EE.UU-Alemania; director: Todd Haynes; duración: 135´; color; drama.

Across the Universe
2007; EE.UU.; director: Todd Julie Taymor; duración: 131´; drama, musical.

The authors

Umberto Buttafava
A lawyer who has always been a Beatles' fan, he was lucky enough to get two tickets for the concert at the Vigorelli Velodrome in Milan.
He collects Beatles' memorabilia, and many other collectibles, with an enthusiasm matched only by his support for the Milan soccer team.
A very interesting mix.

Enzo Gentile
Soccer player and guitarist manqué, he has made up for this by becoming a journalist, music critic, lecturer and radio host, writing books and holding conferences, taking motorbike trips and contributing to all kinds of printed matter.
He is also a father, a Hendrix buff, and has been a Milan supporter since he was a babe in arms.

Luciano Barisone
Cinephile and consultant on all types of film-related festivals and events, he is the founder and director of the Infinity Film Festival in Alba. He is always contributing to books and magazines, travelling and seeing people – but, above all, countless movies.

Benedetta Barzini
She studied the 1960s from the vantage point of a top model. One of Andy Warhol's muses, Barzini later focused on journalism, essay-writing and teaching, also establishing herself as an expert on style and life-style.

Nando Dalla Chiesa
Journalist and sociologist, lecturer and writer, editorialist and publisher, Undersecretary for University and Research, politician and workaholic.
He founded the Mantova Musica Festival (2004) – also because there is more to life than Sanremo and Tony Renis.

Mario De Luigi
Drummer and session man who founded the group Premiata Forneria Marconi at the beginning of the 1970s. He has sung and hit the skins for a lifetime, first with Quelli and now with Slow Feet. He hails from Abruzzo, and his career also embraces tv shows, journalism and a solo lp, *Lupus in fabula* (1992).

Mimmo Franzinelli
A modern historian, he turns out books and collects awards one after another, also making the best-seller charts with *L'amnistia Togliatti* and *Il delitto Rosselli.* He is passionate about rock, especially in the 1960s and 1970s, and shares his knowledge with everyone.

Gabriele Salvatores
Multiaward-winning theatre and film director, he has won fame and fortune every step of the way, from the Teatro dell'Elfo in Milan to the movies, winning an Oscar for *Mediterraneo* (1991). When alone he plays the guitar and devours music: maybe he'll be a rock star when he grows up.

Shel Shapiro
A Britisher who discovered America in Italy: he belted out songs in the beat era, dominating the charts in the mid-1960s. Later he added cinema and theatre to his bow, always seeking to "abbracciare tutto il mondo come noi", embrace the whole world.

Los autores

Umberto Buttafava
Abogado y devoto de los Beatles desde siempre, compró dos entradas para el concierto milanés en el Vigorelli. Coleccionista de los Fab Four y de varias categorías del universo, al mismo nivel de intensidad, tal vez existe solo la pasión por el Milan. Un menú estupendo.

Enzo Gentile
Jugador de fútbol y guitarrista por poco, ha puesto remedio convirtiéndose en periodista y crítico musical, profesor y locutor de radio, con libros y conferencias, viajes en moto y artículos para la prensa de todo tipo. También es padre de familia, fan de Hendrix y milanista desde la infancia.

Luciano Barisone
Cinéfilo desde siempre, asesor con gran prestigio de festivales y manifestaciones, ha fundado y dirige el "Infinity Film Festival" de Alba. Publica continuamente en libros y revistas, viaja y ve gente, pero sobre todo muchísimas películas.

Benedetta Barzini
Pasó los años sesenta observándolos como top model. Musa inspiradora de Warhol, se ha concentrado más tarde en el periodismo, los ensayos, la enseñanza, confirmándose como una experta de moda, modas y modos.

Nando Dalla Chiesa
Periodista y sociólogo, docente y escritor, editorialista y editor, ex subsecretario del Ministerio de la Universidad y de Investigación, político y adicto al trabajo, fundó el Mantova Musica Festival (2004) porque no se vive solo de San Remo y Tony Renis.

Mario De Luigi
Director de "Musica e Dischi", revista histórica en la que trabaja desde pequeño: su primer artículo italiano sobre los Beatles es del año 1963. Su pasión por la música la demuestra también con un LP, *Punto a capo*, de 1978.

Mimmo Franzinelli
Histórico contemporáneo, hace libros y consigue premios con ritmos que te dejan sin habla, terminando también en las listas de venta (*L'amnistia Togiatti, Il delitto Rosselli*). Ha realizado también obras sobre el rock como apasionado divulgador, sobre todo en los años sesenta y setenta.

Gabriele Salvatores
Director de cine con muchos premios, conoce la gloria en diferentes fases, desde el Teatro dell'Elfo al cine, ganando un premio Oscar con *Mediterraneo* (1991). En privado toca la guitarra y devora música: tal vez de mayor será una rockstar.

Shel Shapiro
Un inglés que ha descubierto América en Italia; ha cantado de todo un poco, en la época del *beat*, dominando las listas de mediados de los años sesenta. Se ha dedicado después a la música, al cine y al teatro, intentando siempre "abrazar a todo el mundo como nosotros".